John R. MacArthur:
Die Schlacht der Lügen
Wie die USA den Golfkrieg verkauften

Vorwort von Dagobert Lindlau
Aus dem Amerikanischen von
Friedrich Griese

W0198290

Deutscher
Taschenbuch
Verlag

Deutsche Erstausgabe
1. Auflage April 1993
3. Auflage September 1993: 15. bis 18. Tausend
Deutscher Taschenbuch Verlag GmbH & Co. KG, München
© 1992 John R. MacArthur
Titel der amerikanischen Originalausgabe:
Secont Front. Censorship and Propaganda in the Gulf War
Hill and Wang, New York 1992
ISBN 0-8090-8517-8
© der deutschsprachigen Ausgabe:
1993 Deutscher Taschenbuch Verlag GmbH & Co. KG,
München
Umschlaggestaltung: Klaus Meyer
Umschlagfoto: Associated Press
Gesamtherstellung: C. H. Beck'sche Buchdruckerei,
Nördlingen
Printed in Germany · ISBN 3-423-30352-2

Inhalt

Einfält'ger Clarence!
So sehr lieb' ich dich,
Ich sende bald dem Himmel deine Seele, ...
Mit wohl gestählten Lügen, trift'gen Gründen.

William Shakespeare: Richard III.

Die zweite Front, die John R. MacArthur mit seinem Buch über den Golfkrieg aufmacht, ist bester Journalismus. Unter anderem daran erkennbar, daß man die politische Position des Autors nicht teilen muß, um beunruhigt und klüger zu werden. Ein Text für Leute, die im traditionellen Krieg immer noch Politik mit anderen Mitteln sehen, und die anderen, die gegenseitiges Umbringen für Bestialität halten. Auch und vor allem, wenn das Massakrieren, Verbrennen und Ersticken von Artgenossen durch Ideologien und Interessen rationalisiert und durch Vaterlandsliebe überschminkt wird. Man muß im Personal der Medien nicht ausnahmslos hochmotivierte und noble Ritter in schimmernder Rüstung sehen, die von einem stets perfiden politisch-militärischen Apparat benutzt werden, um davon überzeugt zu sein, daß vor und in Zeiten von Kriegen Mißtrauen die erste Bürgerpflicht ist.

MacArthurs Kritik an der amerikanischen Presse im Zusammenhang mit dem Golfkrieg läßt uns die Vierte Gewalt amerikanisch-angelsächsischer Prägung durchschauen und zugleich beneiden. Es gibt im englischen Sprachraum kein einziges kommunikationspolitisches Hirngespinst, das nicht irgendwann durchschaut und von innen her aufgerollt und angeprangert worden wäre. Von Korea bis Vietnam, von Nixon bis Khomeini. Den Medien in der Bundesrepublik Deutschland ist ein ähnlich kritischer Blick nach innen durch provinzielle Arroganz verstellt. Das gilt vor allem für die von sich selbst so genannten seriösen Zeitungen und Sendungen. Gefährliche Legenden werden bei uns nicht ausgeräumt. Unsere Leitartikler sitzen ihre Irrtümer aus. Insofern ist ›Die Schlacht der Lügen‹, unabhängig vom Gegenstand, ein Beispiel.

Die Zeiten sind vorbei, in denen man den Boten, die schlechte Nachrichten von der Front gebracht haben, den Kopf abschlug. Im Vergleich zu den gigantischen Apparaten, die heute mit der Manipulation von öffentlichem Bewußtsein in Krisenzeiten befaßt sind, war die Hinrichtung des Überbringers einer schlechten Nachricht eine ziemlich zurückhaltende Form der Zensur. Er sollte nichts weitererzählen können und mit dem, was er wußte, den Leuten nicht die Lust am Krieg verderben. Heute läßt man Boten von der Front am Leben. Sie wissen nur Verdauliches.

Die Greuel des Krieges zu verklären und Menschen über das, was wirklich im Felde geschieht, im unklaren zu lassen ist ein Teil unserer Unkultur und kein neues Phänomen. Blutdurst wird durch Siege verklärt. Nur Niederlagen sind grauenvoll. Auf jedem Dorfplatz werden die Opfer als Helden gefeiert, damit niemand sich vorstellt, wie gerne sie davongelaufen und nach Hause gekommen wären. Die Falschmünzerei beginnt beim Kriegerdenkmal.

»Das erste Opfer eines jeden Krieges ist die Wahrheit«, hat der amerikanische Senator Hiram Johnson 1917 gesagt. Auch damals war das keine Neuigkeit. Es galt genauso im Jahre dreidreidrei vor Christus. Inzwischen ist aus Scham und Kalkül eine Industrie der Desinformation geworden, die von ebenjenen über die Verteidigungsetats bezahlt wird, die getäuscht werden sollen und wollen. So kommt es, daß eine Schlächterei im Nahen Osten auf dem Broadway mit Konfetti und Cheerleadern gefeiert werden kann.

Wenn die Bilder auf unseren Fernsehschirmen den wirklichen Krieg zeigten, die wenigsten würden ruhig sitzen bleiben und zur nächsten Seifenoper umschalten, »sondern schreiend auf die Straße laufen« (Jean Paul Sartre). Wir würden tun wie Hiob, der »sein Kleid zerriß, sich das Haupt schor und auf die Erde fiel« (Buch Hiob I, 20). Das aber wäre nicht gut für die Arbeitsplätze in Raketen- und Kanonenfabriken. Und schlecht für das Selbstbewußtsein des politisch-militärischen Establishments.

Vermutlich gibt es Kriege, die unvermeidlich sind. Der gegen Hitler war ein solcher. Aber auch den hätte niemand geführt, der von der Propaganda nicht davon überzeugt worden wäre, daß es richtig war, dafür sein Leben zu riskieren.

Über die Notwendigkeit des Golfkriegs kann man wahrscheinlich streiten. Zumindest darüber, ob das dürftige Ergebnis nicht auch mit weniger Blut und Elend hätte erkauft werden können. Vielleicht darf man sogar fragen – Völkerrecht hin oder her –, ob ein Tyrannenmord tatsächlich soviel schlimmer ist als Hunderttausende zu schlachten, um die Überlebenden in die Verzweiflung zu treiben, die sie dann vielleicht veranlaßt, das Joch abzuschütteln, das uns nicht paßt. Man kann der Überzeugung sein, daß Saddam es war, der seinen Gegnern keine Wahl gelassen hat. Daß dieser Krieg die selektive Wahrnehmung zu einer neuen Blüte gebracht, daß er die Verdrängung der Realität zu einer Waffe gemacht hat, das kann niemand bestreiten.

Und wieder: In der amerikanischen Presse wird das alles ausgesprochen. Vielleicht im nachhinein. Sicher zu spät. Aber es wird zu Protokoll genommen. In der Hoffnung, daß man sich erinnert, wenn es wieder soweit ist.

Unsere Presse hat sich mit billiger Entrüstung, mit enervierender Betroffenheit und mit verbalem Aktionismus um das Blutbad in Jugoslawien gedrückt. Wir haben nicht wahrhaben wollen, daß die drei Dutzend Waffenstillstandsvereinbarungen das Papier nicht wert waren, auf dem sie standen. Wir haben darüber berichtet, als wären sie von Belang. Wir haben nicht auszusprechen gewagt, daß Europa handlungsunfähig war, daß jeder demokratische Prozeß ein Witz ist, der in einer solchen Situation nicht sofort zum Handeln führt. Wir haben uns damit begnügt, den faulen Pomp von sinnlosen Gipfelgesprächen und Konferenzen über die Bildschirme flimmern zu lassen. Wir haben nicht sehen wollen, daß es einen Pazifismus gibt, an dem Tausende wie Tiere krepieren, während die Propheten dieses Pazifismus gut schlafen.

Das grauenvolle Massaker, das paramilitärische Desperados und Terroristen in Generalsuniformen angerichtet haben, hätte zu Beginn ohne Blutvergießen gestoppt werden können, wenn sich die Politik Europas zum Handeln statt zum Faseln hätte durchringen können. Und wenn es eine Presse gegeben hätte, die in ihrer Einschätzung der Lage nicht dem politischen Unvermögen beflissen gefolgt wäre. Man hätte nicht einmal eine europäische Eingreiftruppe gebraucht, weil es sie längst gab. Britische, französische, italienische, deutsche Kommandos wie SAS, RAID, NOX oder GSG9 mit identischer Ausbildung und kompatibler Ausrüstung hätten innerhalb von Stunden die Drahtzieher der Massaker herausholen können, um sie – wo auch immer – vor Gericht zu stellen. Jetzt muß man diesen Krieg mitten in Europa ausbrennen lassen. Die Schande wird uns bleiben. Es gibt keinen MacArthur, der sie zur Schlagzeile macht. Es gibt keinen journalistischen Nestbeschmutzer, der erklärt, warum die Medien sich von der Lähmung durch die Politik so bereitwillig haben anstecken lassen. Auch deswegen ist John R. MacArthurs Buch nicht nur ein Buch über den Golfkrieg und eine manipulierte Presse, sondern auch ein Buch über uns.

Erstes Kapitel
Wie die Geschichte eingefädelt wurde

> Manche geben gern Befehle,
> und manche nehmen gern Befehle entgegen.
>
> Earl Shorris: Scenes from Corporate Life

An einem nieseligen Augustmorgen des Jahres 1990, acht Tage nach dem Einmarsch irakischer Truppen in Kuwait, erschienen die Washingtoner Redaktionschefs der vier größten amerikanischen Fernsehsender an dem imposanten, in Virginia gelegenen Wohnsitz von Seiner Königlichen Hoheit, Prinz Bandar Bin Sultan Bin Abdul Aziz, des Botschafters Saudi-Arabiens in den Vereinigten Staaten. In einer anderen Zeit hätte man dieses Treffen vielleicht so deuten können, als wollten hochrangige Vertreter der kommerziellen Interessen des zivilisierten Westens einem unzivilisierten orientalischen Despoten ihre Hochachtung erweisen, um Handelskonzessionen herauszuschlagen. Doch in den fast fünfzig Jahren nach dem amerikanischen Sieg von 1945 hatten sich die Machtverhältnisse zum Nachteil des Westens verschoben, und die Repräsentanten von CBS, NBC, ABC und CNN besaßen erheblich weniger Einfluß – und entsprechend weniger Geld – als ihre Vorfahren.

Die hier als Gäste erschienenen Potentaten – Barbara Cohen von CBS, Timothy Russert von NBC, George Watson von ABC und Bill Headline von CNN – waren durchaus noch immer sehr wichtige Leute. Gemeinsam verzeichneten die Sender 1990 Jahreseinnahmen von fast zehn Milliarden Dollar, und allabendlich sahen sich vierzig Millionen wahlberechtigte Amerikaner ihre Abendnachrichten an – selbst für einen Scheich nicht gerade eine Kleinigkeit. Aber diese Granden waren – anders als vielleicht William Randolph Hearst – nicht in der Lage und auch nicht in der Stimmung, dem Prinzen die Bedingungen zu diktieren. Sie waren in der unbehaglichen Situation, um Visa für Saudi-Arabien zu »bitten«, so Watson von ABC, damit ihre Korrespondenten an der größten amerikanischen Militärintervention seit dem Vietnamkrieg teilnehmen konnten.

Das hätte 1990 niemanden in Washington überraschen dürfen. Prinz Bandar, ein Neffe von König Fahd, war selbst ein reicher Mann, und die Einkünfte der vier Sender waren nichts im Vergleich zu den fünfundvierzig Milliarden Dollar, die sein Land in diesem Jahr für Erdöl einnahm. König Fahd zahlte außerdem in klingender Münze für den Luxus, daß amerikanische Truppen ihn vor einer möglichen irakischen Invasion schützten, und es entsprach einfach nicht der saudischen Tradition, daß bei königlichen Großveranstaltungen Reporter dabei waren. Als Saddam Husseins Panzer am 2. August nach Kuwait hineinrollten, war kein einziger ausländischer Journalist in Saudi-Arabien stationiert: Um an Nachrichten aus dem Reich der Familie Al Saud heranzukommen, waren ausländische Nachrichtenagenturen seit jeher auf freie Mitarbeiter angewiesen, die schwer zensiert wurden.

Saudi-Arabien zählte bestimmt zu den Ländern, die mit der Pressefreiheit absolut nichts im Sinn hatten. Der internationale Pakt der Vereinten Nationen über staatsbürgerliche und politische Rechte wurde von dem Königreich nie unterzeichnet, und es kontrolliert seine eigenen Medien ebenso scharf wie Kuba. Die Gruppe Artikel 19, die über die Pressezensur wacht, stellt kurz und bündig fest, daß es in Saudi-Arabien »absolut keine Pressefreiheit gibt«.

Derartige Bedingungen sind der Arbeit von Journalisten nicht gerade zuträglich, und diese Tatsache war den Redaktionschefs der TV-Stationen wahrscheinlich kaum entgangen. Als sie an diesem Augustmorgen die Halle des Prinzen betraten, wußten sie aber möglicherweise nicht, wie sehr ihre eigene Regierung die Pressepolitik der saudischen Monarchie bewunderte. Fünf Monate später stellte sich nämlich auf einer stürmischen Sitzung im Pentagon zur Bestürzung der Medienmanager heraus, daß das US-Verteidigungsministerium (und das Weiße Haus) mit ihren saudischen Waffenbrüdern – zumindest im Hinblick auf die Pressefreiheit – mehr gemeinsam hatten, als man damals auch nur zu denken gewagt hätte.

Wie es sich für einen reichen politischen Aristokraten gehört, bewohnt Prinz Bandar ein im Georgia-Stil erbautes Herrenhaus an der Chain Bridge Road im exklusiven Washingtoner Vorort McLean im Bundesstaat Virginia, nicht weit von Senator Edward M. Kennedy entfernt. Der Prinz empfing die Redaktionschefs in seinem zwei Stockwerke hohen Salon und bat sie an einen großen Kaffeetisch, der überladen war mit silbernem Zierat, wie man ihn in einem Katalog von Asprey findet. Ein Diener erschien und nahm die Getränkewünsche entgegen. Nach allem, was man hört, ist der Prinz, der westliche Kleidung trägt, über die Gebräuche in der Hauptstadt sehr gut unterrichtet. Auch in militärischen Dingen kennt Prinz Bandar sich als ehemaliger Kampfpilot und Sohn des saudischen Verteidigungsministers sehr gut aus. Er spricht ausgezeichnet englisch, und dank seines kostspieligen amerikanischen Lobbyisten Fred Dutton ist er über die Washingtoner Medienwelt sehr gut im Bilde.*

Für die Besucher war das Problem klar. Die Fernsehleute wollten mehr Visa, und Bandar war anscheinend der Mann, der die Regierung in Riad, der saudischen Hauptstadt, dazu bewegen konnte, ihrem Anliegen zu entsprechen. Vielleicht wird der Leser sich fragen, warum die Medienvertreter eines Landes mit zweihundertfünfzig Millionen Einwohnern, das sich bereit erklärt hatte, für die Verteidigung eines Königreichs mit sechzehn Millionen Untertanen das Blut seiner Bürger zu vergießen, um Eintrittskarten für den bevorstehenden Konflikt bitten mußten. Die Antwort ist einfach: Es war der Wunsch von Präsident Bush, Verteidigungsminister Dick Cheney und U. S. Central Command, daß die Sender bei Bandar anklopften und bettelten. Für die Regierung war das eine bequeme Lösung, und in diesem Stil ging es dann auch weiter.

Von Anfang an – seit Bushs Beschluß am 7. September, Truppen nach Saudi-Arabien zu schicken – war die Regierung entschlossen, eine echte Berichterstattung über den

---

* Die Saudis zahlten Dutton von Dezember 1989 bis Dezember 1990 rund 5,4 Millionen Dollar als reguläres Honorar und eine Zusatzprämie.

Krieg am Persischen Golf nicht zuzulassen und das, was sie an Berichterstattung erlauben würde, eng zu begrenzen. Das Treffen in der Chain Bridge Road war somit der Eröffnungszug einer großangelegten Strategie: der Errichtung einer zweiten Front. Strategisch war dieser erste Zug ein Volltreffer. Erstens machte er die Medienleute zu Bittstellern, und zweitens leitete er eine Kampagne ein, in dem die verschiedenen Medien gegeneinander ausgespielt wurden – Zeitung gegen Zeitung, Fernsehsender gegen Fernsehsender und Fernsehen gegen Presse –, denn alle konkurrierten um die mageren, sparsam ausgeteilten Brosamen, die man hernach als »Zugang« bezeichnete.

Bill Headline von CNN hatte – nach Rücksprache mit seinen Kollegen über den heißen Draht der TV-Redaktionschefs – das Treffen mit Prinz Bandar gefordert, weil Cheney erklärt hatte, die amerikanische Regierung könne von den Saudis nicht einfach mehr Visa für Journalisten verlangen. Saudi-Arabien, so Cheney, sei schließlich ein souveräner Staat mit eigenen diesbezüglichen Regeln. Das Pentagon sei im Begriff, einen begrenzten »Pool« von Vertretern der einzelnen Medien – sieben vom Fernsehen, fünf von den Nachrichtenagenturen, zwei von Zeitungen, zwei von Nachrichtenmagazinen und einen vom Rundfunk – nach Dhahran in Saudi-Arabien zu verlegen, doch weitere Journalisten würden sich bei der saudischen Regierung um Visa bemühen müssen.

Die Vertreter der vier Sender gaben sich bei Bandar liebenswürdig und respektvoll. Fred Dutton und der Prinz gaben sich, so erinnert sich Barbara Cohen, wohlwollend und entgegenkommend.

»Er (der Prinz) glaubte wohl, auf die Presse angewiesen zu sein, um die amerikanische Öffentlichkeit für dieses Unternehmen zu gewinnen«, sagte sie später. Wie sich dann herausstellte, hätte der Prinz sich keine Sorgen zu machen brauchen. Er hatte in der Regierung, der Public-Relations-Branche und den Medien mächtige Verbündete, die in Tampa, Washington und New York bereits fleißig dabei waren, die Begeisterung für eine verstärkte amerikanische Intervention zu schüren.

Doch warum ließen sich die Abgesandten der Medien so bereitwillig darauf ein, bei dem Prinzen zu betteln? Warum brachten sie nicht das beeindruckende Gewicht des vereinten journalistischen Establishments bei einer Regierung zur Geltung, die immer wieder erklärt hatte, wie sehr sie das First Amendment der amerikanischen Verfassung respektiere und wie wichtig ihr informierte Bürger seien? Lassen wir das einstweilen offen – fest steht, daß sie es nicht taten und daß das Treffen in Bandars Haus die Voraussetzungen für die ungeheure Niederlage schuf, die den Medien von der Regierung der Vereinigten Staaten bereitet wurde.

Ungefähr zur gleichen Zeit, als die TV-Redaktionschefs in McLean mit Prinz Bandar plauderten, saß Marinekapitän Ron Wildermuth in seinem Büro im U. S. Central Command in Tampa und entwarf ein geheimes, zehnseitiges Memorandum, das bald unter dem Namen »Annex Foxtrot« bekannt wurde. Der »Annex Foxtrot«, hieß es im Mai des darauffolgenden Jahres in einem verspäteten Bericht, »enthielt einen Plan für die Informationspolitik während der Operation«. Diese Politik, so die ›Times‹, »begann mit einer Entscheidung der höchsten Vertreter der Regierung, darunter auch Präsident Bush, den Informationsfluß so zu steuern, daß die politischen Ziele der Operation gefördert und die in Vietnam erkannten Fehler vermieden würden«.

Kapitän Wildermuth war der oberste Public-Relations-Mann von General H. Norman Schwarzkopf, und »Annex Foxtrot« hob vor allem eine Regel heraus, die für die Medienberichterstattung über die seinerzeit noch Wüstenschild genannte Operation gelten sollte: »Die Vertreter von Nachrichtenmedien sind ständig zu begleiten. Ich wiederhole: ständig.«

In dem bevorstehenden Konflikt sollten die Militärs sich eisern an die Grundsätze von »Annex Foxtrot« halten. Zwar mag es übertrieben sein, die Absicht der Regierung, die Medien zu zensieren, beispiellos zu nennen, doch hatte die ›Times‹ weitgehend recht, als sie, nachdem alles längst vorbei war, behauptete, daß »der Golfkrieg der erste größere Konflikt dieses Jahrhunderts war, in dem die Taktik darin bestand, Reporter auf eskortierte Pools zu beschränken, die ihre Möglichkeiten, mit den Soldaten zu sprechen, stark beschnitten«.

Liest man den »Annex Foxtrot«, dessen Geheimhaltung inzwischen aufgehoben ist, so bestätigt sich, was die ›Times‹ darüber schrieb, und es wird deutlich, daß die Regierung von Beginn der Militärintervention an den Wunsch der Medien ablehnte, über das zu berichten, was sich um die »Linie im Sand« abspielte, die George Bush am 8. August gezogen hatte. Unklar ist, warum die führende Zeitung des Landes und ihre einflußreichen Firmenschwestern in New York und Washington sich der Zielsetzung von Wildermuth und seinen Kollegen so anstandslos fügten. Denn nach dem Krieg, als die Medien sich monatelang in Klagen und Selbstvorwürfen ergingen, fand man kaum jemanden, der – zumindest offiziell – die Operation Wüstensturm nicht als einen verheerenden und unmoralischen Sieg der Militärzensur und als vernichtende Niederlage für die Presse und das First Amendment bewertet hätte. Dabei hatten, wie der Medienkritiker Norman Solomon nachträglich in einem Gastkommentar in der ›Times‹ feststellte, »die großen Medien sich mit den Kriegführenden arrangiert, wenngleich mit einem gewissen Murren ...«

Im August aber hatte kein einziger Journalist auch nur gemurrt; sie machten ihre politischen Recherchen, trafen sich informell mit Politikern und schickten respektvolle Briefe – doch energischer Widerspruch kam von ihnen nicht. Schon am 14. August saß die erste Gruppe von Reportern aus dem ständig rotierenden Pool des Pentagon im Dhahran International Hotel, um unter militärischer Begleitung die Ankunft von Truppen und Material zu beobachten. Zwischen den Medien und den Pentagon-Bürokraten in Washington wurde nicht um Verfassungsprinzipien gestritten, sondern um die Anzahl und Dauer der Visa für die verschiedenen Medienkonzerne. Benjamin Bradlee, der ehemalige Chefredakteur der ›Washington Post‹, charakterisierte die Haltung der einzelnen Zeitungen und Sender in jener Zeit so: Alle hätten »ich, ich, ich, ich, ich ...« geschrien.

Der National Media Pool des Verteidigungsministeriums war von der acht Monate zuvor sorgfältig gesteuerten Invasion Panamas übriggeblieben; man hatte ihn geschaffen, weil es wegen der Nachrichtensperre während der beiden ersten Tage der Invasion von Grenada Proteste gegeben hatte. Zwar hatten Reporter lange und vernehmlich über die Beschränkungen des Poolsystems in Panama geklagt – es hatte während der ersten sechsunddreißig Stunden jegliche Berichterstattung über die Kampfhandlungen unterbunden –, doch blieb das Poolarrangement am 2. August 1990 unverändert in Kraft.

Mit der Zustimmung zum National Media Pool hätten die Journalisten das Spiel bereits verloren, sagte der Washingtoner Redaktionschef des ›Time‹-Magazins, Stanley Cloud, nach dem Golfkrieg.

»Der National Pool des Pentagon ist die Mutter aller Pools«, bemerkte er in Anspielung auf Saddam Husseins pathetischen Schlachtruf. »Die Regeln, denen (nach Grenada) viele Redaktionschefs – wie ich glaube, irrtümlich – zustimmten, sind die Grundregeln, unter denen wir im Golfkrieg lebten. Sie wurden erweitert, und aus kleinen Bäumchen wurde während des Golfkriegs ein Dschungel, aber es ist das grundlegende System ... Und die Zugehörigkeit zu diesem Pool gab dem Pentagon die Möglichkeit, alles zu kontrollieren, was wir im Golfkrieg machten.«

Trotzdem waren die Mediengrößen im Spätsommer und Frühherbst 1990, als der Präsident sich langsam auf einen bewaffneten Konflikt vorbereitete, eifrig bestrebt, einen neuen Maßstab in Leichtgläubigkeit zu setzen. Erfahrung ist, wie sich zeigte, nicht immer der beste Lehrmeister.

Was das Buhlen um den »Zugang« betrifft, war das Fernsehen zwar schneller aus den Startlöchern gekommen, aber dennoch den Wünschen der Regierung nicht weniger gefügig als die Kollegen von den Printmedien. Die Redaktionschefs von Printmedien und Fernsehen faxten dem Präsidenten am 22. August einen Brief nach Kennebunkport, in dem sie ihrer gemeinsamen Sorge über die Behinderung der Reporter durch die Saudis Ausdruck gaben. Bush »erholte sich« in seinem Sommerhaus in Maine, indem er mit seinem Rennboot umherfuhr und bei Wind und Wetter Golf spielte. Der Brief, unterzeichnet von elf bedeutenden Medienchefs, war so harmlos, daß er die noch nicht diagnostizierte Schilddrüsenerkrankung des Präsidenten keinesfalls verschlimmern konnte.

»Sehr geehrter Herr Präsident,
die Unterzeichneten, Repräsentanten der bedeutendsten Medienorganisationen des Landes in Washington, sind tief besorgt über gegenwärtige Beschränkungen einer offenen Presseberichterstattung in Saudi-Arabien.

Der amerikanischen Presse wurde in Gestalt des vom Verteidigungsministerium eingerichteten Pools nur minimaler Zugang zu Saudi-Arabien und darüber hinaus nur sehr begrenzt unilaterale Darstellung* erlaubt. Wir wissen die Bereitschaft der Saudis, in den letzten Tagen mehr Journalisten in ihr Land zu lassen, durchaus zu schätzen, aber wie es jetzt aussieht, kann dieser Zugang beschnitten werden, und im besten Fall bleibt dann ein kleiner Medienpool übrig.

Es ist in der amerikanischen Geschichte noch nicht vorgekommen, daß dieses Land vor einem so großen Einsatz von Menschen und Gerät stand und die Presse so wenig Gelegenheit zur Berichterstattung hatte. Diese Situation ist ohne Beispiel, und es kann keine Rechtfertigung für weitergehende Beschränkungen geben.

Wir ersuchen die Regierung höflich, alles in ihrer Macht stehende zu tun, damit die Medien ungehinderten Zugang zu Saudi-Arabien und der dortigen amerikanischen Präsenz erhalten. Die korrekte Vorgehensweise bestünde vielleicht darin, die Reporter beim amerikanischen Militär zu akkreditieren.«

Die Antwort, die Marlin Fitzwater, der Pressesprecher des Präsidenten, am 6. September jedem der elf führenden Journalisten zukommen ließ, war in dem freundlich-beruhigenden Stil gehalten, der die Äußerungen der Regierung in den folgenden Monaten kennzeichnen sollte:

---

* Der Ausdruck »unilaterale Darstellung« stammt von den Militärs und bedeutete, daß die Reporter ohne militärische Eskorte recherchierten. (Im Deutschen ist dieser Sachverhalt treffender mit der Bezeichnung »neutrale Darstellung« wiedergegeben.)

»Sehr geehrter (Redaktionschef):
vielen Dank für Ihren Brief an Präsident Bush bezüglich der Presseberichterstattung in Saudi-Arabien. Ihr Interesse in dieser Sache ist dem Präsidenten bewußt, und er fühlt sich ebenfalls in hohem Maße verantwortlich dafür, daß das amerikanische Volk über Vorgänge unterrichtet wird, die mit unseren Streitkräften im Nahen Osten zusammenhängen. Er hat diese Angelegenheit mit Minister Cheney und General Powell erörtert.

Die Rechte der Presse und Ihr Recht, über unsere Streitkräfte zu berichten, liegen uns, wie Minister Cheney auf der Pressekonferenz des Präsidenten am Mittwoch, 22. August, erklärte, sehr am Herzen. Wie ich höre, ist Ihr Nachrichtenzugang in Saudi-Arabien inzwischen entscheidend verbessert worden.

Wir, Regierung und Medien, sind uns darin einig, daß vollständige und ungehinderte Berichterstattung zu jeder Zeit die beste Verfahrensweise ist. Die Poolarrangements, zu denen wir gezwungen sind und mit denen wir uns in allen Bereichen des heutigen Journalismus wohl oder übel arrangiert haben, sind natürlich nicht wünschenswert. Wir wissen aber, daß sie unter bestimmten Bedingungen unvermeidlich sind. Über diese Bedingungen und über die Größe und den Zugang von Pools wird es zwischen uns immer Meinungsverschiedenheiten geben. Seien Sie dennoch versichert, daß wir alles, was in unserer Macht steht, tun werden, um Ihren Wünschen Rechnung zu tragen.«

Fitzwaters Äußerung über die »Poolarrangements, zu denen wir gezwungen sind«, hätte Alarmglocken auslösen müssen, doch die Medien rührten sich kaum. Dank des hilfsbereiten Fred Dutton – nach George Watson von ABC »der begehrteste Mann in der Stadt« – wurden gerade genügend zusätzliche Reporter nach Saudi-Arabien geschickt, um die Redaktionschefs zu beruhigen. Durch die Erlaubnis, völlig banale Berichte zu schicken, ließen sich die unter militärischer Begleitung arbeitenden Mitglieder des National Media Pool und deren Chefs in gewisser Weise beschwichtigen. Voller Entsetzen erinnert sich Stanley Cloud von ›Time‹ daran, daß sein eigener Pool-Korrespondent,

Jay Peterzell, »der sonst ein sehr vernünftiger und überaus skeptischer Journalist war..., sich als hundertprozentiger Apologet des Poolsystems entpuppte. Peterzell schickte zu seiner unsterblichen Blamage sogar ein Memo, mit dem (Pentagonsprecher) Pete Williams hausieren geht: ›Wollen Sie wissen, wie gut der frühe Einsatz des nationalen Pools im Golfkrieg war? Hier ist Jay Peterzell vom ›Time‹-Magazin (der es lobt). Er würde sofort zugeben, daß er drüben ganz ernsthaft vom Stockholm-Syndrom befallen wurde.«

Erst am 9. Oktober – seit Bushs Ruf zu den Waffen waren fast zwei Monate vergangen und hundertfünfzigtausend Mann bereits vor Ort – zeigten sich die führenden Vertreter der Printmedien wegen des begrenzten Zugangs zum Schauplatz am Golf ernsthaft besorgt. Bezeichnenderweise waren es die mittleren Pressemanager in Washington und nicht ihre Bosse, die als erste zu grollen begannen. Michael Getler, stellvertretender Chef vom Dienst im Auslandsressort bei der ›Washington Post‹, holte sich die Unterschriften von fünf weiteren Pressekollegen unter einen Brief an Pete Williams im Pentagon, in dem mehr als das eine Visa pro Medienunternehmen gefordert wurde, das die Saudis damals ausstellten. Die sechs Unterzeichner repräsentierten die Elite des amerikanischen Pressecorps. Jack Nelson, Redaktionschef der ›Los Angeles Times‹ und Albert Hunt vom ›Wall Street Journal‹ waren die bekanntesten, weil sie regelmäßig in TV-Talkshows auftraten. Thomas DeFrank von ›Newsweek‹ (der für Redaktionschef Evan Thomas einsprang), Stanley Cloud von ›Time‹ und Bernard Weinraub von der ›New York Times‹ (der für Redaktionschef Howell Raines einsprang) vervollständigten die Liste.

Angesichts der wütenden Kritik, die die Medien nach dem Krieg an den Beschränkungen übten, wie sie am Golf praktiziert wurden, ist es erhellend, diesen Brief heute zu lesen. Nach dem Krieg führten Journalisten, wenn auch verhalten, Wörter wie »Zensur«, »Demokratie«, »unabhängiger Journalismus«, »die Öffentlichkeit« und »Pressefreiheit« im Munde. Das Poolsystem wurde rundheraus angeprangert. Am 9. Oktober war nur die matte Stimme der Pressechefs zu vernehmen:

»Lieber Pete,

wie Sie aus früheren Gesprächen wissen, sind wir alle sehr besorgt über die Aussicht, daß wir unter den Bedingungen, wie sie im Augenblick bestehen, im Falle von Kampfhandlungen nicht ausreichend vom Persischen Golf werden berichten können.

Die Saudi-Regierung gibt derzeit nur ein Visum pro Organisation heraus. Das ist für uns einfach nicht akzeptabel unter Kriegsbedingungen, in denen über zweihunderttausend amerikanische Soldaten für die Verteidigung Saudi-Arabiens und möglicherweise der größeren Golfregion eingesetzt sind.[*] Für bedeutende Zeitungen und Magazine wie die unseren, die zusammen viele Millionen Leser haben, kann ein einziger Korrespondent aus vielerlei Gründen nicht umfassend von dem Schauplatz berichten. Da es nach Ausbruch von Kampfhandlungen vermutlich nicht mehr möglich sein wird, mit zivilen Fluglinien in die Region zu kommen, besteht jetzt für uns alle die große Gefahr, daß es bei dem einen Reporter im Lande bleibt.

Wir schlagen daher vor:

Erstens: Wir fordern Sie und den Verteidigungsminister dringend auf, sich bei den saudischen Behörden dafür einzusetzen, mit sofortiger Wirkung mindestens je zwei Visa für die größeren amerikanischen Zeitungen, Nachrichtenmagazine und sonstigen großen Nachrichtenorganisationen auszustellen. Vielleicht werden einige Organisationen sich entschließen, nicht ständig zwei Leute dort zu halten. Es ist für uns jedoch wichtig, daß wir diese Option haben. Angesichts des Umfangs der amerikanischen Kräfte in der Region würde das wohl auf einige Dutzend weitere Reporter hinauslaufen, und das ist wohl nicht zuviel verlangt.

Zweitens: Da wir nach Beginn der Kampfhandlungen wohl nicht mehr mit einer Zivilmaschine in das Kampfgebiet hineinkommen, fordern wir das Verteidigungsministerium auf, in seinen Plänen eine militärische beziehungsweise vom Militär genehmigte zivile Chartermaschine für die

---

[*] Am 9. Oktober bezifferte das Pentagon die US-Truppen in Saudi-Arabien auf hundertfünfzigtausend Mann.

21

Presse vorzusehen, für die die Nachrichtenorganisationen aufkommen würden, die am Tag eins des Konflikts die USA verlassen würde und eine vorher ausgewählte Gruppe von Militärreportern – einer pro Organisation – aus dem Pentagon-Pressecorps in die Region bringen würde. Das würde bedeuten, daß die Saudis ein drittes Visum erteilen, das vorher bewilligt und entweder im Flugzeug oder bei der Landung überreicht werden könnte. Es muß uns möglich sein, nach Beginn der Kampfhandlung die Zahl unserer Korrespondenten zu erhöhen und außerdem Reporter mit Erfahrung in der Kriegsberichterstattung unverzüglich dorthin zu bringen.

Eine Kopie dieses Vorschlags geht an die saudische Regierung und deren Repräsentanten in Washington, um sie auf Kooperationskurs zu bringen.

Wir danken Ihnen für Ihre Hilfe.«

Das Begleitschreiben an Bandar, der eine Kopie erhielt, war noch höflicher. Es hieß dort unter anderem: »Wir wissen Ihre bisherige Mitwirkung bei der Erlaubnis zum *Zugang* (Hervorhebung von J. M.) zum Königreich zu schätzen, ersuchen Sie jedoch dringend, eine gewisse Erweiterung zu ermöglichen, besonders für große Nachrichtenorganisationen. Das würde bedeuten, daß ein zweites Visum jetzt und ein vorläufiges drittes Visum für eine Pentagon-Chartermaschine mit Presseleuten genehmigt wird, falls und wenn es zu Kampfhandlungen kommt.«

Von Pools oder Zensur ist in diesen Briefen keine Rede. An ihnen wird deutlich, daß in diesem Frühstadium des Konflikts »Zugang« zu einem Euphemismus für Pressefreiheit und »Visa« zu einem Ersatz für Journalismus wurde. Im übrigen war das System, Reporter in militärisch begleitete Pools zu zwängen, schon an dem Tage, als der Brief an Williams abgeschickt wurde, in Kraft. Nicht der Status quo wurde hier in Frage gestellt, sondern lediglich die begrenzte Zahl von Passierscheinen zum Kriegsschauplatz.

Prinz Bandar, sein Lobbyist Fred Dutton und das Pentagon fanden schließlich eine elegante Lösung: Es wurden zusätzliche Tickets und das gewünschte Flugzeug bereitgestellt. Als erfahrene Experten in Öffentlichkeitsarbeit wußten sie, wie man sich durch Austeilen von Vergünstigungen vorteilhaft darstellt und was sich aus einer Verzögerung herausschlagen läßt.

Im Laufe des Herbstes fanden im Pentagon mehrere Treffen mit Vertretern von Fernsehen und Presse statt, davon die beiden ersten auf Verlangen der Redaktionschefs. Beim ersten Treffen, das am 25. Oktober in Pete Williams' Büro im Pentagon stattfand, waren die Sitzgelegenheiten knapp, und es herrschte noch eine vertraute, gesellige Atmosphäre. Das Pentagon hatte konkurrierende Gruppen zusammen eingeladen: vier TV- Redaktionschefs und sechs Pressevertreter, außerdem Steve Kurkjian vom ›Boston Globe‹, Clark Hoyt von Knight-Ridder und Andrew Glass von Cox Newspapers. Williams, dessen erster Stellvertreter Bob Taylor sich Notizen machte, schlug den herzlichen, gewinnenden Ton an, der seinen offiziellen Umgang mit Journalisten bis heute bestimmt.

Seit dem Einmarsch in Panama war der Hauptsprecher des Pentagon eifrig bemüht gewesen, die Besorgnisse der Medienbürokraten wegen der Zensur zu zerstreuen, und bis zum Herbst hatte er es geschafft, daß man an seiner ewig gleichen Leier sogar Gefallen fand; die Journalisten und ihre Chefs mochten ihn wirklich, und viele machten nicht ihn, sondern andere, finsterere Figuren für die restriktiven Maßnahmen des Pentagon verantwortlich. Was konnte man noch mehr von einem Public-Relations-Unternehmen erwarten?

Williams' doppelzüngiges Gerede als ein Orwellsches zu bezeichnen hieße, seine Möglichkeiten als Manipulator zu übertreiben. Sein Erfolg beruht auf seinem verbindlichen, unaggressiven Auftreten. In dem bekannten law-and-order-Stück ist er der sprichwörtliche gute Bulle, der unbedingt beweisen möchte, daß er für die Nöte seiner Schützlinge Verständnis hat. Sein Brief vom 30. März 1990 an die Redaktionschefs, mit dem er den Hoffman-Report (eine Darstellung der Erfahrungen mit dem Pressepool in Panama, aus der Sicht des Pentagon) übersandte, ist einerseits typisch für seinen nüchternen Stil, andererseits herausragend in seiner enttäuschenden Banalität.

»Man darf nicht vergessen«, schrieb Williams, »daß die Entscheidung, für die Berichterstattung über die Operation Gerechte Sache einen Pool von Reportern zu entsenden, vom Präsidenten persönlich in Abstimmung mit dem Verteidigungsminister und dem Vorsitzenden der Vereinigten Stabschefs getroffen wurde. Diese gemeinsame Entscheidung sollte eigentlich die Befürchtung zerstreuen, daß der Medienpool nicht dort zum Einsatz kommen würde, wo die Kampfhandlungen sich tatsächlich abspielten. Jede Entscheidung, die während der Operation Gerechte Sache getroffen wurde, war darauf abgestellt, eine unbehinderte, aktuelle Medienberichterstattung zu erleichtern.«

Das war natürlich gelogen. Tatsächlich unterband die Regierung während der ersten sechsunddreißig Stunden der Panama-Invasion jegliche Augenzeugenberichte oder Fotos von der Beschießung von El Chorrillo, dem Elendsviertel in Panama- Stadt, wo das Hauptquartier von General Manuel Noriega lag. Bei der Beschießung und dem anschließenden Kreuzfeuer kamen mindestens dreihundert Zivilisten um, von denen einige bei lebendigem Leib in ihren Häusern verbrannten. Doch außer den Opfern und den Filmabteilungen der US-Army konnte niemand diese Vorgänge beobachten. – Ein Reporter, der die Aufnahmen der Armee zu sehen wünschte, wurde auf das Gesetz über die Informationsfreiheit verwiesen.

Bei der Besprechung, die am 25. Oktober in seinem Büro stattfand, war Williams durch nichts aus der Ruhe zu bringen. Das war der Mann, der – wahrscheinlich mit einem Grinsen – nach dem Krieg in der ›Washington Post‹ schreiben sollte, daß »die Presse dem amerikanischen Volk die beste Kriegsberichterstattung gab, die es je hatte«. Es fiel ihm offenbar nicht schwer, den Anschein zu erwecken, als sei das Pentagon zur Zusammenarbeit mit den dreizehn Medienvertretern,[*] die an diesem Nachmittag anwesend waren, bereit. Einen von ihnen, Kurkjian vom ›Boston Globe‹, beschäftigte vor allem seine eigene Befürchtung, ver-

---

[*] Vielleicht waren es auch einer oder zwei mehr; wer genau dabei war, wurde anscheinend von niemandem festgehalten, auch von Williams nicht.

drängt zu werden von »den großen Kerlen« der größeren Mediengesellschaften – den sechs »Spezis« von den Printmedien, die den Brief an Williams unterzeichnet hatten, und den TV- Redaktionschefs.

»Das sind die Medienbosse, die darüber entscheiden, was in die Abendnachrichten kommt oder was morgen auf Seite eins stehen wird«, sagte Kurkjian später. »Wenn die einen Brief an Pete Williams schreiben, muß er ihn einfach beachten, so informell er auch sein mag.« Da er nicht zu dem ursprünglichen Pool gehörte, beschwerte er sich bei dem Treffen, daß der ›Globe‹ und andere Blätter wie ›Newsday‹ »von der gegenwärtigen Regelung benachteiligt werden«.

Kurkjian hatte in der zweistündigen Besprechung den Eindruck, daß Williams hilfsbereit war. »Es kam wirklich etwas heraus. Pete sagte, er würde sich für unsere Forderungen einsetzen; er war bei diesen individuellen Forderungen sehr entgegenkommend. Im Grunde sagte er: ›Ja, ich sehe kein Problem, ein Flugzeug zu kriegen und ’rüberzufliegen, sobald der Krieg losgeht. Haltet eure Leute bereit. Nennt uns Namen, Stellung, Paßnummer von all den Leuten, die ihr entsenden wollt. Ich könnte mir vorstellen, daß es ein großes Flugzeug ist und jeder von euch hier ein, zwei oder drei Leute in die Maschine kriegt.‹«

Andrew Glass, Redaktionschef von ›Cox Newspapers‹, erinnert sich, daß »hoch und heilig beteuert wurde, man sei nicht für die begrenzte Zahl der Visa verantwortlich. Alle Nachrichtenorganisationen, mit Ausnahme der ›Los Angeles Times‹, hatten wohl nur ein Ticket für Saudi-Arabien.« Glass behauptet, er habe durchschaut, daß Williams und die Saudis sich gegenseitig ein Alibi lieferten.

»Die Saudis sagten: ›Pro Nachrichtenorganisation ein Visum‹, und erklärten, das Pentagon wolle es so. Die Pentagon-Leute sagten: ›Nein, nein, wir sind nicht das Problem. Es sind die Saudis.‹ Einer schob die Sache auf den anderen.«

Die Frage, ob das Pentagon bei Kriegsausbruch ein Flugzeug für die Presse chartern sollte, war deshalb aufgetaucht, weil, so Glass, die Redaktionschefs »befürchteten, daß die Saudis bei Beginn der Kampfhandlungen ihren Luftraum für die zivile Luftfahrt schließen würden, und so kam es auch. Deshalb sollte das Pentagon ihnen versichern, gegebenenfalls entweder ein Flugzeug zu chartern, das von den Saudis eine Landegenehmigung bekäme, oder eine Militärmaschine einzusetzen, um kurz nach Kriegsbeginn die Leute hinüberzubringen ... So kam es dann. Es war eine C-141.«

Glass sagte, das Problem der Pools sei angesprochen worden, aber nur »unter anderem ... Es war ein Randproblem.«

Aus dem Memo, das George Watson für seinen Chef Roone Arledge, den Präsidenten der Nachrichtenabteilung von ABC, verfaßte, geht vollkommen klar hervor, daß das Treffen in einer herzlichen Atmosphäre verlief und keiner der Anwesenden einen Finger rührte. Nachdem Williams sich bereit erklärt hatte, das Flugzeug zu stellen, kam man laut Watson auf Probleme der Poolbildung und der Zensur zu sprechen, aber die Art, wie er das beschreibt, läßt Williams wie einen Pfadfinderführer und die Redaktionschefs wie ein Fähnlein von Pfadfindern erscheinen, die sich auf ein Zeltlager vorbereiten:

»Williams behauptete, falls wir über den Beginn eines Angriffs berichten wollten, müsse der Pool im voraus in die Gefechtsstellung einrücken. Niemand widersprach. Das Pentagon würde die notwendige Ausrüstung für die Poolmitglieder stellen, darunter Helme, kugelsichere Westen, Schutzanzüge gegen Chemiewaffen, Funkgeräte usw. Es würde die Pool-Reporter auch darüber unterrichten, wie man mit chemischen Gegenmitteln und der Sonderausrüstung umgeht.«

Als tüchtiger Erzieher von jungen Männern bot Williams den Pfadfindern die Chance, Führungsfähigkeiten dadurch zu beweisen, daß sie – unter entsprechender Aufsicht von Erwachsenen – ihren Laden selbst organisierten: »Die Pools sollten fünf bis sieben Tage am Stück an der Front bleiben. In der Vorkriegsphase, in der vier Pools an der Front sein würden, sollte ABC News ständig für einen Pool verantwortlich sein. Falls die übrigen vier Pools aktiviert würden, sollte ABC während der ersten Kampfphase für zwei verantwortlich sein.« Watsons Bericht, aus dem volles

Vertrauen spricht, fährt fort: »Diese Pools ersetzen nicht die neutrale Berichterstattung und schließen sie nicht aus. Williams sagt, er wünscht sobald wie möglich neutrale Berichterstattung… Leute, die sich daran noch erinnerten, in Vietnam ›per Anhalter nach Da Nang‹ und ähnlichen Orten gefahren zu sein, fragten sich, warum die neutrale Berichterstattung so eingeschränkt sei. Williams sagt, er spreche nur von den allerersten Phasen eines Konflikts. Wenn ›der Kriegsschauplatz soweit vorbereitet‹ sei, wenn also die Nachschublinien und Transportsysteme stehen, würde das Pentagon nach seinen Worten Anträge auf neutrale Berichterstattung gern entgegennehmen.«

Unter der Überschrift »Einschränkungen der Berichterstattung« vermeldete Watson, daß »Williams sagt, das Pentagon denke nicht an Zensur, denn dafür sei der Kongreß zuständig… Von den Burschen mit dem Rotstift ist also in dieser Phase keine Rede.« Zusammenfassend erklärte Watson: »Williams wollte offenbar sagen: Laßt uns darüber jetzt keinen Streit vom Zaun brechen, und das war die vorherrschende Stimmung bei dem Treffen.«

Über die Grundregeln, die für Korrespondenten in Saudi-Arabien bereits wirksam waren, äußerte sich Williams jedoch, so Watson, »absichtlich vage«. Um ihre Ausweispapiere zu bekommen, mußten Reporter erst einmal das Grundregeldokument unterschreiben. Damit verzichteten sie auf das Recht, irgend etwas Ernstzunehmendes über den militärischen Aufbau zu schreiben; auch inoffizielle Interviews, die einfach zum Arsenal eines Reporters gehören, waren verboten. Um sicherzustellen, daß niemand versuchte, gegen die Regeln zu verstoßen, und um »Sicherheit an der Quelle« zu gewährleisten, hatte Williams' Büro den folgenden doppeldeutigen Absatz eingefügt: »Sie *müssen* bis auf weiteres ständig bei Ihrer militärischen Eskorte bleiben und bezüglich Ihrer Aktivitäten deren Anweisungen befolgen. Diese Anweisungen sollen Sie nicht in der Berichterstattung behindern. Sie sollen lediglich Truppenbewegungen erleichtern, Sicherheit gewährleisten und für operative Sicherheit sorgen.«

Gerechterweise muß man sagen, daß niemand bei dem

Treffen von dem Wildermuth-Papier wußte, das eine ständige Begleitung vorschrieb, und Teilnehmer wie Kurkjian hatten den Eindruck, daß Williams und seine Kollegen bezüglich der Kriegsberichterstattung noch »in der Entwurfsphase« waren. Doch wenn man bedenkt, daß die in Dhahran geltenden Grundregeln schon bekannt waren, waren die Redaktionschefs erstaunlich naiv. Bei einer telefonischen Besprechung mit seinen Untergebenen beim U. S. Central Command's Joint Information Bureau in Dhahran, von der ein Bandmitschnitt aus dem Pentagon beschafft wurde, sollte sich Williams am 12. Januar unverblümt über die eigentliche Rolle der militärischen Eskorte äußern: »Sie müssen sie (die Journalisten) von den Gebieten fernhalten, wo sie nichts verloren haben ... Ihr müßt sie dahin bringen, wo was los ist, sorgt dafür, daß sie in Bewegung bleiben, betreut sie auf Schritt und Tritt ...«

Als Reporter hielt Kurkjian nur eine berichtenswerte Äußerung von Williams während dieses Treffens fest. »Er sagte: ›Wenn der Krieg beginnt, werden alle diese Fragen bezüglich der Berichterstattung gelöst werden.‹ Er sagte ›wenn‹, nicht ›falls‹. Keiner hakte nach, und das ist bei einem Haufen Journalisten schon bemerkenswert ... Keiner sagte etwas.«

Waren die Redaktionschefs nichts als Interessenvertreter einer Kapitalgesellschaft, die irgendwie an ihr Ziel kommen wollten? Wenn es ihnen mehr um die Zahl der Visa und weniger um die Freiheit ging, hätte ein Zyniker meinen können, ihr Hauptantrieb seien die wirtschaftlichen Zwänge, denen sie durch die Kapitaleigner ausgesetzt waren. Aber es ist bedenklich, zwischen der streng geregelten Welt eines kommerziellen Unternehmens und der Funktionsweise der Nachrichtenmedien solche Parallelen zu ziehen. In den Medien gibt es tatsächlich die altmodischen Ideale und die entsprechenden Verhaltensweisen, die in einer ausschließlich auf Gewinn ausgerichteten Firma niemals geduldet würden. (Die drei größten Fernsehsender haben durch den Krieg Verluste gemacht.) In den Korridoren von CBS – kontrolliert von Laurence Tisch, dem Vorsitzenden von Loews Corporation –, NBC – im Besitz von General

Electric – und ABC – einer Tochter von Capital Cities/ABC, Inc. – behauptet sich immer noch ein gewisser journalistischer Berufsstolz. Die ›New York Times‹, die ›Washington Post‹ und die ›Los Angeles Times‹ zeigen im redaktionellen Teil von Zeit zu Zeit durchaus Interesse am Prinzip der Pressefreiheit.

Die Frage ist trotzdem, wer innerhalb der Großorganisationen, die man »Medien« nennt, für die Politik und die strategischen Entscheidungen verantwortlich ist. Würde man die Redaktionschefs mit dem mittleren Management bei IBM vergleichen, so läge die Frage nahe, was ihre Bosse von der Pressepolitik des Pentagon hielten, so wie man auch fragen würde, was der Vorsitzende von IBM im Hinblick auf die Kooperation mit Apple von den Antitrust-Gesetzen hält. Es ist nicht einfach, diese Frage anzuschneiden, denn beim Thema »Verantwortung« scheinen alle im Nachrichtengeschäft nervös zu werden. In Mediengesellschaften wie in anderen Firmen stehen die höheren Tiere in dem Ruf, das mittlere Management die Kastanien aus dem Feuer holen zu lassen.

Nun kann man Nachrichten vielleicht als »Ware« bezeichnen, Verfassungsprinzipien aber nicht. Und im Vorfeld des Golfkriegs scheint das Bemühen, zwischen Ware und Prinzip zu unterscheiden, in den Reihen des mittleren Managements und bei den Kontaktgruppenleitern der Medien Verwirrung gestiftet zu haben. Ganz deutlich wurde das bei Robert Ingle, dem Chefredakteur der zur Knight-Ridder-Kette gehörenden ›San Jose Mercury News‹, auf einer nach dem Krieg abgehaltenen Podiumsdiskussion an der Stanford University. Auf die Frage des ehemaligen Kongreßabgeordneten Pete McCloskey, warum die großen Presseorgane es unterlassen hätten, sich an einer Verfassungsklage gegen das Poolingsystem des Pentagon zu beteiligen oder diesen Prozeß zu unterstützen, erwiderte Ingle: »Ich kann Ihnen nicht genau sagen, warum wir uns an dem Protest gegen die Zensur nicht beteiligt haben … Ich kann Ihnen aber als Chefredakteur eines der größeren Blätter der Knight-Ridder-Kette sagen, daß darüber, soviel ich weiß, überhaupt nicht diskutiert worden ist.« Als die Podiumsteilnehmerin Judith Coburn wissen wollte, warum nicht, sagte Ingle: »Ich weiß es nicht. Ich kann nur Vermutungen darüber anstellen, und ich meine, daß die Zeitungen im ganzen Land, auch die ›New York Times‹, die ›Los Angeles Times‹ und all die anderen, ungeheuer besorgt sind, den Kontakt mit ihren Lesern und die Unterstützung ihrer Leser zu verlieren ... Sie dürfen nicht vergessen, daß dies nach allen Umfrageergebnissen, die ich kenne, ein ungeheuer populärer Krieg war ... Einerseits darf man den Kontakt mit den Lesern nicht verlieren, andererseits muß man unabhängig von diesen Lesern sein, und das ist, wie ich finde, ein ungemein schwieriger Konflikt.«

Ingles Bemerkung ist wegen ihrer Offenherzigkeit schon bemerkenswert, auch wenn sie es vermeidet, jemanden für die jämmerlich schwache Reaktion der Medien auf die Militärzensur verantwortlich zu machen, aber ganz überraschend ist sie nicht, wenn man die mittlere Stellung des Chefredakteurs innerhalb der Knight-Ridder-Hierarchie bedenkt.

Nicholas Horrock, Washingtoner Redaktionschef der ›Chicago Tribune‹, sagte, Charles Brumback, der Präsident der Tribune Company, und seine Topmanager hätten keine Besorgnis wegen der Pressebeschränkungen des Pentagon erkennen lassen. »Ich glaube, die sehen das nicht, und ich glaube, das Management von ›USA Today‹ oder andere Leute sehen nicht den Zusammenhang zwischen den verfassungsmäßigen Rechten und dem Verkauf ihrer Ware.«

Heutzutage, meint Horrock, sei ein Verleger weniger geneigt als seine Reporter, sich auf Verfassungsprinzipien zu berufen. Eher wird er sich um die Wünsche besorgter Aktienbesitzer kümmern. »Heute haben wir es mit Leuten zu tun, die einmal im Jahr auf der Hauptversammlung den Aktienbesitzern Rede und Antwort stehen. Sie denken eher in praktischen, kurzfristigen Kategorien ... Brumback ist stärker, als ich es bin, ein erfolgreicher Angestellter, und das ist auch seine Aufgabe. Nach seinem eigenen Verständnis hat er sich um eine Firma zu kümmern, nicht um die Verfassung.«

In den Führungsetagen der Nachrichtenabteilungen des

Fernsehens herrscht eine ähnliche Unklarheit. Peter Jennings, Moderator der World News Tonight bei ABC, erinnert sich an einen Anruf vom Center for Constitutional Rights, bei dem ABC im Januar 1991 aufgefordert wurde, sich an der Verfassungsklage gegen die Zensurpolitik des Pentagon zu beteiligen. Was daraufhin innerhalb des Hauses diskutiert wurde, läßt Jennings im unklaren: »Ich habe eigentlich gar keine Zeit, mich um Probleme der Presse zu kümmern. Manche werden sagen, ich drücke mich vor der Verantwortung, aber ich kümmere mich um Osteuropa und Kinderbetreuung und Kinder in Armutsverhältnissen und Drogen in Kalifornien ... Sie bringen mich in Verlegenheit, denn in einer so hohen Stellung, wie ich sie habe, sollte man wohl etwas entschiedener auftreten. Ich sollte in der Frage der Zensur entschiedener auftreten. Ich neige dazu, solche Dinge meinem Management zu überlassen.«

Von ihrer eigenen Mitwirkung an der erfolgreichen Zensurpolitik des Pentagon während des Krieges peinlich berührt, machten die Redaktionschefs verständlicherweise Ausflüchte, wenn es um die Rolle ihrer Vorgesetzten ging. Auf die Frage, ob es nicht möglich gewesen wäre, in den Verhandlungen mit Williams mehr Druck zu machen, beispielsweise durch direkte Intervention von CNN-Besitzer Ted Turner, nahm Bill Headline von CNN die Verantwortung auf sich und meinte, er selbst habe nicht laut genug Alarm geschlagen: »Ich bin mitverantwortlich, denn ich habe nicht wie ein verwundeter Adler geschrien, als man uns reinzulegen drohte ... Wer gibt schon gern zu, daß er die Sache nicht durchschaut hat oder in die Irre geführt wurde.«

Barbara Cohen sagte, sie hätte ihren unmittelbaren Vorgesetzten Eric Ober, den Präsidenten von CBS News, über die Verhandlungen informiert, aber Ober habe schließlich entschieden, daß CBS es sich aus finanziellen Gründen und wegen der Konkurrenz nicht leisten könne, nicht an den Pools teilzunehmen; die Zuschauer müßten sehen, daß der Sender mit Reportern »an Ort und Stelle« ist. Stanley Cloud von ›Time‹ gewann die Unterstützung seines Chefs vom Dienst Henry Muller, der im Januar tatsächlich einen

Brief an Williams schrieb und kurz vor Kriegsbeginn gegen die Zensur protestierte.

Aber Cloud stand vor dem gleichen Dilemma wie alle anderen. Muller war zwar ein wichtiger Mann bei Time Inc. Magazines, aber doch nicht mehr als der Chef vom Dienst eines einzigen Presseorgans. Von Time Warner-Vorstand Steven Ross, Time Warner-Präsident Nick Nicholas oder Time Inc. Magazines-Herausgeber Jason McManus kam weder ein offizieller Protest noch eine öffentliche Beschwerde.

»Wer zum Teufel ist der Eigentümer?« fragte Stanley Cloud nach dem Krieg ziemlich frustriert. »Auch Steven Ross ist in Wirklichkeit nicht der Eigentümer. Ich finde es, ehrlich gesagt, besser, wenn der Herausgeber der ›New York Times‹, der ›Washington Post‹ und des ›Time‹-Magazins einen Brief an Cheney schreiben, denn der wird eher beachtet als ein Brief von Steven Ross, der eingeschriebenes Mitglied der Demokraten ist.« Ross lehnte ein Interview ab, und Jason McManus erklärte mir, er habe sich nicht direkt bei der Regierung beschwert, weil ein derart aggressives Verhalten »kontraproduktiv« gewesen wäre.[1]

Michael Getler von der ›Washington Post‹ sagte, er habe Kopien seiner gesamten Korrespondenz mit Williams an Ben Bradlee, den damaligen Chefredakteur, und Donald Graham, den Herausgeber, geschickt. Graham lehnte es jedoch ab, sich für dieses Buch interviewen zu lassen, und reichte den Schwarzen Peter in einem Brief an Getler weiter. Es bleibt also unklar, ob er sich an dem Kampf gegen die Restriktionen des Pentagon beteiligt hat und welche Rolle er dabei spielte.

Aus der Sicht des Pentagon war dieses Durcheinander ideal. »Ich glaube, das Pentagon ist dabei wohlüberlegt vorgegangen«, sagte Cloud. »Die wußten doch, wenn sie das mittlere Mangement ansprachen, konnten sie uns alle gegeneinander ausspielen, und wir konnten kaum etwas dagegen tun. Deswegen haben sie die Sache auf der Ebene der Redaktionschefs angesiedelt. Uns war von Anfang an klar, daß das unser schwacher Punkt war, und während des Krieges wurde es unübersehbar. Da haben wir unsere höheren Leute dazu gebracht, Briefe zu schreiben.« Aber »höhere Leute« war gleichbedeutend mit Rückziehern in letzter Minute von Muller und den Leitern der Nachrichtenabteilungen der Sender. Die Geschäftsleitungen oder die Eigentümer kamen dabei nie ins Spiel.

Pete Williams hatte auf jeden Fall noch mehr Lockmittel in seinem Arsenal; es gab noch mehr Köder, mehr Anreize, mehr Belohnungen, mehr Verwirrung und, natürlich, mehr Besprechungen und Memoranden. Im Rückblick hat es den Anschein, als habe Williams bei den Medienverantwortlichen das Gefühl erzeugen wollen, die Berichterstattung vom Golfkonflikt sei ein gemeinsames Produkt des Pentagon und der Medien. Dabei taxierte er als guter Public-Relations-Mann genau seine Zielgruppe, ging umsichtig zu Werke und tat alles, um niemandem zu nahe zu treten. Es ist ein Witz, daß der schlaue Presseagent genau mit dem Mittel arbeitet, mit dem die Reporter bevorzugt ihr Ziel zu erreichen versuchen: »Ich verstehe Ihre Probleme und ich sympathisiere mit Ihnen. Im Grunde stehe ich auf Ihrer Seite.« Von der ersten Begegnung am 25. Oktober bis zum Ende des Krieges vier Monate später wurde Williams ein Experte für das Sympathisieren mit seinen Gegenspielern im Washingtoner Medienestablishment. Alle Forderungen der Redaktionschefs wurden sorgfältiger Erwägung unterzogen, und alle Beschwerden über die unerhörtesten Einschränkungen wurden mit Verständnis und Aufmerksamkeit entgegengenommen.

Im Schutz der sicheren Festungsmauern des Pentagon ging Williams jedoch nicht so nachsichtig mit den Anliegen der Medien um. Als er am 12. Januar mit den Presseoffizieren in Dhahran telefonierte, teilte er die Beanstandungen der Presse zynisch in drei Kategorien ein:

»Erstens kommen Einwendungen gegen praktisch alles, was wir tun wollen, von jenem Teil der Nachrichtenmedien, der militärische Operationen von vornherein auf keinen Fall unterstützt ... So würde ich die gerichtliche Klage charakterisieren, die gegen uns erhoben wurde ... und über die ich mir keine großen Sorgen mache ...

Dann gibt es Leute, die absolut verdreht sind und auf vollkommener Redefreiheit und dem First Amendment herumreiten. Zu ihnen würde ich Michael Gartner, den Präsidenten von NBC News, zählen, der jedesmal etwas dagegen hatte, wann immer das Militär Grundregeln anwandte. Er ist ein Absolutist. Nach seiner Überzeugung hat die Regierung überhaupt kein Recht sich einzumischen, egal, was in den Berichten steht ..., und es ist unmöglich, diesem Standpunkt gerecht zu werden ...

Die dritte Kategorie von Einwänden kommt von Leuten, die genau verstehen, um was es uns hier geht, die einem hinter vorgehaltener Hand sagen, daß sie die Gründe unseres Vorgehens wohl verstehen. Sie geben einem sogar einen kleinen Tip, wie man die Sache ein bißchen besser hindrehen könnte, aber sie glauben, öffentlich gegen uns Stellung nehmen zu müssen. Letzten Endes läuft es aber auf das hinaus, was neulich in einem Leitartikel in der ›New York Times‹ stand; über unsere Richtlinien hieß es dort, sie wüßten nicht recht, was sie von den Einschränkungen halten sollten, aber unsere Zielsetzung sei wohl vertrauenswürdig, und deshalb würden sie mitziehen.«

Daß Williams mit der aus seiner Sicht heuchlerischen Presse seinerseits heuchlerisch umging, zahlte sich vor dem Krieg, während des Krieges und sogar noch hinterher aus, als die Medien begriffen, daß »Pete«, wie sie ihn alle nannten, sie gehörig an der Nase herumgeführt hatte. Er hatte bei Dutzenden von erfahrenen Journalisten ohne Schwierigkeiten den Eindruck erweckt, er sei auf ihrer Seite, und er hatte eine für die Regierung vorteilhafte Berichterstattung über den Krieg sichergestellt, was bei Michael Gartner, Präsident von NBC News und »Absolutist« in Sachen Pressefreiheit, nicht unbemerkt blieb. »Ich würde Pete Williams auf der Stelle als Reporter engagieren«, erklärte Gartner mir nach dem Krieg. »Er würde einen guten Journalisten abgeben, genauso gut wie er als Sprecher ist.«

Angesichts dessen war es im Frühjahr und Sommer 1991 nicht mehr möglich, einen Redaktionschef von einem der größeren Medienkonzerne zu finden, der bereit gewesen wäre, Williams einen Lügner zu nennen. Und dabei lag Williams' grundlegende Lüge – daß die Reporter ohne nennenswerte Behinderung über den Golfkrieg würden berichten können – wie Poes entwendeter Brief offen vor aller Augen. Der Zugang war die zentrale Frage und würde es weiterhin bleiben. Aber Zugang zu was?

Waren die Redaktionschefs am 25. Oktober allzu leichtgläubig, so waren sie bei ihrem nächsten Treffen mit Williams am 28. November nur ein wenig skeptischer. Wieder fuhren sie ins Pentagon, und wieder herrschte offenbar eine vertrauensvolle Atmosphäre. Aber die Welt hatte sich inzwischen verändert. Präsident Bush hatte zwischen den zwei Treffen angekündigt, die Truppenstärke der Amerikaner zu verdoppeln, schärfere Töne gegen Hussein angeschlagen und begonnen, sich nach dem Vorbild des Winston Churchill der Kriegsjahre zu stilisieren. Die in die Mitte seiner Amtszeit fallenden Kongreßwahlen hatte er unbeschadet überstanden, und so konnte der Präsident ohne Rücksicht auf unmittelbare politische Konsequenzen handeln. Die Operation Wüstenschild ähnelte immer mehr einer Operation Wüstenschwert. Wenn Hussein weiterhin mitspielte, wurde es immer wahrscheinlicher, daß es wirklich zu einem Blutvergießen käme. Doch in den amerikanischen Medien und beim Militär sah alles noch immer sehr harmlos aus. Niemand hatte bis jetzt einen Kratzer abbekommen.

Auch beim zweiten Treffen waren wieder die dreizehn Nachrichtenbüro-Chefs und Bob Taylor, Pete Williams' Assistent, anwesend. Das Ereignis war offenbar nicht berichtenswert, jedenfalls nicht für die Journalisten, und so erschienen am nächsten Tag keine Meldungen über das Gespräch. Williams war versöhnlich wie immer und versicherte den Redaktionschefs, daß er mit ihnen zusammenzuarbeiten wünsche und daß ihm die Pressefreiheit, wenn schon nicht die Bewegungsfreiheit, am Herzen liege. Die Journalisten waren – nach allem, was man hörte – ein wenig argwöhnischer geworden. Dennoch waren sie froh, als Williams ihnen versicherte, er werde in ihrem Namen bei Verteidigungsminister Cheney, General Powell und General Schwarzkopf darauf hinwirken, daß sie ohne militärische Eskorte recherchieren könnten. Entscheidend war, daß Williams verschwommen blieb und seine erklärten Gegner von der vierten Gewalt trotz einer gewissen Gereiztheit höflich blieben. Getler von der ›Washington Post‹ äußerte seine Befürchtung, daß es Williams vielleicht nicht gelingen würde, die höheren Tiere zu überzeugen, aber keiner kam auf die Idee, ihm mangelnde Vertrauenswürdigkeit anzukreiden. Selten hat einer die Rolle des guten Polizisten so gekonnt gespielt.

Am 14. Dezember hätte es einigen Leuten dämmern können, daß Williams dem Konzept der neutralen Kriegsberichterstattung nicht so wohlgesonnen war. Was er in einem an diesem Tag erstellten Memorandum von sich gab, klang ganz nach dem Ministerialdirektor für öffentliche Angelegenheiten, der er war, aber ganz und gar nicht nach einem wohlwollenden Pfadfinderführer. Erstmals sprach Williams davon, daß das »Poolmaterial« über Kampfhandlungen einer »Sicherheitsüberprüfung an der Quelle« unterworfen würde. Im Klartext bedeutete das, daß die Poolberichte vor der Weitergabe an das übrige Pressecorps von einem Zensor gelesen und bearbeitet werden würden. In den beiden Besprechungen zwischen Williams und den Redaktionschefs war nie von einer »Sicherheitsüberprüfung« die Rede gewesen. Eine solche Ankündigung – daß man nämlich erstmals seit Korea eine offizielle Kriegszensur einzuführen gedachte – hätte eigentlich das Washingtoner Medienestablishment wachrütteln und schließlich dazu bewegen müssen, öffentlich Alarm zu schlagen.

Nichts dergleichen geschah. Tatsächlich stieß Williams' Überraschungsangriff auf die Redaktionschefs bei diesen kaum auf Kritik. Tatsächlich trug er seine Dreistigkeit derart geschickt vor, daß es so aussah, als erweise er seinen Freunden in den Medien einen großen Gefallen, während er in Wirklichkeit den ersten entscheidenden Schritt dazu getan hatte, ihnen Handschellen anzulegen. Die Gefälligkeit kam in Gestalt der C-141-Maschine, um die sich die Redaktionschefs seit September so dringend bemüht hatten. Ja, sagte Williams, das Pentagon würde den Medien bei Kriegsausbruch ein Flugzeug zur Verfügung stellen. Unterdessen wollte er »Bemerkungen und Fragen« zu dem »Konzept der Frontpools« hören, einer Idee, die »im Laufe eines

Monats aus den Planungen und Diskussionen« innerhalb des Pentagon »hervorgegangen« war.

Der folgende Satz von Williams, ein klassisches Beispiel dafür, wie man ohne mit der Wimper zu zucken den Sinn der Worte in ihr Gegenteil verkehren kann, war im Grunde sein ganzes Jahresgehalt wert. Um zu erklären, warum Cheney und Powell das Flugzeug genehmigt hatten, sagte er: »Es soll verhindert werden, daß die Tätigkeit der Pools daran scheitert, daß es an den nötigen Medienvertretern fehlt – den Redakteuren, Produzenten, Technikern, Schreibkräften und Poolkoordinatoren, die für eine erfolgreiche Pooltätigkeit wichtig sein werden.« Trotz des bürokratischen Stils war die Botschaft vollkommen klar: »Das Pentagon möchte Ihnen helfen, die Story des Pentagon zu vermitteln.«

Die meisten der Medien-Pfadfinder ließen sich außerdem einlullen durch eine Passage auf Seite zwei des Williams-Memorandums, wo ihnen so etwas wie eine »dreiphasige« Kriegsberichterstattung in Aussicht gestellt wurde, gipfelnd in dem Versprechen, daß man ihnen eine »neutrale Berichterstattung von Aktivitäten« gestatten würde. Ob sich hinter »Aktivitäten« Holzschnitzkurse, Naturkunde oder Kampfhandlungen verbargen, scheint sich kaum einer gefragt zu haben, aber der Ausdruck »Phase III« hatte etwas Beruhigendes. Nur die scharfsinnigsten Pfadfinder – nennen wir sie die »Füchse« – protestierten gegen den offenkundigen Widerspruch im letzten Absatz des Memorandums: »Phase III beginnt dann, wenn ungehinderte Berichterstattung möglich ist, und sieht neutrale Berichterstattung von Aktivitäten vor. Die Pools werden aufgelöst, und alle Medien operieren unabhängig, allerdings unter Eskorte des U. S. Central Command.«

Die Vorstellung, daß ein Reporter in Begleitung eines Presseoffiziers unabhängig arbeiten soll, war schon merkwürdig. Doch zu den von Williams erbetenen Bemerkungen und Fragen trug kaum einer der Redaktionschefs etwas bei, denn offenbar verstanden sie Phase III als eine ehrliche Festlegung auf eine praktisch ungehinderte Berichterstattung wie in Vietnam, wo man, wann immer man Lust hatte,

»per Anhalter nach Da Nang fahren« konnte. Eigentlich wurden, worauf George Watson hinwies, die Vietnam-Reporter auch insofern »eskortiert«, als sie militärischen Einheiten zugeordnet waren. Es ist aber ein gewaltiger Unterschied, ob ein Reporter sich selbst eine Kampfeinheit aussucht und sie ungehindert durch das Mekong-Delta begleitet, oder ob er vom U. S. Central Command zusammen mit einem Presseoffizier, der ihm nicht von der Seite weicht, einer Einheit zugeteilt wird.

Nur zwei Redaktionschefs hielten es für angebracht, Einwände gegen die neuen Restriktionen des Pentagon zu erheben. Chuck Lewis von Hearst Newspapers schrieb Williams, Phase III sei ein »Widerspruch in sich«, und Howell Raines von der ›New York Times‹ beschwerte sich, daß sie der bei dem Treffen vom 28. November getroffenen »Vereinbarung offen widerspricht«. Zur »Sicherheitsüberprüfung« sagte Lewis, daß er sie »bedaure«, und Raines nannte sie sarkastisch »eine Neuerung, der niemand zugestimmt hat«.

Natürlich führte Williams die Redaktionschefs hinters Licht. Doch außer Raines warf niemand ihm eine böswillige Absicht vor, zumindest nicht bis zu ihrem nächsten und letzten Treffen mit ihm am 4. Januar. Mittlerweile hatte der Sicherheitsrat der Vereinten Nationen Hussein ultimativ aufgefordert, sich bis zum 15. Januar aus Kuwait zurückzuziehen, und für den Fall, daß er das Ultimatum nicht befolgen sollte, der amerikanischen Armee und dem Häuflein ihrer »Verbündeten« die Anwendung militärischer Gewalt gestattet. Das einzige, was den Präsidenten noch vom ersten Schritt bei der Schaffung einer »neuen Weltordnung« abhielt, war der amerikanische Kongreß, der sich gerade verzweifelt bemühte, der Debatte über eine Kriegsresolution auszuweichen.[2] In Washington und New York waren die Medien vollauf mit diplomatischen Initiativen in letzter Minute beschäftigt, und das Problem, über einen wirklichen Krieg zu berichten, war aus ihrem kollektiven Bewußtsein geschwunden.

Eine unangenehme Überraschung erwartete die an den ersten Besprechungen beteiligten dreizehn Medienmanager, als sie das Auditorium des Pentagon betraten, in das sie für den 4. Januar geladen worden waren. Ohne sie davon in Kenntnis zu setzen, hatte Williams beschlossen, die Teilnehmerzahl erheblich auszuweiten. Vorbei war es mit den gemütlichen Treffen, und die Medienprominenz kam sich in einer Masse von über fünfzig weniger bekannten Kollegen verloren vor. Im Grunde hatte Williams eine Pressekonferenz angesetzt, bei der an Verhandlungen nicht zu denken war. »Bemerkungen und Fragen« verkamen in der aufgeheizten Atmosphäre zu Selbstdarstellung und Sprücheklopferei. Bald nach Beginn der Konferenz bemerkte Stanley Cloud, daß ein Pentagon-Beamter einen Tonbandmitschnitt machte, und fragte, ob es sich wie bei den vorigen Treffen um eine inoffizielle Besprechung handele. Williams war peinlich berührt und gab zu, daß er die Besprechung aufzeichnete, und am Ende waren alle damit einverstanden, auch den weiteren Verlauf aufzunehmen.[*]

Schließlich merkten viele der anwesenden Journalisten, daß man sie nach Strich und Faden verkohlt hatte, und einige machten ihrem Ärger auch Luft.

Wie schwach die Position der Journalisten war, wurde nach Meinung vieler besonders in der Rede von Andrew Glass von Cox Newspapers deutlich, die man hinterher als die »Vertraut-uns«-Rede bezeichnet hat. Zunächst berief Glass sich leidenschaftlich auf das Prinzip der Pressefreiheit, aber dann sabotierte er sein eigenes Argument, indem er die Regierung bat, auf den Patriotismus der Presse zu vertrauen. Amerikanische Journalisten würden, so versprach er, niemals der militärischen Sicherheit zuwider handeln und dementsprechend niemals irgendwelche Geheimnisse preisgeben. Tatsächlich versprach Glass, im Namen der Verfassungsprinzipien mit der Regierung mitzuziehen. Damit setzte er die ohnehin schon angeschlagene Integrität des journalistischen Establishments

---

[*] Das Band oder eine Abschrift wurde trotz eines Antrags aufgrund des Gesetzes über die Informationsfreiheit und wiederholter Anfragen an Williams' Dienststelle nicht herausgerückt. Das ist schon merkwürdig, denn das Pentagon hat für dieses Buch sehr viel brisanteres Material zur Verfügung gestellt.

törichterweise noch mehr aufs Spiel. Seine Bitte um Vertrauen war offenkundig absurd.

Selbstverständlich traute die Regierung den Medien nicht. Wozu solche ausgeklügelten Methoden der Informationskontrolle, wenn die Politiker und Generäle die Reporter für vertrauenswürdig hielten? Von der Rolle, welche die Väter der Verfassung der Presse zugedacht hatten, besaß das Public-Relations-Team des Pentagon offenbar ein klareres Verständnis als die Redaktionschefs. Sollte der besondere Schutz, den sie in der Verfassung genoß, die Presse nicht auch ermutigen, Regierungsgeheimnisse zu enthüllen?

Es war so oder so zu spät, und Glass' Bitte um Vertrauen verschlimmerte nur noch die schreckliche Kapitulation der Medien. Vom 4. Januar bis zum Beginn der Bombardierung am 16. Januar rollten die PR-Leute des Pentagon den Teppich ein. Williams machte weiter wie bisher, indem er behauptete, die jüngsten Regeln seien lediglich für »Gesprächszwecke« entworfen worden, und überarbeitete Regeln versprach, die alsbald bekanntgegeben würden. Als deutlich wurde, daß die Täuschung und Manipulation gelungen war, versuchten einige Redaktionschefs in Briefen und Telefonanrufen zu protestieren. Howell Raines von der ›New York Times‹ gab zu erkennen, daß er sich hintergangen fühlte, als er am 8. Januar, nachdem er nochmals eine andere Version der Grundregeln erhalten hatte, an Williams schrieb:

»Es genügt wohl, wenn ich sage, daß die Kernprobleme auf der Hand liegen und auch in dieser jüngsten Fassung nicht behoben sind. Die Idee einer ständigen ›Begleitung‹ wurde von unserer Gruppe keinesfalls akzeptiert und noch nicht einmal mit ihr diskutiert. In Wirklichkeit sind wir von der Vorstellung ausgegangen, daß Sie Schritte unternehmen würden, um den Pool so schnell wie möglich aufzulösen, und es uns überlassen, die – wie Sie es nannten – ›neutrale Berichterstattung‹ vom Schlachtfeld nach dem Vorbild von Vietnam in die Hand zu nehmen.« Aus Raines' Protestbrief wird deutlich, daß ihm plötzlich die Augen aufgegangen waren: »Die einzelnen Bedingungen bezüglich dessen, worüber berichtet werden darf, können nur gedeutet werden als ein Versuch, anstelle einer vernünftigen Verständigung über bestimmte Enthüllungen, die Menschenleben gefährden würden, eine starre Zensur zu errichten. *Durch die Verbindung dieser Kategorien von Informationen, die sich für die Berichterstattung eignen, mit der Forderung nach einer ›Sicherheitsüberprüfung‹ haben Sie ein Zensursystem geschaffen,* das in der neueren Kriegsgeschichte ohne Beispiel ist. Die Idee, daß Offiziere an Ort und Stelle eine solche Überprüfung vornehmen sollen, führt zu Komplikationen, an die man gar nicht zu denken wagt.« (Hervorhebung von J. M.)

Ungeachtet dieses Protests hielt Raines mit kindlichem Vertrauen an einem Poolsystem fest, das schon in Grenada und Panama die Presse erfolgreich geknebelt hatte: »Nach den seit 1985 geltenden informellen Vereinbarungen hatten wir ein Poolagreement, das auch jetzt hätte funktionieren können. Das Verteidigungsministerium hat versucht, etwas zu reparieren, das nicht defekt war, und dabei ein Arrangement hervorgebracht, das für Sie und für uns voller Fallgruben ist. Ich fordere Sie und den Minister dringend auf, diesen Versuch, neue Regeln zu schaffen, aufzugeben und zu dem vernünftigen Arrangement zurückzukehren, das wir vorher hatten.«

Das Pentagon hatte mit der bisherigen Praxis spektakuläre Erfolge erzielt – in Grenada zunächst durch die Aufstellung eines Pools und dann durch die verspätete Entsendung auf die Insel; und in Panama dadurch, daß der Pool praktisch auf einem Armeestützpunkt eingesperrt wurde. In beiden Fällen bekamen die Reporter von den Kämpfen überhaupt nichts mit, und der amerikanischen Öffentlichkeit wurden antiseptische militärische Siegesmeldungen serviert, in denen von Tötungen, Zerstörungen und Unfähigkeit keine Rede war. Weshalb wollte Raines, wenn er gegen die Zensur im Golfkrieg protestierte, nur zu dem alten Zensursystem zurück?

Am 9. Januar schritten endlich einige Topmanager in den Medien zur Tat. Die Präsidenten der TV-Nachrichtenabteilungen unterzeichneten einen Protestbrief, der von George

Watson eigenhändig im Büro des Verteidigungsministeriums übergeben wurde. Im ersten Entwurf enthielt der Brief einen ungemein unterwürfigen Satz, der dann abgeändert wurde; er lautete: »Die derzeitigen Vorschläge gehen nach unserer Auffassung weit über das hinaus, was erforderlich ist, um die Ziele zu erreichen, in denen wir mit den Militärs einig sind.« Weil man das offenbar für zu weichlich hielt, wurde daraus: »Die derzeitigen Vorschläge gehen nach unserer Auffassung weit über das hinaus, was erforderlich ist, um die Sicherheit der Truppe und des Kampfauftrags zu gewährleisten.« Die Zwänge der institutionellen Haltung – »mitmachen um des lieben Friedens willen« – führten auch hier wieder zu einer schwächlichen Aussage: »Die ›Sicherheitsüberprüfung‹ ist vielleicht keine Zensur in reinster Form, aber mit ihr könnte der freie Informationsfluß durch offizielle Einmischung und staatliche Aufsicht gefährdet werden. Die langen Kriegsjahre in Vietnam haben eindeutig bewiesen, daß man sich darauf verlassen kann, daß Journalisten angemessene Sicherheitsgrundregeln aus freien Stücken beachten.«

Vertraut uns – das war die Forderung von Roone Arledge von ABC, Eric Ober von CBS, Tom Johnson von CNN und Michael Gartner von NBC. Cheney hat sich, Watson zufolge, zu keiner Antwort herbeigelassen.

Henry Muller vom Magazin ›Time‹, der am gleichen Tag einen Brief an Cheney schrieb, war keine Spur energischer: »Sehr geehrter Herr Minister, ›Time‹ möchte in diesen schwierigen Zeiten in jeder erdenklichen Weise kooperieren. Ich ersuche Sie und Ihre Mitarbeiter jedoch ganz dringend, diese Eingriffe in die Freiheit der Presse, über die Feindseligkeiten am Persischen Golf zu berichten, nochmals zu überdenken.«

Gleichfalls an diesem Tag schrieb Jonathan Wolman von Associated Press einen freundlichen »Protestbrief« an Pete Williams: »Vielen Dank für die Überlassung eines Exemplars der neu entworfenen Richtlinien für die Kampfberichterstattung im Falle von Kriegshandlung am Golf. Wir begrüßen die Verbesserungen gegenüber früheren Versionen, doch möchte ich meiner Hoffnung Ausdruck geben, daß Sie mehrere hinderliche Maßnahmen abschwächen werden...«

Es wird behauptet, Ronald Reagan habe wie kein anderer Politiker in der amerikanischen Geschichte die englische Sprache verhunzt, und es ist vielleicht zuviel von den Medienbürokraten verlangt, daß sie sich nach acht Jahren jeglichen Widerstandsgeist tötender Unterwerfung einer geschliffenen Jeffersonschen Rhetorik bedienen sollten. Doch es gab für sie eine Alternative zu artigen Überredungsversuchen. Am 10. Januar erhoben eine Gruppe kleiner, überwiegend linker Wochen- und Monatszeitschriften sowie vier prominente Autoren – vertreten durch das Center for Constitutional Rights – vor dem New Yorker Bundesgericht Klage gegen das Pentagon mit der Begründung, die Pentagon-Regeln seien nicht verfassungsgemäß. Einige der größeren Medien wurden aufgefordert, der Klage beizutreten, die von ›The Nation‹, ›Harper's Magazine‹* und ›Newsday‹-Kolumnist Sydney Schanberg, ›The Village Voice‹, ›LA Weekly‹ und anderen erhoben wurde. Die drei großen Fernsehsender sowie die ›Washington Post‹, die ›New York Times‹ und ›Newsday‹ lehnten es ab, der Klage beizutreten oder nach Einleitung des Prozesses die Sache öffentlich zu unterstützen. Als nach dem Krieg alle Welt über die Zensur entsetzt war, verschanzten sich die Medienbosse hinter einer institutionellen Haltung, wenn sie ihre Entscheidung, sich nicht an dem Prozeß beteiligt zu haben, erläutern sollten.[3] Gegenüber einem New Yorker Talkshow-Moderator erklärte ›Washington Post‹-Herausgeber Donald Graham: »Gegen die Beschränkungen, die während der Golfkrise von den Militärs der Presse auferlegt wurden, hat keine Medienorganisation vernehmlicher argumentiert als die ›Washington Post‹. Auch haben wir ausführlich über dieses Problem berichtet. Schließlich waren wir nicht der Ansicht, durch einen Prozeß an dieser Situation mehr ändern zu können, als wir auf anderen Wegen erreichen konnten.«

Da Graham es ablehnte, sich für dieses Buch interviewen

---

* Als Herausgeber von ›Harper's Magazine‹ konnte ich etwas dafür tun, daß die Öffentlichkeit über den Prozeß unterrichtet wurde und unzutreffende Berichte über sein Ziel zurechtgerückt wurden.

zu lassen, wird man vielleicht nie erfahren, was für »vernehmliche Argumente« das waren, die in seiner Zeitung vorgetragen wurden. Der Herausgeber von ›Newsday‹, Anthony Marro, äußerte sich präziser. Nachdem sein Kolumnist Schanberg sich an der Klage beteiligt hatte, schrieb er: »Wir haben uns aus verschiedenen Gründen als Zeitung nicht an dem Verfahren beteiligt, unter anderem weil ich befürchtete, daß eine gerichtliche Niederlage eine schlimme Situation noch mehr verschlimmern würde, denn sie würde bestätigen, daß das Pentagon berechtigt ist, Reporter auszuschließen und auf Pressepools zu beschränken.«

Joseph Lelyveld, Chef vom Dienst der ›New York Times‹, erläuterte gegenüber Sumner Rosen von der Columbia University die Entscheidung seines Blattes, sich an dem Prozeß nicht zu beteiligen, und gab dabei der Begründung des Pentagon für die Bildung von Gefechtspools weitgehend recht: »Das First Amendment gibt uns das Recht, praktisch alles zu veröffentlichen. Es gibt uns nicht das Recht, praktisch überallhin zu gehen.«

So wie gerichtliche Entscheidungen bei uns nun einmal getroffen werden, hätte es die Sache der Kläger vermutlich gestärkt, wenn die großen Medien sich am Prozeß beteiligt und ihn finanziell gefördert oder auch nur die Sache publizistisch unterstützt hätten: Leonard B. Sand, der Bundesrichter, der die Verhandlung führte, gilt als einer der entschiedensten Verteidiger des First Amendment im südlichen Gerichtsbezirk von New York. Die Medienbosse hätten durchaus auf Schanberg hören können, nach dessen Ansicht »nichts mehr zu verlieren war«, da die Militärzensur vollständig über die Medien gesiegt hatte.* Howell Raines erklärte in ›The New Republic‹: »Wir haben verloren. Sie haben uns vollkommen fertiggemacht. Sportlich gesehen, haben sie hundert zu eins gewonnen.« Stanley Cloud von ›Time‹ drückte es so aus: »Während der langen Zeit, in der sich der Pool beim Verteidigungsministerium

* Schanberg besaß alle Voraussetzungen, sich über Zensur und Kriegsberichterstattung zu äußern. Er hatte als Korrespondent der ›New York Times‹ über den Vietnamkrieg berichtet und für seine Berichte über den Fall von Pnom Penh den Pulitzerpreis erhalten.

entwickelte, hat die Presse bereitwillig, passiv und stumpf-
sinnig mitgemacht. Das ist der Sündenfall, der uns hier ein-
geholt hat, und dafür mache ich niemanden mehr verantwortlich als mich selbst.«

Als dann am Abend des 16. Januar die ersten amerikanischen Bomben fielen, waren die Medien also durch ihre
eigenen Absprachen mit der Regierung gefesselt. So lautet
zumindest die wohlwollende Erklärung.

Zweites Kapitel
Wie die Babys verkauft wurden

> Mit der Behauptung, daß die Presse Dinge bewe-
> ge, wird die grundlegende Tatsache verschleiert,
> daß die Presse, genau genommen, kaum etwas
> bewegt. Die Presse bewirkt nichts, sondern auf
> die Presse wird eingewirkt.
>
> Walter Karp: All the Congressmen's Men,
> ›Harper's Magazine‹, Juli 1989

Den Medien in Kriegszeiten einen Maulkorb anzulegen war eine Sache, die Medien zu benutzen, um einen Krieg zu beginnen, eine ganz andere, die allerdings für das Weiße Haus genauso wichtig war. Während ein Public-Relations-Spezialist, Pete Williams vom Pentagon, die Redaktions-chefs einlullte, waren ganze Heerscharen anderer Spezialisten unermüdlich bestrebt, die gefügigen Journalisten wach-zurütteln und auf eine bis dahin kaum bekannte Gefahr namens Saddam Hussein aufmerksam zu machen. Das war keine leichte Aufgabe.

Der kanadische Militäranalytiker Gwynne Dyer hatte weitgehend recht, als er im Herbst 1990 bemerkte, daß »Saddam Hussein im Juli kein Problem war, das irgend je-mandem den Schlaf geraubt hätte«. Bis zur Annexion Ku-waits galt der irakische Diktator bei vielen Politikern und Journalisten als einer unter vielen unangenehmen Diktato-ren der Dritten Welt, für den das außenpolitische Establish-ment der USA eine zwangsläufige Affinität empfand. Hus-sein hatte von 1980 bis 1988 die Aufgabe auf sich genom-men, rund hundertfünfzigtausend Iraner zu töten[*] – und dazu noch mindestens dreizehntausend seiner eigenen Bür-ger, darunter mehrere tausend unbewaffnete kurdische Zi-vilisten, was ihm in den Reihen von drei aufeinanderfolgen-den US-Regierungen Bewunderung und Unterstützung ein-

---

[*] Diese Zahl ist eine Schätzung iranischer Regierungsstellen. Dilip Hiro zitiert in seinem Buch ›The Longest War‹ vorsichtige westliche Schätzungen, die von zwei-hundertsechzigtausend getöteten Iranern sprechen.

trug. Daß die Carter-Administration Hussein 1980 ermutigt hätte, Khomeinis schiitische Legionen anzugreifen, ist vielleicht übertrieben, aber zumindest hat keiner im Carter-Lager sehr laut dagegen protestiert. Die Vereinigten Staaten sahen damals und in den achtziger Jahren fast durchweg in Khomeinis islamischer Revolution die größte Gefahr für den Frieden im Nahen Osten und für eine ununterbrochene Versorgung mit billigem Erdöl. Hussein, der eine laizistische Politik verfolgte und sich der Unruhe unter der schiitischen Mehrheit im eigenen Lande durchaus bewußt war, war wegen der Umtriebe Khomeinis beunruhigt, und er war scharf auf Erdölgebiete und Häfen der Iraner. Dieses glückliche Zusammentreffen gleichgerichteter Interessen unmittelbar nach der iranischen Geiselnahme des US-Botschaftspersonals in Teheran garantierte zumindest, daß die USA sich im iranisch-irakischen Krieg offiziell neutral verhielten.

Aus Neutralität wurde jedoch bald heimliche Unterstützung für den Irak, die schließlich zu militärischer Unterstützung führte. Bestehende Geschäftsbeziehungen und die Geiselkrise ließen es zunächst ratsam erscheinen, auch den Iran militärisch zu unterstützen, doch 1984 entschied sich die Reagan-Administration zugunsten des Irak und gegen den Iran.[1] Lieber – so die Überlegung – der schnauzbärtige Saddam, mit dem man reden konnte, als der bärtige Khomeini, der tatsächlich meinte, was er sagte, wenn er Amerika als den »großen Satan« bezeichnete. Der Irak war für den Westen, wie Germaine Greer es im Londoner ›Independent Magazine‹ formulierte, »so etwas wie ein widerwärtiger Freund, weil er die Söhne eines noch schlimmeren Feindes abschlachtete«.

Außerhalb des Washingtoner Establishments war man sehr besorgt über Husseins Neigung, Menschen ohne gerichtliches Verfahren umzubringen. Menschenrechtsgruppen waren über die Gewaltherrschaft des irakischen Präsidenten durchaus im Bilde, und sie hatten seine Verbrechen sorgfältig dokumentiert. Das Komitee zum Schutz der Journalisten (Committee to Protect Journalists) äußerte zum Beispiel im März 1990 seine Bestürzung darüber, daß Farzad Bazoft – ein iranischer Journalist, den man verhaftet hatte, als er vor den Augen irakischer Soldaten Bodenproben auf dem Gelände einer irakischen Rüstungsfabrik entnahm – von Hussein gehenkt wurde. Dem Vernehmen nach recherchierte Bazoft für den Londoner ›Observer‹ Gerüchte über eine gewaltige Explosion in dieser Fabrik.

Hussein drohte außerdem in regelmäßigen Abständen, Israel zu vernichten, doch unterschied er sich mit solchen Äußerungen kaum von der Mehrzahl der übrigen arabischen Führer. Das offizielle Washington reagierte auf solche Ausfälle lediglich mit einem gelangweilten Gähnen. Menschenrechtsgruppen hatten ständig etwas an dem einen oder anderen nahöstlichen Despoten auszusetzen, sei es nun Hafez Assad von Syrien, Khomeini, Hussein, der Emir von Kuwait oder König Fahd von Saudi-Arabien. Das scherte die Realpolitiker nicht – für sie zählte nur, was die andere Seite für Amerika getan hatte, und in dieser Beziehung hatte der Irak einiges zu bieten, denn er hatte dem Iran Paroli geboten. Es war daher nicht verwunderlich, daß eine Gruppe von fünf amerikanischen Senatoren (unter Führung von Robert Dole) am 12. April 1990 in Bagdad mit Hussein zusammentraf. Im Rückblick erscheint dieses Treffen voller Ironie, denn derjenige, der aus der ganzen Delegation am wenigsten ein Blatt vor den Mund nahm, war Alan K. Simpson, Senator aus Wyoming, der bei den Angriffen der Regierung auf CNN-Reporter Peter Arnett die Speerspitze bilden sollte. Ein Auszug aus einem CIA-Mitschnitt des Gesprächs enthüllt, wie sehr Simpson »westliche« Medien verachtet. Man muß dabei bedenken, daß Bazoft, der Journalist, erst vier Wochen zuvor, am 15. März, hingerichtet worden war.

Simpson: »Ich bin gern mit Leuten zusammen, die offen und direkt sind. Für uns im Wilden Westen – Cowboys – ist es schwer zu verstehen, daß wir, wenn wir gelegentlich in einem Streit verlieren, nicht unser Leben verlieren. Das war einer der Gründe, warum wir fünf ... gestern den Präsidenten angerufen haben. Wir haben dem Präsidenten gesagt, daß unsere Reise in den Irak uns teuer zu stehen kommen wird, denn wir werden dadurch an Popularität einbüßen, und viele werden uns wegen der Reise in den Irak angreifen ... Präsident Bush hat uns jedoch gesagt: ›Fahren Sie. Ich möchte, daß Sie fahren. Es gibt so viele Themen, über die wir mit den Irakern sprechen müssen ... Wenn man Sie wegen der Irakreise kritisiert, werde ich Sie verteidigen und mich für Sie einsetzen.‹

... Demokratie ist etwas sehr Lästiges und Verwirrendes. Ich denke, Sie haben Schwierigkeiten mit den westlichen Medien, nicht mit der US-Regierung, weil Sie von den Medien und der Presse isoliert werden. Die Presse ist verdorben und selbstgefällig. All die Journalisten halten sich für glänzende Politikwissenschaftler. Sie können es nicht haben, daß etwas gelingt oder jemand sein Ziel erreicht. Ich rate Ihnen, lassen Sie diese Kerle kommen und sich selbst umschauen.«

Hussein: »Sie sind willkommen. Wir möchten, daß sie kommen und sich umschauen, und dann können sie ungehindert schreiben ... Ich wünschte, die Medienleute würden kommen ... Aber wenn nicht die Regierungen für die Verbreitung des Geschehens verantwortlich sind – oder sagen wir, wenn die US-Regierung nicht für die Verbreitung dessen, was geschehen ist, verantwortlich ist, wie konnte dann in so kurzer Zeit diese ungeheure Menge von negativer Berichterstattung über den Irak erzeugt werden?«

Simpson: »Das ist ganz einfach ... Sie liefern sich gegenseitig Material. Jeder übernimmt Teile vom anderen. Eine Titelgeschichte in ›Newsweek‹ wird von einem anderen Reporter übernommen und von ihm veröffentlicht.«[*]
Die Bereitschaft, im Zweifelsfall für Hussein Partei zu ergreifen, reichte bis in die höheren Ränge der Bush-Administration, die immer wieder hingebungsvoll bemüht schien, sein schlechtes Image in Ordnung zu bringen. Gelegentlich erteilte die Regierung ihrem geschmähten Klienten auch direkte Ratschläge. Bei dem berühmten Treffen mit Hussein

---

[*] Nach Darstellung der irakischen Regierung hat Simpson von der ›New York Times‹ und nicht von ›Newsweek‹ gesprochen. Die CIA hat eine irakische Rundfunksendung über das Treffen möglicherweise nicht richtig übersetzt.

am 25. Juli 1990 tat US-Botschafterin April Glaspie ihr Bestes, den Diktator von seinem zweifelhaften Ruf zu befreien. Sie tröstete Hussein mit der Bemerkung, seine Darstellung durch Diane Sawyer von ABC sei »schäbig und ungerecht«, und gab ihrem Wunsch Ausdruck, der irakische Präsident könne »in den Medien auftreten, und sei es nur für fünf Minuten«; das »würde der Regierung helfen, den Irak dem amerikanischen Volk verständlich zu machen«. Außerdem tat sie sehnsüchtig kund, daß George Bush »es sehr viel einfacher haben würde, wenn er Kontrolle über die Medien hätte«.

Ein weiteres Beispiel offizieller amerikanischer PR-Unterstützung für Hussein betraf den Einsatz chemischer Waffen durch den Irak. Noch im Mai 1990 war Hussein für das Pentagon ein ganz gewöhnlicher nahöstlicher Diktator, der seine politischen Gegener zufällig mit Giftgas umbrachte. Nur vier Monate später stellte die Regierung ihn als das beispiellos teuflische Gegenstück zu Adolf Hitler hin; mit einemmal fand der irakische Präsident Gefallen daran, Gas gegen ethnische Minderheiten, besonders gegen die Kurden, einzusetzen – und, falls es ihm gelingen sollte, gegen israelische Juden.

Tatsächlich war Hussein bei denen, die sich wirklich um diese Dinge kümmerten, berüchtigt für den Einsatz chemischer Waffen gegen aufständische irakische Kurden, die den iranisch-irakischen Krieg dazu nutzten, ihren – nach wie vor zum Scheitern verurteilten – Traum von der Unabhängigkeit voranzutreiben. Das bekannteste Massaker dieser Art geschah im März 1988 in Halabdscha. Dort kamen nach Angaben von Menschenrechtsgruppen rund viertausend kurdische Zivilisten, darunter Frauen, Kinder und alte Menschen, bei einem chemischen Angriff um, mit dem die irakischen Streitkräfte angeblich die Kurden für die Unterstützung des Iran bestrafen wollten. Im Frühjahr 1990 ließ dagegen das Pentagon Informationen durchsickern, die offenkundig auf eine andere Sicht der Dinge hinausliefen: Danach wurden die Opfer von Halabdscha durch Gas getötet, das Iraker und Iraner gegeneinander eingesetzt hatten. Wenn es zu Greueltaten der beiden Kriegsparteien kam, konnte man also, falls diese neue Version stimmte, genausogut eine Münze werfen. Das ist nun einmal Realpolitik.[2]

Als im Laufe des Sommers einige Kongreßmitglieder, die über Husseins heftige Ausfälle gegen Israel beunruhigt waren, den amerikanischen Handel mit dem Irak einer strengeren Kontrolle unterwerfen wollten, wehrte die Bush-Administration diese Bemühungen zynisch ab. Und bei dem Gespräch zwischen Botschafterin Glaspie und Hussein am 25. Juli 1990 gaben die USA eindeutig zu verstehen, daß sie bei einem Konflikt zwischen Irak und Kuwait nicht intervenieren würden.

Als Hussein sich dann aber am 2. August Kuwait schnappte, verstieß er gegen die Vorstellungen der Realpolitiker. Der irakische Diktator hatte, wie zuvor schon General Manuel Noriega, einen Hang zur Eigenwilligkeit bewiesen, der für die Amerikaner, die ihn gern als ihr Werkzeug benutzt hätten, nicht hinnehmbar war; man mußte ihn also bestrafen. Auf einmal reichte es nicht mehr aus, die öffentliche Meinung durch gezielte Indiskretionen zu manipulieren. Um die Amerikaner dafür zu gewinnen, für die Befreiung eines winzigen, von einer Familienoligarchie beherrschten arabischen Scheichtums einen Krieg zu führen, mußte Hussein in einer Weise dämonisiert werden, wie es sich die Menschenrechtsgruppen nie hätten träumen lassen. Das erforderte einen Frontalangriff auf die öffentliche Meinung, wie es ihn seit dem spanisch-amerikanischen Krieg (von 1898) nicht mehr gegeben hatte. Der Krieg mußte den Amerikanern verkauft werden. Für den Präsidenten war es ein Glück, daß talentierte Helfer bereitstanden.

Es spricht durchaus einiges dafür, daß Politiker, wenn sie von amerikanischer Findigkeit reden, im Grunde amerikanische Geschäftstüchtigkeit meinen. Romantiker werden vielleicht darauf pochen, daß das Experiment der Selbstverwaltung den eigentlichen Ruhm der amerikanischen Republik ausmache. Doch in der Reagan-Bush-Ära wurde die Demokratie von innen ausgehöhlt: Der Iran-Contra-Skandal hatte eindeutig gezeigt, wie leicht das Prinzip der Volkssouveränität durch geheime Machenschaften der Regierung untergraben werden konnte. Die amerikanische Industrie brach derweil unter dem Druck der japanischen und deutschen Konkurrenz zusammen. Die USA waren noch immer die größte Militärmacht, aber darauf kam es, nachdem die Sowjets den Kampf aufgegeben hatten, eigentlich nicht mehr an.

Von der Rüstung abgesehen, behauptete Amerika in den achtziger Jahren eine unangefochtene Führungsstellung auf einem Gebiet, nämlich bei Werbung und Public-Relations. Die USA waren auf diesem Gebiet so dominierend, daß man eine akademische »Disziplin« namens »Marketing« schuf, die dem prosaischen Geschäft der Reklame und Absatzförderung eine intellektuelle Aura verschaffen sollte. Nachdem sie jahrelang so viele amerikanische Touristen auf der Suche nach Kultur erduldet hatten, kamen die Franzosen nun nach Amerika, um »le marketing« zu studieren. Das war kein Wunder, denn eine Kultur, die ein Marketinggenie vom Kaliber eines Roger Ailes hervorbringen konnte, war für ehrgeizige ausländische Geschäftsleute sicherlich nachahmenswert. Ailes hatte Anteil am Marketingwunder des Jahrhunderts, 1968 hatte er den einstmals unwählbaren Richard Nixon neu erfunden und seine Wahl zum Präsidenten erreicht. Diese Glanzleistung wiederholte er 1988 bei dem ein wenig attraktiveren George Bush, den er statt gegen den eigentlichen demokratischen Kandidaten gegen den entschieden unattraktiven Vergewaltiger und Mörder Willie Horton antreten ließ. Man kann daher durchaus dem großen amerikanischen Historiker Daniel Boorstin recht geben, der die Werbung als »typische Rhetorik der Demokratie« charakterisiert hat.

Aber jeder tüchtige Werbemann wird erklären, daß Werbung oft am besten läuft, wenn jemand anderes sie umsonst besorgt. Dazu benötigt man das, was früher als »Presseagent« bezeichnet wurde und heute unter dem Namen »Public-Relations-Unternehmen« läuft. Der ältere Ausdruck ist insofern treffender, als er an die Beziehung zwischen dem Agenten erinnert, der Informationen »verkauft«, und der Zeitung, die sie »kauft«. Im August 1990 bestand die Aufgabe der Bush-Administration darin, den amerikani-

schen Medien zwei Bilder zu verkaufen – ein häßliches von
Hussein und ein schönes von Kuwait. Die Medien würden
dann, so Gott wollte, helfen, diese Bilder dem amerikanischen Volk zu verkaufen. Für dieses schwierige Unternehmen brauchte die Regierung die besten Presseagenten, die
für Geld zu haben waren.

Am 3. August 1990 dürfte jedem aufmerksamen Beobachter
klar gewesen sein, daß Kuwait in den Vereinigten Staaten
ein Imageproblem hatte. Stellt man die mangelnden geographischen Kenntnisse in Rechnung, die dem amerikanischen
Bürger nachgesagt werden, so dürfte ein erheblicher Teil
der Amerikaner nicht imstande gewesen sein, Kuwait auf
der Landkarte zu finden. Diejenigen, die es ausfindig machen konnten, wußten vermutlich, daß es kein demokrati-
sches Land war und eine Menge Öl besaß. Kaum einer
wußte, daß das winzige Emirat seit seiner Unabhängigkeit
im Jahre 1961 ein bemerkenswert freies Land gewesen war,
verglichen mit seinen unmittelbaren Nachbarn Saudi-Arabien, Iran und Irak, daß aber die Herrscherfamilie Al Sabah
1986 die Nationalversammlung aufgelöst hatte. Auch zu
Zeiten der Nationalversammlung waren von einer Gesamt-
bevölkerung von etwa zwei Millionen Menschen nur etwa
fünfundsechzigtausend Männer stimmberechtigt, all jene,
die eine vor 1920 zurückreichende kuwaitische Abstam-
mung nachweisen konnten. Die gewählten Mitglieder der
Nationalversammlung, die nur die Hälfte dieses Gremiums
ausmachten, durften keiner politischen Partei angehören,
und die Exekutivgewalt des Landes lag beim Emir, der von
der Familie Al Sabah und aus ihren Reihen gewählt wurde.
Frauen waren von der Politik völlig ausgeschlossen, und
nach Auskunft der Zensurwächter-Organisation »Artikel
19« galten die übrigen Bewohner als Bürger zweiter Klasse.
   Auch als Verbündeter der USA genoß Kuwait einen ziemlich zweifelhaften Ruf. In der UN-Vollversammlung stimmte Kuwait im Zeitraum von Januar 1989 bis Juni 1991 nur
neunzehnmal mit den Vereinigten Staaten – die Sowjetunion tat dies dreimal häufiger. Als im Senat über die Kriegser-
mächtigung debattiert wurde, wies Senator Daniel Patrick

Moynihan in seiner Rede darauf hin, daß Kuwait in den siebziger Jahren, als er US-Botschafter bei den Vereinten Nationen war, »ein besonders bösartiger Feind der Vereinigten Staaten« gewesen sei. »Man kann als Gegner der Vereinigten Staaten so auftreten, daß die Möglichkeit weiterer Gespräche nicht abgeschnitten wird«, sagte Moynihan. »Doch die Kuwaitis waren ausgesprochen widerlich. Als die Vollversammlung die Resolution 3379 beschloß, in der der Zionismus mit dem Rassismus gleichgesetzt wurde, vertraten sie einen Antisemitismus, der bei mir persönlich Ekelgefühle auslöste.«

Auch gegenüber ihren eigenen Bürgern konnte die Regierung von Kuwait ziemlich bösartig sein. Noch am 22. Januar 1990 hatte die Polizei eine Versammlung von sechstausend Anhängern der demokratischen Opposition unter Einsatz von Tränengas und Schlagstöcken aufgelöst. Dabei wurden mehrere Politiker, unter ihnen ein siebzigjähriges ehemaliges Mitglied der Nationalversammlung, geschlagen. Von da an waren politische Versammlungen verboten. Gegenüber Nicht-Staatsbürgern, besonders gegenüber den mittellosen Ausländern, die als Hauspersonal arbeiteten, konnten die Kuwaitis schlimmer als ekelhaft sein. Germaine Greer beschreibt deren schreckliches Los im ›Independent Magazine‹ folgendermaßen: »Wenn ausländische Arbeitskräfte in den Golfstaaten ankommen, werden ihnen die Pässe weggenommen; sie unterschreiben arabische Papiere, obwohl sie Arabisch weder sprechen noch lesen können, und verpflichten sich darin zu jahrelanger Zwangsarbeit. Wer nicht unterschreiben will, bekommt gesagt, er müsse auf der Stelle ausreisen und die Rückfahrt selbst bezahlen. Manche denken, sie würden in ihrem erlernten Beruf arbeiten, und müssen schließlich für die Hälfte des versprochenen Lohns Fußböden scheuern.

Ausländische Arbeitskräfte haben am Golf keine Rechte und keine Vertretung. Ihr Schicksal liegt ganz in den Händen des Arbeitgebers und seiner Familie. Kinder bekommen beigebracht, Bedienstete, die ihr Mißfallen erregen, zu disziplinieren, und das heißt, zu beschimpfen, zu kneifen, zu ohrfeigen und an den Haaren zu ziehen ...

Hin und wieder berichtete die ›Kuwait Times‹ von spektakulären Fällen, in denen Bedienstete vom Dach geworfen, verbrannt, geblendet oder zu Tode geprügelt wurden; die systematische Mißhandlung, die sie tagtäglich erlitten, fand man nicht berichtenswert ...«

Diese Form der faktischen Sklaverei reicht, wie Greer erklärte, bis nach England, wo »das Innenministerium es den Golf-Arabern leicht macht, die Sklaverei zu importieren, indem es ihren Bediensteten Besuchervisa ausstellt und ihnen das Recht verwehrt, für einen anderen Arbeitgeber tätig zu sein«. Greer zitiert den Fall einer Hausangestellten, die im Londoner Apartment ihrer kuwaitischen Gebieterinnen vier Jahre lang gefangengehalten und gequält wurde. Sie bekam oft nichts zu essen und wurde täglich ausgepeitscht, und die beiden kuwaitischen Prinzessinnen, die sie gefangenhielten, stahlen ihr zwei Goldzähne und den Paß. Der Fall kam nur dadurch ans Licht, daß die Gequälte mittels der Katzenklappe in der Tür des Apartments entwischen konnte und ihre Peinigerinnen verklagte.

Die unappetitliche Wahrheit über die kuwaitische Gesellschaft machte es zu einer heiklen Aufgabe, der amerikanischen Öffentlichkeit das Bild einer gepeinigten Nation zu präsentieren. Man würde sich einiges einfallen lassen müssen, um Kuwait als ein aktuelles Gegenstück zur Tschechoslowakei der Vorkriegszeit zu verkaufen.

Die Kuwaiter seien schon viel gereist, noch ehe das Öl entdeckt wurde, erklärte mir Dr. Hassan Al Ibrahim in seinem Büro. »Deshalb befanden sich über dreihunderttausend Kuwaiter (fast die Hälfte der inländischen Bevölkerung) außerhalb Kuwaits, als die Invasion stattfand.« Außerdem sind die Kuwaiter durch ihre riesigen Erdölvorkommen ungeheuer reich und können es sich ohne weiteres leisten, die heißen Sommermonate in kühleren Gegenden zu verbringen, weit entfernt von ihrer Wüstenheimat. Dr. Al Ibrahim war einer der Glücklichen, die am 2. August nicht im Lande waren; durch einen günstigen Zufall weilte er in seiner Eigenschaft als Professor für internationale Politik an der Universität Kuwait auf einer Konferenz in Washington. Als ehemaliger Erziehungsminister nahm Dr. Al Ibrahim in der kuwaitischen Elite eine hohe Stellung ein. Durch ein Studium an der Universität von Indiana war ihm, wie er sagte, »die amerikanische Denkweise« vertraut, und so lag es nahe, ihn zum Vorsitzenden der Bürger für ein Freies Kuwait (Citizens for a Free Kuwait – CFK) zu machen, einer Vereinigung, die kurz nach der irakischen Besetzung seines Landes ins Leben gerufen wurde. Die Kuwaiter, die sich am Morgen des 2. August in ihrer Botschaft am Washingtoner International Drive versammelten, waren verständlicherweise über die eingetretene Entwicklung schockiert und entmutigt, doch hatten sie im Unterschied zu den meisten politischen Flüchtlingen das nötige Geld, um etwas gegen ihre mißliche Lage zu unternehmen.

Die Kuwaiter in Washington wußten außerdem, was man mit Public Relations erreichen kann. Einer der ersten Schritte, die Dr. Al Ibrahim seinen eigenen Worten zufolge unternahm, bestand darin, Hill and Knowlton (H & K) zu engagieren, eine der größten Public-Relations-Firmen Amerikas, die über beste politische Beziehungen verfügt. Falls er tatsächlich darüber entschieden hat, war es wohl die klügste Entscheidung seines Lebens.

Dr. Al Ibrahim ist ein fröhlicher, optimistischer Mann in mittleren Jahren. Als ich ihn einige Monate nach der Befreiung Kuwaits im Washingtoner Büro der CFK aufsuchte, war er von überschwenglicher Laune. Überall standen Kisten mit inzwischen nutzlos gewordener CFK-Propaganda, und die Organisation war im Begriff, sich umzuwandeln in die neue Kuwait-America-Foundation, »wahrhaft die erste derartige Organisation von Volk zu Volk zwischen den Vereinigten Staaten und Kuwait«, wie es in ihren Unterlagen heißt. Sein Land war inzwischen von den Vereinigten Staaten befreit worden, und Hill and Knowlton war nicht länger Repräsentant der CFK, doch Dr. Al Ibrahim konnte sich noch immer nicht beruhigen und mußte wieder einmal seine Geschichte loswerden. Irakische »Greueltaten« in Kuwait beschäftigten ihn noch immer sehr, und er sagte, er wolle mir einige schockierende Fotos zeigen.

»Ich möchte nicht, daß Sie sich aufregen«, sagte er, »aber

wenn Sie die Bilder sehen wollen, zeige ich sie Ihnen gern.«
Die Bilder waren auf den ersten Blick entsetzlich. Zum Teil
waren es dilettantische, unscharfe Aufnahmen von menschlichen Gestalten, die mit klaffenden Wunden übersät waren. Einigen dieser Gestalten hatte man metallene Schäfte
in den Brustkorb getrieben, und einige waren mit Riemen
zusammengeschnürt. Ein anderes Bild zeigte »Folterwerk-
zeuge«. War ich anfangs gegenüber Dr. Al Ibrahim von vor-
sichtiger Skepsis erfüllt, so erkannte ich bei näherem Hin-
sehen, daß die menschlichen Gestalten in Wirklichkeit
Puppen waren. Irgend jemand hatte die angeblichen Folgen
der irakischen Besatzung für Werbezwecke nachgestellt.
Dieses erbärmliche Theaterspiel darf in seiner Bedeutung
nicht unterschätzt werden; kaum dokumentierte Fotos und
Zeugenaussagen von unbekannten Kuwaitern waren ein
wesentlicher Teil des Materials, mit dem Hill and Knowlton
im Spätsommer und Herbst ihre Kampagne betrieben.

Auf die Frage, warum sein aus dreizehn Mitgliedern be-
stehendes Komitee sich an eine Public-Relations-Firma gewandt habe (H & K ist in britischem Besitz), sagte Dr. Al
Ibrahim lediglich, seine Organisation sei überfordert gewesen und habe Hilfe gebraucht. CFK sei, so Dr. Al Ibrahim,
in den ersten Tagen nach der Invasion damit beschäftigt
gewesen, die rund fünftausend kuwaitischen Bürger in den
Vereinigten Staaten zu organisieren: »Wir haben unsere
Leute gebeten zusammenzuhalten, haben uns gegenseitig
moralisch gestärkt, haben ihnen Verhaltensrichtlinien geschickt ..., Möglichkeiten, mit ihren Freunden in Kontakt
zu treten, und wie man sich auf einer Kundgebung verhält.
Ich meine, wir sind lange in den Vereinigten Staaten gewesen, und ich war in den sechziger Jahren auf der Schule, ich
war auf Kundgebungen.«

Dr. Al Ibrahim sprach vermutlich von *Antikriegs*-Kund-
gebungen, auf denen gegen die amerikanische Intervention
in Vietnam protestiert wurde. Das Gespann aus CFK und
H & K trat jedoch *für* eine amerikanische Militärintervention
in Kuwait ein. Obwohl er eindeutig die Unwahrheit sagte,
verzog Dr. Al Ibrahim während unseres ganzen Gesprächs
keine Miene, was am 4. Juni 1991 eine beachtliche Leistung

war. Drei Wochen später kritisierte sogar der ›Economist‹, der auf scharfem Kriegskurs war, das »feudale, rachsüchtige Verhalten« der kuwaitischen Herrscher und ihre »schädlichen standrechtlichen Verfahren gegen vermeintliche Kollaborateure«. Amnesty International berichtete, daß Verdächtige von den Kuwaitern gefoltert würden. Und am 30. Juni meldete die ›New York Times‹ – vielleicht die denkbar größte ironische Wendung nach dem Ende des Krieges –, daß zwölfhundert beduinische Flüchtlinge, durch die Todesurteile gegen vermeintliche Kollaborateure in Angst und Schrecken versetzt, aus Kuwait in den Irak flohen, statt an ihren Wohnsitz in Kuwait zurückzukehren.

Dr. Al Ibrahim schildert, wie es weiterging, nachdem CFK am 2. August in Aktion trat: »Wir arbeiteten fast rund um die Uhr (in einem Büro der Botschaft). Unsere jungen Leute saßen an den Telefonen, um die vielen Anrufe unserer Bürger zu beantworten ... Wir wurden durch die Medien völlig überfordert.« Diese letzte Äußerung ist durchaus verständlich, denn Kuwaiter sind es nicht gewohnt, lange oder sehr schwer zu arbeiten; dafür haben sie im allgemeinen ihre Ausländer. Nur neunzehn Prozent der Arbeitsplätze ihres Landes sind von Kuwaitern besetzt, erklärte der amerikanische Nahost-Experte Milton Viorst im Londoner ›Independent Magazine‹. (Vor der irakischen Invasion gab es in Kuwait fünfhunderttausend ausländische Arbeiter.) Er zitierte Fuad Mulla Hussein, den Generalsekretär der Oberen Planungsbehörde von Kuwait, in einer Äußerung über die Schwierigkeit, eine kuwaitische Arbeitsethik zu schaffen: »Die Kuwaiter haben über dreißig Jahre lang nicht gearbeitet ... In den fünfziger und sechziger Jahren haben wir uns an den Luxus gewöhnt, unsere gewaltigen Aufbauprogramme, die wir allein ohnehin nicht hätten bewältigen können, von anderen ausführen zu lassen. Die Kehrseite der Medaille ist jedoch, daß die Kuwaiter zu verwöhnten Kindern geworden sind ... Tatsächlich wissen wir nicht, wie wir die Kuwaiter wieder an die Arbeit kriegen sollen. Wie kann man jemanden motivieren, der alles hat?«

Zum Glück war reichlich Geld vorhanden, um die Arbeit der Bürger für ein Freies Kuwait durch Ausländer erledigen zu lassen. Es ist denn auch nicht erstaunlich, daß die »Bürger«, aus denen diese Organisation sich angeblich zusammensetzte, eine Fiktion waren, ebenso wie der Anspruch, eine ganz gewöhnliche gemeinnützige Organisation zu sein. Als die CFK sich nach dem Krieg widerwillig zu ihrem wahren Status bekannten, gaben sie gegenüber dem Justizministerium an, 17861 Dollar von achtundsiebzig individuellen Beitragszahlern aus den USA und Kanada und 11852329 Dollar von der Regierung von Kuwait erhalten zu haben.

Sie stellten jedenfalls fest, meinte Dr. Al Ibrahim, »daß wir Rat brauchten«, und so verpflichtete CFK die Firma Hill and Knowlton. Das sei im September gewesen, sagte er; tatsächlich wurde der Vertrag früher, am 10. August, unterschrieben, gerade eine Woche nach der Invasion. Der Hauptgrund, warum Hill and Knowlton so rasch engagiert wurde, wird verständlich, wenn man sich einmal das Führungspersonal der Firma ansieht.

Unterzeichnet wurde der Vertrag vom Hill and Knowlton-Vorstandsvorsitzenden Robert K. Gray, der bei den Republikanern seit vielen Jahren die Fäden zieht und sich an den beiden Präsidentschaftswahlkämpfen für Reagan beteiligte. Craig Fuller, der damals in Washington ansässige Präsident und Hauptgeschäftsführer der Firma, war Stabschef von Vizepräsident Bush. Nach ›O'Dwyer's P. R. Services Report‹ war Fuller »vom ersten Tag an bei Hill and Knowlton auf der Habenseite Kuwaits«, und in der ›Washington Post‹ hieß es, der Einsatz von Hill and Knowlton für CFK trage das »Imprimatur« des Weißen Hauses. (Gegenüber BBC erklärte Fuller nach dem Krieg: »Als die Kuwaiter sich an uns wandten, haben wir uns fast unwillkürlich an die Leute in der Regierung gewandt, um herauszufinden, wie wir für die Absichten des Präsidenten von Nutzen sein könnten.«) Dabei unterhält Hill and Knowlton durchaus auch Beziehungen zu den Demokraten. Vizevorsitzender Frank Mankiewicz war ein enger Mitarbeiter von Robert F. Kennedy und 1972 in führender Position an George McGoverns Präsidentschaftskampagne beteiligt, und der erste stellvertretende Präsident Thomas Ross war in der Carter-Administration Pentagon-Sprecher. Nach den Registrierungsunterlagen vom Justizministerium waren insgesamt hundert-neunzehn Hill and Knowlton-Vertreter in zwölf über die Vereinigten Staaten verteilten Büros für Kuwait tätig. In ›O'Dwyer's‹ hieß es: »Der Registrierungsantrag von Hill and Knowlton beim Justizministerium als Agentur für einen ausländischen Kunden (CFK) ist einer der umfangreich-sten, den je eine Public-Relations-Firma für einen Kunden gestellt hat.«

Gute Arbeit ist nicht umsonst zu haben: In den ersten neunzig Tagen verbriet Hill and Knowlton Honorare von 2,9 Millionen Dollar und Spesen von 2,7 Millionen Dollar. Als der Krieg endete, hatte Hill and Knowlton fast 10,8 Millionen Dollar von den Kuwaitern eingesackt. Interes-sant ist, wie die Spesenrechnung für die ersten drei Monate sich aufgliedert: Die »Forschung« kostete 1 114 850 Dollar, die »Videoproduktion« (wahrscheinlich für Pressemittei-lungen auf Video) verschlang 644 571 Dollar, und für »Druckkosten« (zum Teil für PR-Mappen über Kuwait) wurden 436 825 Dollar ausgegeben. Die »Werbung« benö-tigte bezeichnenderweise nur 43 217 Dollar – der Witz ist ja gerade, die Werbung durch die Zeitungs- und Fernsehbe-richterstattung *umsonst* zu bekommen.

Es ist schwierig, genau herauszubekommen, was mit den insgesamt 5 640 000 Dollar in der ersten Phase der Kampa-gne erreicht wurde. Bekannt ist, daß das Hill and Knowl-ton-Team unter Führung von Lauri J. Fitz-Pegado, die frü-her bei der U. S. Information Agency war, am 12. Septem-ber an zwanzig Colleges einen Kuwait-Informationstag or-ganisierte. Am Sonntag, dem 23. September, wurde von Kir-chen im ganzen Lande ein nationaler Gebettag für Kuwait abgehalten. Tags darauf verkündeten dreizehn Gouverneu-re von Bundesstaaten einen nationalen Tag des freien Ku-wait. H & K verteilte zig Tausende von Autoaufklebern und T-Shirts mit dem Motiv »Freies Kuwait« sowie Tausende von Pressemappen, in denen die – angeblichen – Vorzüge der kuwaitischen Gesellschaft und Geschichte gerühmt wurden. Fitz-Pegados Top-Presseagenten fingierten Medien-ereignisse, bei denen kuwaitische »Widerstandskämpfer« und Geschäftsleute groß herausgestellt wurden, und arrangierten Treffen mit Redaktionsmitarbeitern von Zeitungen. Lew Allison, früher Regisseur bei CBS und NBC News, produzierte für H & K vierundzwanzig Video-Pressemitteilungen aus dem Nahen Osten, von denen einige angeblich das Leben in Kuwait unter der Herrschaft der Iraker schilderten. H & K engagierte die Wirthlin Group, um die Reaktionen der Fernsehzuschauer auf Äußerungen von Präsident Bush und kuwaitischen Vertretern zur Golfkrise zu erforschen. Der kuwaitische Botschafter in den Vereinigten Staaten, Saud Nasir Al Sabah, trat mehrmals in TV-Sondersendungen auf, und Tom Brokaw sagte, Allison habe für ein Brokaw-Interview in Saudi-Arabien »den größten Lügner des Emirats« besorgt. H & K scheint außerdem die Kuwaiter selbst von der aufrichtigen Ergebenheit ihrer Firma für die Sache überzeugt zu haben. »Für sie ist das nicht nur Beratung aus geschäftlichem Interesse«, klärte mich Dr. Al Ibrahim auf. »Sie sind wirklich von dem, was sie machen, überzeugt.«

Freilich wird eine Aufzählung dieser prosaischen Aktivitäten dem, was Hill and Knowlton alles unternahm, nicht gerecht. Es ging bei diesem Auftrag nicht bloß darum, den Amerikanern beizubringen, wo sie Kuwait auf der Landkarte finden konnten, oder die betrübliche Geschichte des Emirats ein wenig zu beschönigen. Wenn die Kampagne Erfolg haben sollte, würde man eine echte Horrorstory schreiben müssen, um den Zorn der Amerikaner zu erregen, bei denen, wie Dr. Al Ibrahim erklärte, »die Einstellung verbreitet ist, dem Unterlegenen beizustehen und für Gerechtigkeit einzutreten«.

Werbeleute dürfen einer etwaigen Neigung zur Ironie nicht nachgeben, doch bei Übertreibungen brauchen sie sich keinerlei Zwang anzutun. Dr. Al Ibrahim legte sich im Gespräch mit mir keine Zügel an: »Die Geschichte Kuwaits verzeichnet in den letzten zweihundertfünfzig Jahren keinen einzigen Fall von Gewaltanwendung. Im Unterschied zu allen anderen Ländern der arabischen Halbinsel ist in unserer Geschichte kein Blut geflossen ... Wir sind mit ganzem Herzen der Demokratie und der Verfassung ergeben.«

Man braucht, so die hier befolgte Werbestrategie, etwas nur oft genug mit hinreichender Überzeugung zu behaupten, dann werden es einige schon glauben, ganz gleichgültig, ob es wahr ist oder nicht.

Übertriebene oder getürkte Meldungen über Greueltaten des Feindes waren in den Kriegen der Neuzeit immer wieder ein bewährtes Mittel, um die Kriegsbegeisterung im Lande anzuheizen. Das spektakulärste Beispiel sind Meldungen über angebliche Verbrechen, die deutsche Soldaten im Ersten Weltkrieg an belgischen Zivilisten begangen haben sollen. Der Journalist und Historiker Phillip Knightley schrieb, daß »die Deutschen den Tod von rund fünftausend Zivilisten verursachten«, als sie im August 1914 Belgien überrannten. In seinem unentbehrlichen Buch über die Kriegsberichterstattung, ›The First Casualty‹, stellte Knightley nachträglich fest, daß die belgischen Zivilisten in Wirklichkeit »als Heckenschützen, als Geiseln oder einfach deshalb erschossen wurden, weil sie einer siegreich vordringenden Armee im Wege waren, in der nicht jeder Soldat ein Heiliger war«. Die Franzosen und Briten schlachteten die Tötungen jedoch begierig für ihre Propaganda aus und machten aus der deutschen Armee eine Horde von Barbaren, die alle möglichen unsäglichen Verbrechen an Frauen und Kindern begingen. Eine wichtige Rolle spielte dabei das von den Briten betriebene Bryce Committee, das es sich zur Aufgabe machte, die deutschen »Greuel« zu »dokumentieren«. »Mord, Vergewaltigung und Plünderung kamen in weiten Teilen Belgiens in einem Ausmaß vor, das in allen Kriegen zwischen zivilisierten Nationen während der letzten drei Jahrhunderte ohne Beispiel ist«, behauptete der Kreis illustrer Juristen und Historiker. Ihren sensationellsten Behauptungen zufolge seien belgische Mädchen in Lüttich auf offener Straße vergewaltigt worden, acht deutsche Soldaten hätten ein zweijähriges Kind mit dem Bajonett aufgespießt, und einem Bauernmädchen seien die Brüste verstümmelt worden. In seinem Buch schreibt Knightley: »Das Komitee hatte keinen einzigen Zeugen persönlich befragt. Der Bericht stützte sich auf eintausendzweihundert Aussagen, überwiegend von belgischen Flüchtlingen, die in

Großbritannien von zweiundzwanzig Anwälten zu Protokoll genommen wurden. Keiner der Zeugen wurde vereidigt, ihre Namen wurden weggelassen (um Repressalien gegen ihre Angehörigen zu verhindern), und Berichte aus zweiter Hand wurden für bare Münze genommen... Tatsächlich konnte eine belgische Untersuchungskommission 1922 keine einzige wesentliche Behauptung im Bryce-Report bestätigen.«

Die Franzosen waren auf dem Gebiet der Kriegspropaganda auch gerade keine Anfänger, und sie haben die Briten möglicherweise noch übertroffen, indem sie eine Meldung der Londoner ›Times‹ vom August 1914 aufblähten zu einer getürkten Greuelmeldung. Nach dem Bericht der ›Times‹ hatte ein Mann »mit eigenen Augen gesehen, wie deutsche Soldaten einem Baby, das sich an die Röcke seiner Mutter klammerte, die Arme abhackten«. Knightley berichtet, daß das französische Propagandabüro »ein Foto des armlosen Babys anfertigte, und am 18. September 1915 wurde es in ›La Rive Rouge‹ veröffentlicht, wo man anschließend, um die Geschichte noch schauerlicher erscheinen zu lassen, eine Zeichnung beifügte, auf der deutsche Soldaten die Hände aßen... Nach dem Krieg wurde eine Reihe von Nachforschungen angestellt, doch kein einziger Fall dieser Art wurde aufgefunden.«

Für die Alliierten waren hingemetzelte und verstümmelte belgische Babys ein ungeheurer Propagandatriumph. Der Erfolg dieser fabrizierten Berichte ließ für künftige Kriege, speziell für den zur Befreiung Kuwaits, Schlimmes befürchten. Ohne zu wissen, daß er damit etwas über die Zukunft sagte, schrieb Knightley: »Die Greuelgeschichte hatte, als sie schließlich widerlegt wurde, ihre Aufgabe schon erfüllt. Sie hatte nicht nur die Öffentlichkeit an der Heimatfront aufgerüttelt und die Entschlossenheit Großbritanniens und Frankreichs gestärkt, den Krieg bis zur Entscheidung weiterzuführen, sondern auch das wichtige Ziel erreicht, den Widerstand gegen den Krieg in den Vereinigten Staaten zu schwächen.«

Auch in Kuwait sollte es Berichte über Greueltaten an Babys geben, mit ähnlichen Resultaten.[3]

Gegen Ende unseres Gesprächs ließ sich Dr. Al Ibrahim in einer Weise über Saddam Hussein aus, wie es von den Fachleuten bei Hill and Knowlton im allgemeinen nicht empfohlen wird. Persönliche Angriffe wirken manchmal sehr unfein und sollten am besten nur in vertraulichen, informellen Gesprächen geäußert werden. Doch der Krieg war gewonnen, und nachdem sein Land so lange gelitten hatte, ließ Dr. Al Ibrahim offensichtlich die angestaute Spannung ab. Hussein, so erklärte er mir, sei ein »dummer« und »unwissender« Mann, dem einfach nichts Besseres einfiel, als den Iran anzugreifen und in Kuwait einzumarschieren. Das Englisch von Dr. Al Ibrahim ist nicht fehlerfrei, und es wirkt verkrampft, wenn er komisch sein möchte, aber der Witz, den er mir erzählte, war dennoch verständlich: »Was ist das Gemeinsame zwischen Saddam und seinem Vater? ... Sehr wichtig ... Er wußte sich nicht zur rechten Zeit zurückzuziehen.«

Tatsächlich war Hussein, was die Beeinflussung der öffentlichen Meinung anging, kein Genie. Sein erster Fehler nach der Besetzung Kuwaits, nämlich daß er das Land für Reporter und Vertreter von Menschenrechtsgruppen dicht machte, erwies sich im nachhinein als entscheidende Voraussetzung für den Erfolg der PR-Kampagne der amerikanischen Regierung. Hussein konnte die Vorwürfe, die von Bushs Leuten gegen ihn erhoben wurden, nicht widerlegen, und zwar deshalb nicht, weil einige davon berechtigt waren; doch erst recht nicht, weil er keine offizielle Bestätigung zulassen wollte, daß einige unberechtigt waren. Von allen Anklagen, die gegen den Diktator erhoben wurden, schlug keine bei der amerikanischen Öffentlichkeit so stark ein wie die, daß irakische Soldaten dreihundertzwölf Babys aus ihren Brutkästen genommen und sie auf dem kühlen Krankenhaus-Fußboden von Kuwait-Stadt hatten sterben lassen.

Wo und wann die Story von dem Brutkasten auftaucht, steht nicht fest. In der Presse wurde sie erstmals wohl am 5. September in England gemeldet. Im Londoner ›Daily Telegraph‹ hieß es, der im Exil weilende kuwaitische Wohnungsbauminister Yahya Al Sumait habe behauptet, daß

»in der Frühgeburtenabteilung eines Krankenhauses die Babys aus ihren Brutkästen genommen wurden, damit auch diese fortgeschafft werden konnten«. Zwei Tage später veröffentlichte die ›Los Angeles Times‹ einen Reuter-Bericht über die Greuelschilderungen einer Frau aus San Francisco, die nur als »Cindy« vorgestellt wurde, und ihres Reisegefährten »Rudi«, die kurz zuvor in einer Gruppe von einhunderteinundsiebzig Amerikanern aus dem besetzten Kuwait evakuiert worden war. »Die Iraker schlagen die Leute . . ., schleppen medizinisches Gerät aus Krankenhäusern fort, nehmen Babys aus Brutkästen. Lebenserhaltungs-Systeme werden abgeschaltet . . . Sogar Verkehrsampeln werden fortgeschleppt.« Was »Cindy« an Sinn für die richtigen Proportionen abging, machte sie durch farbige Ausschmükkung mehr als wett. »Die Iraker schlagen die Kuwaiter . . ., und wenn die sich wehren, schneiden sie ihnen die Ohren ab . . .«

Reporter sind oft naiv – manchmal können sie ignorant sein. Aber selbst mittelmäßige Reporter werden in der Regel mißtrauisch, wenn Menschen nicht ihren Nachnamen nennen wollen. Den Anfängern in der Branche wird nämlich – zumindest bei Zeitungen – von ihren Lokalredakteuren eingepaukt, daß sie sich bei Verbrechens-, Brand- und Unglücksfällen unbedingt den vollständigen (und korrekt geschriebenen) Namen, das Alter und die Adresse von Zeugen und Opfern beschaffen müssen. Fotos der Opfer sind auch nicht unwichtig, aber der vollständige Name ist ein absolutes Muß. Daß Reuter und die ›Los Angeles Times‹ es zuließen, daß »Cindy aus San Francisco« praktisch anonym blieb, war eine schwerwiegende Verletzung einer der wenigen ehernen Regeln, die es im Journalismus gibt.

Nachdem nun die Geschichte mit dem Babymord draußen war, kam ein anderer journalistischer Grundsatz zur Geltung: Wenn sich eine Falschinformation erst einmal ins Archiv (wo die Zeitungsausschnitte nach Themen und Namen abgelegt werden) eingeschlichen hat, wird sie wieder und wieder aufgetischt. Zeitungsreporter sind immer in Eile, und wenn sie unter Termindruck eine Story schreiben, sind die wichtigsten Quellen, auf die sie sich stützen, frühere Berichte aus ihrer eigenen Zeitung. Ungenauigkeit infiziert ein Zeitungsarchiv, so wie ein Computervirus ein ganzes Programm verseucht – bei den großen Zeitungen sind die Archive inzwischen überwiegend in Computern gespeichert –, und es dauert manchmal Jahre, das System wieder in Ordnung zu bringen. In diesem Fall waren die Folgen jedoch schwerwiegender als sonst.

Dennoch garantieren ein paar anonyme Vorwürfe in den Medien noch keine erfolgreiche PR-Greuel-Kampagne. Präsident Bush brauchte etwas mehr, um die Öffentlichkeit für die Kriegsoption zu gewinnen. Er hatte Glück, denn Hilfe kam von einer ganz unerwarteten Seite.

In den USA kamen unter Präsident Carter die Menschenrechte als politisches Konzept zu neuem Ansehen. Seit der Gründung der Vereinten Nationen im Jahre 1945 und der Verkündigung der Allgemeinen Erklärung der Menschenrechte im Jahre 1948 hatten amerikanische Präsidenten sich immer wieder in lobenswerter Weise auf die Erklärung berufen, um kommunistische Rechtsverletzungen anzuprangern, dabei aber über die Verbrechen von rechten Bundesgenossen hinweggesehen. Carter wandte als erster die Menschenrechtsdoktrin mehr oder weniger unvoreingenommen – so, wie sie gemeint war – an, und damit gerieten neben dem Sowjetimperium nun auch Diktaturen und Militärregierungen, die von den Vereinigten Staaten unterstützt wurden, ins offizielle Kreuzfeuer.

Unter Reagan und Bush schwang das Pendel wieder zurück zu einer äußerst selektiven Anwendung, und so brachte Elliott Abrams (der sich 1991 schuldig bekannte, dem Kongreß Informationen vorenthalten zu haben) das Amt des Unterstaatssekretärs für Menschenrechte und humanitäre Angelegenheiten in Verruf, das er von 1981 bis 1985 innehatte. Präsident Bush war ebenfalls taub für die dringenden Bitten von Menschenrechtsvertretern, wenn sie den Zielsetzungen der Regierung hinderlich waren. Als ehemaliger Direktor der Central Intelligence Agency und ehemaliger Vorsitzender des Nationalkomitees der Republikaner kannte er sich aus in den Kunstgriffen der Realpolitik, die sich mit einem allgemeinverbindlichen Maßstab für die Beachtung der Menschenrechte nicht in Einklang bringen läßt.

Bush hatte sich in der ersten Hälfte seiner ersten Amtszeit als Anhänger einer unsentimentalen Staatskunst hervorgetan, indem er sich gegenüber dem Blutbad, das die chinesische Regierung 1989 auf dem Pekinger Tian-anmen-Platz anrichtete, sowie gegenüber den Verbrechen keines anderen als Saddam Hussein ausgesprochen neutral verhielt. Noch am 27. Juli 1990 drohte Bush sogar, sein Veto gegen den Entwurf des Landwirtschaftsgesetzes einzulegen, falls es Handelssanktionen enthalten würde, mit denen Hussein bestraft werden sollte. Senator Alfonse D'Amato aus New York hatte den Ton für künftige Äußerungen in dieser Sache angegeben, als er den Diktator in unmißverständlichen Worten anprangerte: »Er ist kein Präsident ... Dieser Kerl ist ein Schlächter ..., ein tollwütiger Hund und Killer ... Er vergast Frauen und Kinder.«

Die Regierung ließ sich von D'Amatos Beredsamkeit nicht beeindrucken. Richard Boucher, Sprecher des Außenministeriums, nahm eine andere künftige Debatte vorweg, indem er die Wirksamkeit von Wirtschaftssanktionen gering veranschlagte. »Wir glauben einfach nicht, daß es dazu beitragen wird ..., die Ziele zu erreichen, die wir in unseren Beziehungen mit dem Irak erreichen möchten«, erklärte er der ›Los Angeles Times‹. Offenbar fiel es niemandem ein, nach diesen Zielen zu fragen, aber darauf kam es im Grunde auch nicht an in einer Welt, in der Symbole mehr zählten als die Sache selbst. In der ›Times‹-Meldung wurde ein nicht namentlich genannter Regierungsvertreter mit den Worten zitiert, die vom Kongreß beschlossenen Sanktionen liefen hinaus auf ein weitgehend symbolisches »geräuschvolles Vorgehen, das Hussein wahrscheinlich wütend machen, ihn aber nicht veranlassen wird, sein Verhalten zu ändern«. Der kalifornische Kongreßabgeordnete Wally Herger brachte eine gesunde lokalpatriotische Note in die Debatte ein mit seinem Hinweis, der Irak habe eine Menge Reis aus seinem Staat gekauft. Herger, der sich erfolgreich für eine Verwässerung der gegen den Irak gerichteten Klausel einsetzte, machte dabei eine aufschlußreiche Aussage: »Hier ist doch niemand, der die Lage der Menschenrechte im Irak nicht entsetzlich findet, aber Sanktionen wie diese funktionieren nicht.«[*]

Letzten Endes waren die Menschenrechte für die Bush-Administration nur einer unter vielen politischen Aspekten. Die großen Menschenrechtsorganisationen – Amnesty International, die Human Rights Watch-Komitees, Physicians for Human Rights und Artikel 19 – waren es denn auch gewohnt, von den Reagan- beziehungsweise den Bush-Leuten ignoriert zu werden. Es gab natürlich Ausnahmen. Wenn sie mit Verbündeten der Regierung zu scharf ins Gericht gingen oder in ihrer Kritik an Feinden der Regierung allzu maßvoll waren, mußten die Menschenrechtsgruppen immer wieder damit rechnen, vom Außenministerium attackiert zu werden.

Man kann sich daher vorstellen, wie groß das Erstaunen bei den Mitarbeitern in der Londoner Zentrale von Amnesty International und alteingesessenen Menschenrechtsorganisationen war, als ihre Berichte mit einemmal von der Bush-Administration und von Hill and Knowlton bewundert und zitiert wurden. Was Amnesty leistet, ist in der Tat bewunderungswürdig. Aufgrund ihrer Erfahrung, ihrer Un-

---

[*] Die Reisfarmer Kaliforniens und andere amerikanische Agrarexporteure profitierten damals von staatlichen Kreditgarantien für Getreideexporte in den Irak. Dank dieser von der Bundesregierung gewährten Exportbürgschaften konnte die Niederlassung der Banca Nazionale del Lavoro in Atlanta dem Irak (der als ein guter Schuldner galt) unbesorgt fünf Milliarden Dollar für Getreidekäufe in den USA leihen. Daß Saddam Hussein einen Teil dieser Kredite unerlaubt für den Ankauf von Rüstungsgütern nutzte, kümmerte die Bush-Administration nicht. Ihr war dieses Arrangement recht, konnte sie doch auf diese Weise dem nahöstlichen Despoten, der bei ihr neben König Fahd am besten angeschrieben war, insgeheim Auslandhilfe zukommen lassen. Daß dieses weitere – und politisch peinliche – Beispiel für engste Beziehungen zwischen der Regierung und Saddam Hussein nach dem Golfkrieg ans Licht kam, war den unermüdlichen Anstrengungen des demokratischen Abgeordneten Henry Gonzales aus Texas und des Kolumnisten der ›New York Times‹, William Safire, sowie dem Umstand zu danken, daß der BNL-Filialchef von Atlanta wegen Betrugs belangt wurde. Das US-Justizministerium bemühte sich offenkundig, die Verurteilung des BNL-Managers in Atlanta, Christopher Drogoul, so lange zu verschleppen, bis der Golfkrieg beinahe vorüber war, und die Regierung duldete (obwohl sie von den Ermittlungen des Justizministeriums und des FBI gegen Drogoul Kenntnis hatte) stillschweigend, daß Hussein die Kredite für Waffenkäufe zweckentfremdete; dieser ganze peinliche Komplex ist unter der Bezeichnung »Irakgate« bekannt geworden.

abhängigkeit und ihrer zuverlässigen Recherchen genießt die Organisation den Ruf, sorgfältig und glaubwürdig zu sein, und darin kann ihr praktisch niemand das Wasser reichen, auch nicht die Vereinten Nationen und das US-Außenministerium. Bei denen, die sich im Internationalen Recht und in der Flüchtlingsarbeit auskennen, galt das, was in den Berichten von Amnesty stand, als maßgebend. Bedeutsam war die Zustimmung von Amnesty auch wegen der internationalen Verbreitung dieser Organisation und ihres Netzwerkes für dringliche Aktionen, mit dem sie Hunderte von Mitgliedern auf einen Schlag veranlassen konnte, in Telegrammen gegen die Folterung oder drohende Hinrichtung von politischen Häftlingen in allen Teilen der Welt zu protestieren. Amnesty hatte schon seit Jahren ein lebhaftes Interesse für Saddam Hussein gezeigt, und so verstärkte sich natürlich die Aufmerksamkeit, als er Kuwait zur neunzehnten Provinz des Irak machte. Endlich stieß die Menschenrechtsgruppe beim offiziellen Washington auf gespannte Aufmerksamkeit.

Am 10. Oktober verschaffte der Arbeitskreis für Menschenrechte im Kongreß sowohl Amnesty als auch und Hill and Knowlton die erste offizielle Gelegenheit, ihr Material über den Irak auf dem Capitol zu präsentieren. Der Washingtoner Kriegspartei und ihrer aufblühenden Saddam-ist-Hitler-Werbeindustrie kam es sehr gelegen, daß der Arbeitskreis einen entsprechend informellen Rahmen darstellte, in dem man die Hysterie schüren konnte. Der Arbeitskreis für Menschenrechte ist kein Ausschuß des Kongresses und daher nicht an die gesetzlichen Formen gebunden, bei denen ein Zeuge es sich zweimal überlegt, bevor er lügt. Dinge, die den Irak und Kuwait betrafen, fielen ganz generell in die Zuständigkeit des Ausschusses für auswärtige Angelegenheiten des Repräsentantenhauses und des Ausschusses für auswärtige Beziehungen des Senats. Aber gerade zu dieser Zeit wollte der Kongreß sich um keinen Preis mit der Krise am Persischen Golf befassen, um jeder Gefahr auszuweichen und dem Präsidenten nicht im Wege zu sein. Das erste Forum für eine öffentliche Diskussion im Kongreß war somit der Menschenrechts-Arbeitskreis, der sich in das hehre Gewand des Völkerrechts kleiden konnte, ohne sich in den Niederungen der Politik zu beschmutzen.

Vor einem Kongreßausschuß unter Eid zu lügen ist ein Verbrechen; vor einem Arbeitskreis unter dem Deckmantel der Anonymität zu lügen ist bloß Propaganda. Falls an jenem Tag wirklich Lügen in Umlauf gebracht wurden, werden wir wohl niemals mit Sicherheit erfahren, wer sie ausgesprochen hat. Amnesty entsandte Maryam Elahi vom Washingtoner Büro, eine echte Menschenrechtskämpferin mit einem Vornamen und einem Nachnamen. Hill and Knowlton schickte ein fünfzehnjähriges Mädchen namens »Nayirah«, angeblich eine Kuwaiterin mit direkten Informationen über die Situation in ihrem gequälten Land. Nayirah hatte unter anderem die gleichen Schreckensszenen erlebt wie Cindy aus San Francisco. Natürlich konnte sie ihren Nachnamen nicht preisgeben, um nicht Repressalien gegen ihre Verwandten und Freunde in Kuwait herauszufordern. Das folgende ist ein Auszug aus ihrer Zeugenaussage, wie sie in der Pressemappe der Bürger für ein Freies Kuwait wiedergegeben wurde:

»Ich tat freiwilligen Dienst im Al Addan-Hospital... Während ich dort war, sah ich die irakischen Soldaten bewaffnet in das Krankenhaus kommen und in den Raum gehen, wo fünfzehn Babys in Brutkästen lagen. Sie nahmen die Babys aus den Brutkästen, nahmen die Brutkästen mit und ließen die Babys auf dem kalten Fußboden zurück, wo sie starben.«[*]

Angesichts ihrer Jugend hatte Nayirah wahrscheinlich

---

[*] In der mündlichen Aussage wich Nayirah von der schriftlichen Formulierung ab und sprach, ohne eine Zahl zu nennen, lediglich von »Babys«. Die Diskrepanz tat jedoch der Begeisterung, mit der Hill und Knowlton ihre Geschichte verbreitete, keinen Abbruch. Nachdem dieses Buch erschienen war, erhielt ich einen zornigen Anruf von Lauri Fitz-Pegado, die meine Darstellung angriff und mir erklärte, Nayirah habe vor der Anhörung gegenüber Hill and Knowlton tatsächlich von fünfzehn Babys gesprochen, und niemand habe es für nötig gehalten, der Auslassung in Nayirahs öffentlicher Aussage nachzugehen. Nayirah habe vielleicht – zumindest zeitweise – nur die Nerven verloren. Lauri sagte: »Sie war sehr aufgeregt; sie hat bei dieser Vernehmung nicht Wort für Wort abgelesen.« Was auch immer für die Auslassung verantwortlich war – Lauri Fitz-Pegado hielt ihrer Klientin bis zum bitteren Ende die Stange. »Ich glaube an das, was Nayirah mir 1990 erzählt hat«, sagte sie. »Mensch, John! Ist es nicht scheißegal, ob es fünfzehn (Babys) oder zwei waren?« Was Nayirah angeht, so war sie zu keinem Interview bereit.

keine Ahnung von der historischen Bedeutung ihrer Aussage. Praktisch alle, die ihrer Greuelgeschichte lauschten, hatten ebenfalls keine Ahnung von einer anderen bedeutsamen Tatsache: daß sie nämlich die Tochter von Saud Al Sabah war, des kuwaitischen Botschafters in den Vereinigten Staaten, und damit alles andere als eine unparteiische Zeugin. Seltsamerweise fiel es keinem der anwesenden Kongreßabgeordneten ein, die freiwillige Krankenhaushelferin Nayirah zu fragen, warum sie nicht eines der sterbenden Kinder aufgehoben oder um Hilfe gerufen hatte. Doch in den bemerkenswert unkritischen Köpfen von Tom Lantos, einem Demokraten aus Kalifornien, und John Edward Porter, einem Republikaner aus Illinois, die gemeinsam den Vorsitz des Arbeitskreises führten, waren andere Kräfte am Werk. Alles, was Porter bis zu diesem Tag über das Schicksal Kuwaits wußte, hatte er am 12. September bei einem Treffen mit H & K-Vizepräsident Gary Hymel und Dr. Al Ibrahim gelernt. Hymel war, bevor er das Kuwait-Geschäft übernahm, dem Abgeordneten Porter bestens bekannt als ein gekaufter Verteidiger der gewohnheitsmäßigen Praxis der Türkei, die eigenen Bürger zu foltern, zu töten und ungerechtfertigt einzusperren sowie ihre glücklose kurdische Minderheit zu verfolgen.[*] Als Interessenvertreter der Türkei mußte Hymel auch die schon 1969 erfolgte ungehindert »nackte Gewalt« seines Kunden in Zypern verteidigen. In seiner neuen Eigenschaft als Lobbyist der kuwaitischen Exilregierung hatte Hymel sich gnädig bereit erklärt, Zeugen für die Anhörung vor dem Arbeitskreis zu beschaffen.[**]

Monate später erzählte mir Maryam Elahi, durch das Schauermärchen von Nayirah habe sie zum ersten Mal von der Brutkasten-Story erfahren. Ich kann mir vorstellen, daß sie und die übrigen Amnesty-Mitarbeiter sehnlichst wünschen, es wäre auch das letzte Mal gewesen, denn kurz

[*] Auf dem Kapitol kannte man Hymel auch als Büromitarbeiter von Thomas P. (Tip) O'Neill, dem vormaligen Präsidenten des Repräsentantenhauses.
[**] Porter behauptet bis heute, erst im Dezember 1991 über die wahre Identität von Nayirah unterrichtet worden zu sein. Sein Vorstandskollege Lantos gibt zu, schon vor der Anhörung gewußt zu haben, wer sie wirklich war. Botschafter Al Sabah sagte, beide Abgeordnete hätten von Nayirahs Identität gewußt, bevor sie ihre berühmt gewordene Aussage machte.

darauf wurde die Brutkasten-Story Amnesty untergejubelt, mit tragischen Folgen für den Ruf der Organisation, sorgfältig zu arbeiten. Die Anhörung war allerdings ein voller Erfolg für CFK/H & K. Am Abend dieses Tages erklärte Präsident Bush bei einer Feier im Weißen Haus dem Abgeordneten Porter, er habe die Anhörungen auf CNN verfolgt und sei begeistert darüber gewesen, daß der Arbeitskreis die Vergewaltigung Kuwaits in den Mittelpunkt gerückt habe.

Über die haarsträubende »Zeugenaussage« sagte Lantos, einer der beiden Vorsitzenden des Arbeitskreises: »In der achtjährigen Geschichte des Arbeitskreises für Menschenrechte haben wir von vollkommen glaubwürdigen Augenzeugen, die wir in dieser Zeit vernommen haben, noch nie dermaßen makabre und grauenhafte Horrorstories gehört.«[*] Dies war für jeden, der die Greueltaten in Afrika, Asien und Mittelamerika verfolgt hat, eine wahrhaft unglaubwürdige Aussage.

Man fragt sich, was der Abgeordnete Lantos getan hat, als in Guatemala Zehntausende von Zivilisten von der Armee umgebracht wurden und am Horn von Afrika über eine Million Menschen durch das brutale Vorgehen der Regierung umkam. Um die Menschenrechtsauffassung von Lantos zu verstehen, muß man möglicherweise wissen, wie in Washington Einfluß gekauft und verkauft wird. 1990 waren Lantos und Porter nicht nur Vorsitzende des Arbeitskreises für Menschenrechte, sondern teilten sich auch den Vorsitz der Menschenrechts-Stiftung des Kongresses, die sie 1985 gegründet hatten. Rechtlich von dem Arbeitskreis unabhängig, nimmt die Stiftung in der Washingtoner Zentrale von Hill and Knowlton unentgeltlich Büroräume in Anspruch, deren Jahreskosten auf dreitausend Dollar geschätzt werden. Nachrichten für den Geschäftsführer der Stiftung, David Phillips, kann man bei der Telefonzentrale von Hill and Knowlton hinterlassen, bei der im Herbst 1990 viele

---

[*] Porter sprach sich am 11. Januar 1991 vor dem Repräsentantenhaus für die Kriegsresolution aus; er pflichtete Lantos bei, was das Ausmaß der irakischen Greueltaten betraf: »das sadistischste, grausamste, barbarischste, brutalste und gemeinste Programm aus Folter und Repression gegen das kuwaitische Volk, das man sich vorstellen kann«.

Anrufe von Regierungsvertretern Indonesiens, eines anderen H & K-Kunden, eingingen. Indonesien praktiziert, genau wie der H & K-Kunde Türkei, eine brutale Gewaltherrschaft, nachdem es 1975 (ohne Einspruch der USA) die ehemalige portugiesische Kolonie Ost-Timor an sich gebracht hat. Seit der Annexion Ost-Timors hat die indonesische Regierung nach vorsichtigen Schätzungen rund hunderttausend Einwohner der Region umgebracht. Am 8. November 1990 spendeten dankbare Bürger für ein Freies Kuwait der Stiftung fünfzigtausend Dollar; es war der zweitgrößte Beitrag dieses Jahres, nach einem Zuschuß des von der US-Regierung finanzierten National Endowment for Democracy. Im Jahre 1990 bezahlte die Stiftung die Reise- und Hotelkosten von Lantos und Porter – zum Teil auch die ihrer Frauen – für Ausflüge nach New York und Europa. (Es wurde behauptet, diese Reisen hätten mit Menschenrechtsfragen zu tun gehabt.) Im Oktober 1991 – kurz zuvor hatte H & K die China-Vertretung übernommen – trat Hill and Knowlton-Vizevorsitzender Frank Mankiewicz in den Aufsichtsrat der Stiftung ein.[*] Der Kreis schließt sich, wenn man weiß, daß Lantos 1988 vom politischen Aktionskomitee von H & K eine Wahlkampfspende von fünfhundert Dollar erhielt. 1990 wies er jedoch die politische Großzügigkeit der PR-Firma zurück und ließ eine weitere Fünfhundert-Dollar-Spende zurückgehen. Bob King, der Pressesekretär von Lantos, erklärte mir, der Abgeordnete sei im Kampf um seine Wiederwahl gegen einen »nicht besonders starken Gegner« auf das Geld von H & K nicht »angewiesen«, und im übrigen sehe Lantos keinen Interessenkonflikt darin, politische Spenden von einer PR-Firma anzunehmen, deren Kunden sich ungeheuerliche Menschenrechtsverletzungen zuschulden kommen lassen. »H & K hat ... einen breiten Kundenkreis«, meinte er. King sagte, Lantos und Mankiewicz seien »alte Freunde«, und sein Chef habe »gute Beziehungen zu den führenden Herren (von H & K)«.

---

[*] In ihrem »Rechenschaftsbericht« für 1990 verwies die Stiftung auf ihr Bemühen, »zusammen mit den Bürgern für ein Freies Kuwait eine Kongreß-Anhörung über Menschenrechte in Kuwait nach der irakischen Invasion zu organisieren«. Indonesien und die Türkei blieben in dem Bericht wohlweislich ungenannt.

Die in New York ansässige Menschenrechtsgruppe Middle East Watch ging ebenfalls den Brutkasten-Berichten nach. Aziz Abu-Hamad, der für sie die Ermittlungen anstellte, zitierte in einem Memorandum für Geschäftsführer Andrew Whitley eine Pressekonferenz, die am 14. Oktober in Dschidda, Saudi-Arabien, stattfand und auf der ein Dr. Ahmed Al Shatti Berichte über irakische Folterungen und die Beschlagnahme von Brutkästen wiedergab. Abu-Hamad tat das, was man von einem guten Reporter erwartet, und hakte bei dem Doktor nach, der aber seine Behauptungen hinsichtlich der Brutkästen oder der angeblich getöteten Frühgeburten nicht belegen konnte. Abu-Hamad setzte seine Vor-Ort-Recherchen fort und befragte geflüchtete Ärzte, nach deren Angaben irakische Soldaten Krankenhausgerät entwendet und Mitarbeiter erschossen hatten, aber hinsichtlich der Brutkästen fand er nichts Stichhaltiges.

In einem Bericht an Whitley schrieb Abu-Hamad, am 11. November habe sich Dr. Ali Al Hawil, ein kuwaitischer Arzt, gegen irakische Bemühungen gewandt, die Brutkasten-Geschichte durch eine Einladung ausländischer Journalisten nach Kuwait zu widerlegen. Abu-Hamad zufolge sagte Al Hawil, in der Entbindungsklinik von Kuwait-Stadt seien sechzig bis siebzig Babys gestorben, nachdem Soldaten die Frühgeburten-Abteilung völlig ausgeräumt hätten. Er behauptete, er und seine Kollegen hätten am 20. August fünfzig Babys, überwiegend Frühgeburten, beerdigt. Doch für jeden angeblichen Augenzeugen fand Abu-Hamad einen anderen Arzt, der entweder widersprüchliche Aussagen machte oder die Brutkasten-Geschichte rundheraus zurückwies.

In seinem Bericht an Whitley vom 19. Dezember schrieb Abu-Hamad schließlich, seine Organisation solle von Berichten über Babys und Brutkästen die Finger lassen. Abu-Hamad bewies mehr Zurückhaltung und Besonnenheit als der durchschnittliche Journalist, als er über die Augenzeugen der angeblichen Brutkastendiebstähle schrieb: »Möglich ist, daß einige dieser Zeugen – namentlich Dr. Ali Al Hawil (Militärhospital), Dr. Ibrahim Bahbahani (Roter Halbmond) und Dr. Fawziyya Al Sayegh (Kinderärztin) –

ihre Rolle in einer Public-Relations-Kampagne der kuwaitischen Regierung spielen, bei der man es mit der Wahrheit nicht so genau nimmt.«

Weiter heißt es bei Abu-Hamad: »Für Journalisten oder Politologen mag es vielleicht interessant sein, dieser Story nachzugehen, aber wir sollten meiner Meinung nach mit der (der Brutkasten-Story widersprechenden) Information, die wir besitzen, nicht an die Öffentlichkeit gehen. Es könnte so aussehen, als wollten wir die irakischen Besatzer von den schweren Übergriffen, die sie in kuwaitischen Krankenhäusern begangen haben, freisprechen. Außerdem würde es unser Bemühen, die tatsächlichen Übergriffe zu dokumentieren, beeinträchtigen. Im übrigen ist es nicht einfach, eine vorsätzliche Desinformationskampagne, vorausgesetzt, es gibt sie, zu beweisen. Auf alle Fälle ist das nicht die Sache einer Menschenrechtsorganisation, speziell im Fall eines gewohnheitsmäßigen Menschenrechtsverletzers wie des Irak.«

Während Abu-Hamad im Herbst bemüht war, die Wahrheit über die Brutkasten-Story herauszufinden, war Hill and Knowlton emsig dabei, sie jedem, der sie hören wollte, zu verkaufen. Nach dem Erfolg der Anhörung vor dem Arbeitskreis für Menschenrechte im Kongreß verlegten die eifrigen Presseagenten ihre Kindermord-Kampagne in eine außerordentlich mediengerechte Szenerie, in den Plenarsaal des Sicherheitsrates der Vereinten Nationen.

In den letzten fünfundvierzig Jahren ist es immer wieder vorgekommen, daß ein Land in ein anderes einmarschierte, doch hat der Sicherheitsrat in der Geschichte der UNO noch nie einen solchen Zirkus zugelassen, wie er – ausgehend von der im Exil weilenden kuwaitischen Regierung – am 27. November von H & K veranstaltet wurde, um die Verwüstungen, die ein Land über ein anderes gebracht hatte, zu illustrieren.

Es war natürlich nicht von Nachteil, daß der rotierende Ratsvorsitz gerade von den Vereinigten Staaten wahrgenommen wurde und US-Botschafter Thomas Pickering bei der Sitzung der fünf ständigen und zehn wechselnden Mitglieder den Vorsitz führte. Pickering teilte den Ratsmitgliedern mit, daß auf Ersuchen Kuwaits »der Sitzungssaal so ausgestattet wurde, daß sie eine audiovisuelle Präsentation betrachten können« und daß »ich entsprechend der bisherigen Praxis das Sekretariat ersucht habe, die notwendigen technischen Vorkehrungen zu treffen«. (Man stelle sich einmal vor, wie Pickering reagiert hätte, falls Nicaragua durch die guten Dienste einer Public-Relations-Firma um die Erlaubnis gebeten hätte, in einer audiovisuellen Darbietung zu schildern, wie die von den USA unterstützten Contras von ihren durch die USA finanzierten Stützpunkten in Honduras aus bei grenzüberschreitenden Überfällen Frauen und Kinder umbringen.) Gegen Pickerings Berufung auf die »bisherige Praxis« wurde kein formeller Einwand erhoben, doch stellte der kubanische Vertreter Alarcon de Quesada Fragen zur Geschäftsordnung, die ein Licht auf die etwas heuchlerische Vorgehensweise des Sicherheitsrates warfen, auf seine Verzögerungstaktik im Hinblick auf eine Resolution bezüglich der von Israel besetzten Westbank.

Die audiovisuelle Präsentation von CFK/H & K war jedenfalls gekonnt und wirkungsvoll.[*] Und es wimmelte in ihr von anonymen Beschuldigungen, die den Irakern Brutalität, mutwillige Zerstörung und Mord vorwarfen. Einer der auf Video aufgezeichneten »Zeugen« hatte eindeutig die Vorgabe, das Saddam-ist-Hitler-Thema anzuschlagen, das sich für das Weiße Haus als so brauchbar erwies: »Was Saddam getan hat, deutet auf den Hitlerismus seines Charakters hin. Ich fuhr in meinem Wagen, als irakische Soldaten von hinten auf mich zukamen. Sie brachten meinen Wagen zum Stehen und fügten mir diese Verletzungen zu.« Saddam, so schien es, war allgegenwärtig, setzte höchstpersönlich Bestrafungen fest, folterte Kuwaitis, vergewaltigte Frauen und erstach sie mit dem Bajonett. Zwischen den Videoaufzeichnungen traten Zeugen live auf, von denen einer die Geschichte mit den Brutkästen wieder auftischte. Ein Kuwaiter, der sich als Chirurg ausgab und im vorläufigen Protokoll der UN als »Dr. Issah Ibrahim« beziehungs-

---

[*] Zwei Tage später verabschiedete der Sicherheitsrat die Resolution 678, mit der Mitgliedsstaaten ermächtigt wurden, die irakischen Truppen mit militärischer Gewalt aus Kuwait zu vertreiben.

76

weise als Zeuge Nr. 3 bezeichnet wurde, erklärte, daß es nach dem Einmarsch der Iraker »das Schlimmste war, die Babys zu beerdigen. In der zweiten Woche der Besatzung wurden unter meiner Aufsicht hundertzwanzig Neugeborene bestattet. Ich selbst begrub vierzig Neugeborene, die von Soldaten aus ihren Brutkästen geholt worden waren.«

Tags darauf erwähnten die großen Medien mit keinem Wort, daß Hill and Knowlton an den Anhörungen beteiligt war, und aus den Behauptungen der »Zeugen« wurden in ihren Meldungen »Beweise«. Den Hinweis zu geben, daß die kuwaitischen Sprecher nicht vereidigt wurden, kam offenbar keinem in den Sinn. Victoria Graham, UN-Korrespondentin für Associated Press, erklärte nach dem Krieg: »Groß recherchiert haben die Medien nicht.«

Hätten sie Recherchen angestellt, dann wären die UN-Reporter vielleicht darauf gestoßen, daß fünf der sieben Zeugen, die vor dem Sicherheitsrat aussagten, von dem Hill and Knowlton-Team unter Leitung von Lauri Fitz-Pegado instruiert, falsche Namen verwendet hatten, ohne das zu erwähnen. Nayirah hatte offen erklärt, anonym bleiben zu wollen, unter dem Vorwand, dadurch ihre Angehörigen in Kuwait zu schützen. Einen solchen Vorwand benutzte »Dr. Issah Ibrahim« nicht. Sein richtiger Name war Dr. Ibrahim Bahbahani (identisch mit dem in Abu-Hamads Bericht für Andrew Whitley erwähnten Dr. Bahbahani), und er war Zahnarzt, nicht Chirurg. Als ich im Januar 1992 wegen Behbehanis Glaubwürdigkeit nachhakte, verwies Hill and Knowlton ausdrücklich auf seine Stellung als Leiter des kuwaitischen Roten Halbmonds, einer dem Roten Kreuz entsprechenden, allerdings staatlich kontrollierten Organisation. Wieso hatte es aber ein weithin bekannter Funktionär des öffentlichen Gesundheitswesens, der auch noch für die kuwaitische Regierung tätig war, nötig, seine Identität zu verbergen, wenn er damit nicht den Zweck verfolgte, die Medien und die Rechercheure der Menschenrechtsgruppen in die Irre zu führen und Nachforschungen zu erschweren?

Zu den »Zeugen« irakischer Bestialität vor dem UN-Sicherheitsrat gehörte auch Fatima Mutawa, die Ehefrau des damaligen kuwaitischen Planungsministers, der zuvor

Showmaster einer Fernsehshow in Kuwait gewesen war. Frau Mutawa wurde ausgegeben als »Frau Fatima Fahed« beziehungsweise Zeuge Nr. 1. (Frau Mutawa hatte einen ausgeprägten Sinn fürs Dramatische. Saddams Soldaten waren nicht nur Agenten eines neuen Hitler, sondern obendrein von Dracula inspiriert; sie erzählte: »Eine marokkanische Dame berichtete mir, sie habe ihre beiden Töchter wegen einer einfachen Behandlung ins Krankenhaus gebracht. Statt sie zu aber zu behandeln, entnahmen die Iraker ihren kleinen Kindern zwangsweise Blut, um es verwundeten irakischen Soldaten zu geben.«) Aussagen über die Zerstörung der kuwaitischen Wirtschaft machte Zeuge Nr. 7, der als »Fawzi Badr« vorgestellt wurde. Herr Badr war in Wirklichkeit Fawzi Al Sultan, einer der stellvertretenden Vorsitzenden der Bürger für ein Freies Kuwait und während der vorangegangenen sechs Jahre einer der Vizepräsidenten der in Washington ansässigen Weltbank. (Hill and Knowlton bestand darauf, daß sowohl in einer Pressekonferenz als auch einer Pressemitteilung nach der Anhörung des Sicherheitsrats darauf hingewiesen worden sei, daß die Zeugen fingierte Namen benutzt hatten, um Angehörige in Kuwait vor irakischen Repressalien zu schützen. Ein Beweis dafür ist mir nicht zu Gesicht gekommen.)

Schon vor dem Medienspektakel beim Sicherheitsrat hatte die Brutkasten-Story begonnen, sich ihren Weg in die politische Debatte des Landes zu bahnen. Auf einer Wahlkampfveranstaltung für Clayton Williams, der Gouverneur von Texas werden wollte, schlug Präsident Bush am 15. Oktober erstmals politisches Kapital aus den toten Babys. »Ich bin mit dem Emir von Kuwait zusammengetroffen. Und ich habe schreckliche Dinge gehört: Neugeborene wurden aus dem Brutkasten geworfen, und die Brutkästen wurden anschließend nach Bagdad verfrachtet.« In den folgenden fünf Wochen kam Bush fünfmal auf die Brutkasten-Story zurück. In einer Ansprache an die Truppe bei Dhahran gelang ihm seine beste Wiedergabe einer Pressemitteilung von H & K: »Es dreht einem den Magen um, wenn man den Erzählungen derer lauscht, die der Brutalität des Eindringlings Saddam entronnen sind. Massenhafte Hinrichtungen durch den Strang. Babys werden aus Brutkästen geholt und wie Brennholz auf dem Boden verstreut.« Der Kongreß und die Vereinten Nationen waren bereits mit dieser Story bearbeitet worden, und so mußten nur noch Amnesty und Middle East Watch überzeugt werden.

Als Amnesty schließlich anbiß, brauchte Bush die Brutkasten-Story nicht mehr als »Geschichte« zu bezeichnen. Amnestys brisanter Vierundachtzig-Seiten-Bericht über Menschenrechtsverletzungen im besetzten Kuwait erschien am 19. Dezember und sorgte für erhebliche Aufregung. Die Brutkasten-Story wurde auf Seite 57 des Berichts mit gewissen Vorbehalten gemeldet, aber im zweiten Absatz der Pressemitteilung von Amnesty schon zu einer Tatsache befördert: »Amnesty International beschreibt ausführlich, wie irakische Streitkräfte ... über dreihundert Frühgeburten dem Tod überantwortet haben, indem sie die Brutkästen aus mindestens drei großen Krankenhäusern von Kuwait-Stadt als Kriegsbeute fortschleppten.« Mit dem Imprimatur von Amnesty klang die Geschichte nunmehr glaubwürdig. Im Bericht heißt es: »Außerdem wurde berichtet, daß über dreihundert Frühgeburten gestorben sind, nachdem irakische Soldaten sie aus den Brutkästen geholt hatten, die anschließend als Beute fortgeschafft wurden. Entsprechende Todesfälle wurden vom Al Razi- und Al Addan- Hospital sowie von der Entbindungsklinik gemeldet.«

Als Quelle zitierte Amnesty zwei nicht namentlich genannte Ärzte, die angaben, die Beerdigung von zweiundsiebzig beziehungsweise sechsunddreißig Frühgeburten beobachtet zu haben. Einer von ihnen sagte, auf diese Weise seien dreihundertzwölf Kinder gestorben. Amnesty zitierte ebenfalls Nayirahs Zeugenaussage vor dem Arbeitskreis für Menschenrechte im Kongreß, erwähnte aber nicht einmal ihren Vornamen.

Die Brutkästen hatten propagandistisch einen Quantensprung gemacht und dazu beigetragen, die Welt näher an den Krieg heranzuführen. Bush zögerte nicht, aus dem Amnesty-Bericht Kapital zu schlagen, und benutzte ihn zu einem glänzenden Manöver: einem offenen Brief an die College-Studenten, der am 9. Januar an alle College-Zeitungen des Landes verschickt wurde. Darin hieß es: »Der Terror, den Saddam Hussein Kuwait aufgezwungen hat, verletzt alle Prinzipien menschlichen Anstands. Lesen Sie, was Amnesty International dokumentiert hat. ›Vielfach wurde von den irakischen Streitkräften gegen die Menschenrechte verstoßen ... willkürliche Verhaftungen und Inhaftierungen ohne Prozeß in Tausenden von Fällen ... verbreitete Folter ... Verhängung der Todesstrafe und außergerichtliche Hinrichtung von Hunderten unbewaffneter Zivilisten, darunter Kinder ...‹ Das Grauen ist so einmalig, daß es sich hier ganz offenkundig um einen Konflikt zwischen Gut und Böse handelt ... Jeder Tag, der verstreicht, ist für die Streitkräfte des Irak ein weiterer Tag, an dem sie sich tiefer in das geraubte Land eingraben. Ein weiterer Tag, an dem Saddam Hussein den Aufbau seines Atomwaffenarsenals und die Vollendung seiner chemischen und biologischen Rüstungskapazitäten vorantreiben kann.[4] Ein weiterer Tag für Greueltaten, die Amnesty International dann dokumentieren kann ...«

John Healey, der US-Geschäftsführer von Amnesty, hatte den Fehler, sich die Brutkasten-Story zu eigen zu machen, noch verschlimmert, indem er am 8. Januar vor dem Ausschuß für Auswärtige Angelegenheiten des Repräsentantenhauses aussagte, obwohl Andrew Whitley ihn vor der Anhörung dringend bat, sich zurückzuhalten. Inzwischen hatten die Medien mit nur wenigen Ausnahmen die Brutkasten-Story mit allem Drum und Dran akzeptiert. Am 30. September, zwei Tage nachdem der Emir Bush in Washington besucht hatte, brachte die ›Seattle Times‹ ein Interview mit einem palästinensischen Arzt, der Kuwait besucht hatte und den Brutkasten-Behauptungen widersprach – der Bericht fand sich auf Seite 13. ›USA Today‹ veröffentlichte am 10. Dezember einen kurzen Bericht auf Seite 7 und zitierte einen isländischen Arzt, der Kuwait drei Wochen zuvor verlassen hatte. Über die Brutkasten-Story sagte Dr. Gisli Sigurdsson: »Die Meldung stimmte nicht ... Allerdings sind in den letzten Wochen viele Babys gestorben, weil es an Personal fehlte.« Die meisten Kinderfachärzte in Kuwait seien Ausländer, und viele seien geflohen, erklärte er. Peter Jennings von ABC meldete am 18. Dezember – das muß man ihm wenigstens zugute halten –, daß Middle East Watch sich geweigert habe, die Brutkasten-Story zu bestätigen. Doch bevor nicht Alexander Cockburn in der ›Los Angeles Times‹ vom 17. Januar 1991 den, wie er es nannte, »Brutkasten-Mythos« offen in Frage stellte, trat niemand in den Medien der Propagandaflut entgegen, die von Hill and Knowlton und dem Weißen Haus ausging. Cockburns Kolumne kam ohnehin zu spät – die Bombardierung des Irak hatte in der Nacht zuvor begonnen.

Die Bedeutung der Brutkasten-Story im Rahmen der umfassenderen Propagandakampagne einerseits gegen Saddam Hussein und andererseits für die Kriegsoption darf man nicht unterschätzen. Ohne sie verliert der Vergleich Husseins mit Hitler seinen Glanz; man mußte beweisen, daß Hussein das Böse schlechthin war. In einem Memo für Andrew Whitley vom 6. Januar beschrieb Aziz Abu-Hamad von Middle East Watch die Dinge recht treffend, was Brutkästen im besonderen und die Propaganda im allgemeinen angeht.

Zunächst zu den Brutkästen: »Da der Irak es abgelehnt hat, neutrale Beobachter und Journalisten die Situation in Kuwait überprüfen zu lassen, waren Gerüchte zeitweilig die einzige Informationsquelle. Es könnte sein, daß die Brutkasten-Todesfälle zu diesen Stories gehören ... Es ist möglich, wenn auch nicht sehr wahrscheinlich, daß einige Babys infolge eines unerlaubten Vorgehens übereifriger irakischer Soldaten gestorben sind ... Nicht möglich ist dagegen die von Amnesty International gemeldete Zahl von Todesfällen, nicht einmal annähernd. Ich frage mich, ob Amnesty International die Namen von auch nur einer Familie der angeblich über dreihundertfünfzig getöteten Frühgeburten hat. Sie haben wie wir die Namen von Leuten, die auf andere Weise getötet wurden, und Namen von Inhaftierten, aber ich bin noch nicht auf den Namen auch nur einer Familie gestoßen, deren Frühgeburt angeblich aus einem Brutkasten hinausgeworfen wurde.«

Am Schluß äußert sich Abu-Hamad über die Wirkung der Propaganda in Kriegszeiten: »Im August berichtete ich

MEW aus Saudi-Arabien, daß die führende Tageszeitung ›Al-Riyadh‹ auf der ersten Seite Fotos von vier Kindern veröffentlichte, die bei dem Versuch, von Kuwait aus die Grenze zu überqueren, verdurstet waren. Es stellte sich dann heraus, daß die Geschichte ein Schwindel war, und auch die Fotos waren gefälscht, wie die Zeitung eine Woche später zugeben mußte. Saudische, kuwaitische und ägyptische Zeitungen sind voll von solchen Stories. US-Zeitungen ebenso. Bevor ich mich Mitte Oktober nach Saudi-Arabien begab, hatte es von etlichen prominenten Kuwaitern geheißen, sie seien tot, doch ich war überrascht, sie gesund und munter in der kuwaitischen Volkskonferenz anzutreffen. Die ›Los Angeles Times‹ berichtete beispielsweise (am 5. Oktober), Dr. Abdul Al Sumait, ein höherer Funktionär des Roten Halbmonds, sei getötet worden, und man habe die verstümmelte Leiche vor sein Haus geworfen. Auch Dr. Al Sumait ist gesund und munter. Wenn er sich nicht gerade für die kuwaitische Sache auf Public-Relations-Tour befindet, erledigt er Aufgaben der kuwaitischen Regierung im Exil. Er ist zugleich die Quelle eines Großteils der Amnesty International-Informationen über Brutkästen.«

Ohne Zweifel haben Saddam Husseins Truppen schreckliche Dinge in Kuwait begangen, doch angesichts der festgestellten Tatsachenverdrehung und Propaganda wird es einer ausführlichen Untersuchung durch einen erfahrenen Beobachter bedürfen, um herauszufinden, was während der siebenmonatigen Besatzung wirklich geschehen ist. Für die Kuwaiter besteht natürlich kein Anreiz, eine solch ausgewogene Darstellung zu geben, aber irgend jemand sollte es doch versuchen. Die Wahrnehmung von Gewalt und Terror hing eng mit Amerikas Entscheidung für den Krieg zusammen, und diese Entscheidung fiel auch trotz der Tatsachenverdrehungen knapp aus. Wer weiß, ob die Regierung sich auch ohne die Brutkasten-Story durchgesetzt hätte. Wie viele der sonstigen Meldungen über Greueltaten waren gefälscht?

Stephen Solarz, Mitglied des Ausschusses für Auswärtige

Angelegenheiten des Repräsentantenhauses, war einer der Befürworter der Kriegsresolution, die schließlich von beiden Häusern des Kongresses beschlossen wurde; bei der Anhörung über Kuwait zitierte er am 8. Januar wörtlich aus dem Amnesty-Bericht: »Über dreihundert Babys sollen gestorben sein, nachdem irakische Soldaten sie aus Brutkästen entfernt haben.« Im Senat, der am 12. Januar die Ermächtigung zum Kriegseinsatz mit einer Mehrheit von fünf Stimmen beschloß, bezogen sich sechs Senatoren (fünf Republikaner und ein Demokrat), die die Entschließung befürworteten, ausdrücklich auf die Brutkasten-Behauptung.[*] (Vier weitere Senatoren, die den Kriegseinsatz befürworteten, beriefen sich auf den Amnesty-Bericht im allgemeinen beziehungsweise auf die angebliche Hinrichtung kuwaitischer Kinder durch irakische Streitkräfte.)

Das alles hätte nicht passieren können, wenn die Medien nicht so ungeheuer leichtgläubig und bereit gewesen wären, den Vergleich mit Hitler ständig zu wiederholen. Bush hatte Husseins Truppen »ungeheuerliche Akte der Barbarei, die nicht einmal Adolf Hitler begangen hat« vorgeworfen, und die Reporter waren nicht bereit, die offenkundige Unsinnigkeit dieses Vergleichs in Frage zu stellen.[**]

In der verrückten Welt der Propaganda tauchen derartige Vergleiche von Zeit zu Zeit auf, ohne daß daraus unbedingt Kriege entstehen; der Hitler von heute kann morgen zur stabilisierenden Kraft werden. So veröffentlichte zum Beispiel Manor Books 1979 Ayatollah Khomeinis ›Der islamische Staat‹ unter einem veränderten Titel: ›Ayatollah Khomeini's Mein Kampf‹. Im Begleittext von George Carpozi, Jr., hieß es: »Wie ein Adolf Hitler aus einer anderen Zeit … Khomeini ist ein Tyrann, ein Hasser, ein Peiniger, eine Gefahr für die Ordnung und den Frieden der Welt. Der we-

[*] Senator Cranston, der sich am Tag der Abstimmung zur ärztlichen Behandlung in Kalifornien aufhielt, sagte, er hätte gegen die Kriegsresolution gestimmt; damit betrüge die inoffizielle Zählung 52:48. Er sagte, er hätte das Krankenhaus verlassen, um an der Abstimmung teilzunehmen, wenn Mehrheitsführer George Mitchell ihm gesagt hätte, daß das Ergebnis nicht feststand.

[**] Präsident Bush sagte nicht, Saddam Hussein sei »schlimmer als Hitler«. So nämlich umschrieb eine Zeitung seine oben zitierte Aussage in einer Rede am 8. November 1990. Dieser zufolge wurde »schlimmer als Hitler« Bush selbst zugeschrieben.

sentliche Unterschied zwischen dem Verfasser von ›Mein Kampf‹ und dem Kompilator des seichten ›Der islamische Staat‹ ist der, daß der eine ein Atheist war, während der andere behauptet, ein Gottesmann zu sein.« Vielleicht war es daher nicht ganz ungeschickt, als die Iraner während des iranisch-irakischen Krieges den Spieß gegen Hussein umdrehten; in einem kanadischen Dokumentarfilm über den Iran, der im Januar 1987 von PBS gesendet wurde, sagte ein iranischer Politiker über Hussein: »Er hat Verbrechen begangen, die nicht einmal Hitler begangen hat.«

Der Vergleich mit Hitler blieb indes in den tonangebenden amerikanischen Blättern weitgehend unbeachtet, bis A. M. Rosenthal von der ›New York Times‹ am 5. April 1990 die Öffentlichkeit mit der Vorstellung alarmierte, daß Hussein »die Juden in Israel auslöschen und den Nahen Osten beherrschen möchte. Das hat er so eindeutig klargemacht, wie dies Hitlers ›Mein Kampf‹ tut … Massenmörder wie Hitler und Hussein haben ein tiefes Bedürfnis, der Welt ihre blutigen Gelüste zu beweisen.« William Safire von der ›Times‹, unter Nixon ein perfekter Presseagent und Redenschreiber, reagierte nach der Besetzung Kuwaits mit Empörung darauf, daß Hussein englischsprachige Geiseln in Kuwait auf bösartige Weise im Fernsehen zur Schau stellte. In der ›New York Times‹ vom 24. August unterstützte er den Vergleich mit Hitler in einer Sprache, die besser zu einer Pressemitteilung von Hill and Knowlton gepaßt hätte: »Falls es noch jemandem fraglich erschien, ob der Vergleich Saddam Husseins mit dem Aggressor und Massenmörder Adolf Hitler nicht vielleicht übertrieben sei, dem wurden gestern alle Zweifel ausgeräumt, als der irakische Diktator die Welt zur Entscheidung zwang.« Die Welt könne gerettet werden, meinte Safire, falls »wir durch entschlossenes Handeln diesem Hitler unserer Generation die Fähigkeit nehmen können, unschuldige Menschenleben aufs Spiel zu setzen. Fast zehntausend westliche Zivilisten, überwiegend Briten und Amerikaner, sind im eroberten Kuwait-Stadt eingesperrt. Falls Saddam sich ihrer bemächtigt, wie er es vorhat, sollen sie zu menschlichen Zielscheiben gemacht werden, was ihren sicheren Tod bedeutet.«[*]

Nach dem Krieg wurde der Vergleich mit Hitler in einem Leserbrief an die ›New York Times‹ folgendermaßen kritisiert: »Hitlers Ziel war die Vernichtung der Juden, gleichgültig, wo sie lebten. Saddam Husseins (erklärtes) Ziel ist die Vernichtung Israels. Da Israel und Irak sich rein formal noch im Kriegszustand befinden, ist es durchaus verständlich, daß sie sich gegenseitig zu vernichten wünschen. Der Unterschied ist jedoch, daß Hitler Krieg gegen ein Volk führte.« Leserbriefschreiber Dave Goldman fuhr fort: »Mein Vater (der durch die Nazis mehrere Angehörige verlor) muß sich im Grabe umdrehen ... Wenn es ein Land gibt, das man am Holocaust- Gedenktag beim Namen nennen muß, dann ist es Deutschland, heute das drittreichste Land der Welt. Mit Saddam Hussein oder Jassir Arafat oder irgendeinem sonstigen Araber, der jemals gelebt hat, hat das aber nichts zu tun.«

Gleichwohl griff das offizielle Washington den Hitler-Aspekt am Tag der Kuwait-Invasion unverzüglich auf. Der den Liberalen zugerechnete Vorsitzende des Auswärtigen Ausschusses des Senats, Claiborne Pell, und der zu den Rechten zählende Abgeordnete Newt Gingrich schlugen am 2. August sogleich das Hitler-Thema an und fügten noch eine Domino-Theorie der Nazi-Aggression gegen die Tschechoslowakei und Polen während der dreißiger Jahre hinzu. Auch Israels Verteidigungsminister Moshe Arens schlug die Hitler-Trommel; angesichts von Husseins Neigung, chemische Waffen einzusetzen, hatte der Vergleich für Juden einen ganz besonderen Klang. (Der Abgeordnete Solarz wies später ausdrücklich auf die große Zahl von Überlebenden der Nazi-Vernichtungslager in seinem Wahlbezirk hin.)

Auf Pressekonferenzen hat sich praktisch kein Reporter gemeldet, der den Präsidenten wegen seines Hitler-Vergleichs zur Rede gestellt hätte. Vielleicht ist es in anderen Zusammenhängen geschehen, aber ich habe keinen Beleg

---

[*] Saddam Hussein kündigte am 6. Dezember 1990 an, daß alle noch verbleibenden Geiseln freigelassen würden.

dafür gefunden. Washington ist nach den Worten des ehemaligen Redaktionschefs der ›New York Times‹, Bill Ko-
vach, eine »höfische Stadt«, und zudringliche Fragen an
den König sind einer journalistischen Karriere im allgemeinen nicht förderlich. Man sollte möglichst nicht auffallen,
sondern sich wie alle anderen verhalten. Deshalb blieben
die Brutkasten-Story und der Hitler-Vergleich während
des ganzen Krieges unangefochten. Vermutlich erleichtert
über die Meldungen von irakischen Greueltaten, konnten
Leute wie Anthony Lewis, die gern als Liberale gelten
möchten, über die massiven amerikanischen Bombenangriffe sagen, sie seien »gerechtfertigt«, wenn auch vielleicht
nicht »klug«. Am 15. Februar goß Vizepräsident Dan
Quayle in einer Rede in Fort Hood, Texas, Öl ins Feuer
der amerikanischen Rechtschaffenheit, als er erklärte: »Es
gibt Bilder, von denen Saddam möchte, daß wir sie nicht
sehen. Bilder von Frühgeburten in Kuwait, die aus ihren
Brutkästen geworfen und dem Tod überlassen wurden.«
Nur ein einziger Kongreßabgeordneter, Jimmy Hayes aus
Louisiana, warf in der Öffentlichkeit die Frage auf, ob es
mit der Propagandakampagne von H & K seine Richtigkeit
habe. Hayes' Proteste stießen bei seinen Kollegen auf
Gleichgültigkeit.

Nach dem Krieg versuchte John Martin von ABC News,
Ordnung in den Wust der Falschinformationen zu bringen.
Am 15. März sprach er in Kuwait-Stadt mit Dr. Moham-
med Matar, dem Direktor der medizinischen Grundversor-
gung Kuwaits, und seiner Frau, Dr. Fayeza Youssef, der
Leiterin der Geburtshilfe in der Entbindungsklinik. »Nein,
die Iraker haben die Babys nicht aus den Brutkästen genommen..., um die Wahrheit zu sagen ... Wir hatten keine Krankenschwestern, um diese Babys zu versorgen, und
deshalb sind sie gestorben«, sagte Frau Youssef. Martin
hakte daraufhin mit der richtigen Frage nach: »Es wird
aber doch behauptet: ›Irakische Soldaten nahmen sie aus
den Brutkästen und legten sie auf den Fußboden, wo sie
starben.‹« – »Ich glaube, das wird nur zu Propaganda-
zwecken behauptet«, erwiderte Dr. Matar. Tatsächlich, so
berichtete Martin, sind Menschen, darunter auch Babys,

gestorben, »als die Ärzte und Schwestern Kuwaits in großer Zahl die Arbeit einstellten und in Panik das Land verließen«.

Martin entwickelte eine Initiative, die vor dem Krieg wahrlich angebracht gewesen wäre, und setzte sich mit Dr. Ibrahim Bahbahani in Verbindung, dem Zahnarzt, der sich als Chirurg ausgegeben und unter dem falschen Namen »Issah Ibrahim« vor dem UN-Sicherheitsrat erklärt hatte, er selbst habe vierzig Babys begraben, die gestorben waren, nachdem die Iraker sie aus den Brutkästen geholt hatten. Behbehani, der amtierende Direktor des Roten Halbmonds von Kuwait, konnte über das, was während der Besatzung in Kuwait geschehen war, keine Unterlagen vorweisen – alle ärztlichen Aufzeichnungen über Todesfälle während dieser Zeit seien vernichtet worden, sagte er. Nach der Brutkasten-Story befragt, gab Behbehani zu: »Ich kann Ihnen nicht sagen, ob sie (die Babys) aus den Brutkästen genommen wurden ... Ich habe es nicht gesehen.«[*] Schließlich kam Martin zum Al Addan-Hospital, wo Nayirah beobachtet haben wollte, daß fünfzehn Babys aus ihren Brutkästen genommen wurden. Martin fragte die Kinderärztin Dr. Fahima Khafaji, ob sie das bestätigen könne. »Nein«, sagte sie, »ich habe es nicht gesehen.« – »Nicht in Ihrem Krankenhaus?« fragte Martin. »Nein«, erwiderte sie, »das war in der Entbindungsklinik, nicht in meinem Krankenhaus, in der Entbindungsklinik.«

Einen Monat später machte Amnesty im Hinblick auf diese Geschichte einen Rückzieher. Im siebten Absatz einer Pressemitteilung hieß es, daß »Amnesty International bezüglich der im Dezember-Bericht erwähnten Todesfälle von Babys, die in der Öffentlichkeit hochgespielt wurden, festgestellt hat, daß seinen Mitarbeitern zwar angebliche Massengräber von Babys gezeigt wurden, aber nicht geklärt

[*] Nach dem Krieg erklärte Middle East Watch, ihr hätten Totenscheine von dreißig kuwaitischen Babys vorgelegen, die alle am 24. August 1990 beerdigt wurden. Neunzehn davon waren der Menschenrechtsgruppe zufolge im Juni und Juli, vor dem Einmarsch der Iraker, gestorben, elf zwischen dem 2. und 24. August, während der Besatzung. Von keinem der dreißig wurde bewiesen, daß es aus einem Brutkasten genommen wurde. (Dr. Behbehani trat ebenfalls von seiner Story zurück, die Bestattung von hundertzwanzig Babys »beaufsichtigt« zu haben.)

wurde, woran sie gestorben waren, und daß die Mitarbeiter keine verläßlichen Anhaltspunkte dafür gefunden haben, daß für die Todesfälle irakische Soldaten verantwortlich waren, die die Babys aus den Brutkästen entfernt oder deren Entfernung befohlen haben.«

John Healey, US-Geschäftsführer von Amnesty, war wütend, als ich ihn fragte, wie es möglich war, daß man seine Organisation getäuscht hatte. Er konnte es im Grunde nicht erklären. Sean Stiles von der Londoner Zentrale konnte es ebenfalls nicht, aber immerhin erzählte er mir, daß die von Amnesty-Ermittlern befragten Zeugen »unheimlich ehrlich wirkten. Man hatte nicht den Eindruck, daß sie etwas vortäuschten.« Was Healey jedoch noch mehr empörte als die Tatsache, sich in einer wirklich wichtigen Frage getäuscht zu haben, war die heuchlerische Ausschlachtung des Amnesty-Berichts durch Bush und dessen anschließende Weigerung, Amnesty-Vertreter wegen anderer Probleme zu empfangen, darunter auch Greueltaten im soeben befreiten Kuwait.

Trotz des Amnesty-Widerrufs wollte die Brutkasten-Story nicht verschwinden. Bei einer Anhörung, die der im Kongreß tätige Arbeitskreis für Menschenrechte im Juni 1991 veranstaltete, beharrte Cindy McCain (nicht die »Cindy« aus San Francisco), die Frau von Senator John McCain, der den Krieg befürwortet hatte, auf wiederholte Fragen darauf, daß die Behauptungen zuträfen. Später räumte Frau McCain ein, daß sie sich wie so viele andere auf Hörensagen verlassen habe.

Es wäre schön, wenn die Brutkasten-Story das einzige Beispiel einer erfolgreichen und dabei unzutreffenden Propaganda geblieben wäre. Martin fand jedoch noch weitere Beispiele. Kurz nach der Invasion war gemeldet worden, die Iraker hätten vierzigtausend Kuwaiter aus Kuwait-Stadt abtransportiert, um sie in den Irak zu verlegen. Zwölfhundert waren zum Zeitpunkt von Martins Untersuchung zurückgekehrt. Andrew Whitley von Middle East Watch sagte, wahrscheinlich seien fünfzehnhundert bis zweitausend Kuwaiter festgenommen worden. Ein weiteres Beispiel: Amnesty hatte in seinem Bericht vom 19. Dezember angegeben, daß »die Zahl der Hinrichtungen ohne gerichtliches Verfahren in die Hunderte geht und weit über tausend liegen könnte.« Von einem höheren Beamten des kuwaitischen Gesundheitswesens erfuhr Martin, daß die Zahl »etwas über dreihundert« lag.

Auch das durchaus glaubhafte Bild von irakischen Soldaten, die – ohne jede militärische Disziplin – vergewaltigen und plündern, geriet nach dem Krieg in Zweifel. ›Paris Match‹ brachte am 28. März 1991 ein Foto, das irgendwann während der irakischen Besatzung Kuwaits aufgenommen worden war: Man sah darauf ein irakisches Exekutionskommando, das in Kuwait-Stadt sechs Männer, deren Augen verbunden waren, erschoß. In der Erläuterung zu dem Bild hieß es, das Foto sei am 30. November 1990 bei der Redaktion eingegangen, und man habe angenommen, daß es Iraker bei der Erschießung von kuwaitischen Widerständlern zeigte. Am 1. Dezember erfuhren die Redakteure, daß es in Wahrheit um die Hinrichtung von disziplinlosen *irakischen* Soldaten ging, die beim Plündern in Kuwait-Stadt erwischt worden waren. Sie beschlossen aber, die Exklusivfotos nicht im Dezember 1990 zu veröffentlichen, weil sie befürchteten, das könne die französische Beteiligung an der Anti-Hussein-Koalition gefährden. »Wir mußten auf die Veröffentlichung verzichten«, erklärte die Redaktion im März 1991 in der Bildunterschrift, »denn wir wollten nicht um des Knüllers willen das Image von Saddam Hussein aufbessern.«

John Chancellor von NBC traf den Nagel auf den Kopf, als er – wenn auch erst nach dem Krieg – über die Operation Wüstensturm schrieb: »Der Krieg führte einen Troß von Mythen, Mißverständnissen und Übertreibungen mit sich ... Berichte über irakische Greueltaten wurden fraglos akzeptiert. Es gab die Legende von den Frühgeburten, die in einem kuwaitischen Krankenhaus aus den Brutkästen geworfen und ihrem Schicksal überlassen wurden. Zwar ist es während der irakischen Besatzung immer wieder zu schrecklichen Greueltaten gekommen, aber das stimmte einfach nicht ... Tatsachen wurden nicht richtig wahrgenommen, die Wahrheit wurde verbogen, und es gab einen Wust von Mythen und Mißverständnissen.«

Es trifft allerdings zu, daß während des Golfkriegs Babys umkamen, weil man sie aus den Brutkästen holte. Im Juli 1991 befragte Patrick Tyler von der ›New York Times‹ einen gewissen Dr. Qasm Ismail, den Direktor des Saddam-Kinderkrankenhauses in Bagdad, nach der ersten Nacht des alliierten Bombardements. Die Explosionen und der Stromausfall verursachten eine Panik, die Dr. Ismail so beschreibt: »Mütter rissen ihre Kinder aus den Brutkästen, zogen ihnen die intravenösen Schläuche aus dem Arm … Auch aus den Sauerstoffzelten wurden Kinder geholt. Die Mütter rannten mit ihren Kindern in den ungeheizten Keller. In den ersten zwölf Stunden der Bombardierung habe ich über vierzig Frühgeburten verloren.«

Wie erfolgreich die CFK/H & K-Kampagne war, läßt sich einem einzigen Satz eines Leitartikels im britischen ›Spectator‹ vom 26. Februar 1991 entnehmen; darin hielt der rechtsstehende Verfasser Paul Johnson den Kritikern des Krieges eine Standpauke wegen ihrer gefährlichen Verantwortungslosigkeit:[5] »Daß Saddam Tausende von Kurden mit chemischen Waffen ermordet hat, daß er siebentausend Kuwaiter umgebracht hat, darunter Babys, die aus lebensrettenden Maschinen gezerrt wurden, die man anschließend beiseite schaffte, und daß er dieses kleine Land systematisch aller öffentlichen und privaten Wertgegenstände beraubte, sind Tatsachen, die vollkommen erhärtet sind.«

Zu diesem Zeitpunkt spielte es kaum noch eine Rolle, daß diese Behauptungen niemals erhärtet wurden.[6]

Drittes Kapitel
Wie der Krieg sein Design erhielt

Der wirkliche Krieg stinkt nach verwesenden Leichen.

Malcolm Browne am 8. April 1991 in einer Rede vor der Außenpolitischen Vereinigung in New York

Am 16. Juni 1991 versammelten sich in Baltimore Hunderte von Mitgliedern der Broadcast Designers' Association (BDA) und ihrer Schwesterorganisation, der Broadcast Promotion and Marketing Executives (BPME) zu ihrer Jahreshauptversammlung mit feierlichen Preisverleihungen. Wie es bei Berufsverbänden üblich ist, verschaffte auch dieses Zusammentreffen den Leuten, die das äußere Erscheinungsbild des Fernsehens bestimmen, eine Gelegenheit, sich an den anderen zu messen, den Stellenmarkt auszuloten, über die neuesten Entwicklungen in der Designtechnologie zu staunen und sich selbst offiziell zu der tüchtigen Arbeit, die man im letzten Jahr geleistet hatte, zu gratulieren. Doch bei den Graphikleuten, die im Baltimore Convention Center umherirrten, während sie gespannt auf die Bekanntgabe der Gewinner goldener und silberner Auszeichnungen warteten, galt die Fachsimpelei dieses Jahr einem ganz speziellen Gegenstand, der gestalterischen Darstellung des Krieges.

Zum Leidwesen einiger der anwesenden Fachleute wurden die Auszeichnungen lediglich für Leistungen aus dem Jahre 1990 verliehen, so daß ihr künstlerisches Wirken während der Operation Wüstensturm nicht berücksichtigt werden konnte. Dennoch hatten zwei ihrer Kollegen, Mitch Friedman und Don Butler von Post Perfect, für die graphische Gestaltung der Sendung ›Showdown in the Gulf‹ bei CBS eine Nominierung in der Kategorie Animation/Produktion ergattert. Und schon in aller Herrgottsfrühe strömte ein interessiertes Publikum in ein Seminar über die Gestaltung der Kriegsberichterstattung unter dem Titel ›Design an den Fronten«; der aufgekratzten Stimmung nach Beendigung des Golfkriegs entsprechend, war die Podiumsdiskussion im Tagungsprogramm humorvoll angekündigt worden: »Die Schwarzkopfs der Sender- und Kabelstationen zeigen, wie ihre strategischen Befehlszentren der technologischen Designkriegsführung während des Golfkriegs funktionierten.«

Medienkritiker, die zu den Kriegsgegnern gehörten, hatten sich über die Neigung des Fernsehens beklagt, das Erscheinungsbild der Schlacht durch Videographik »aufzupolieren«. Diese Kritik ging jedoch an den Zielen eines gelungenen Fernsehdesigns vorbei, einerseits Zuschauer anzulocken und andererseits Häßlichkeit zu verstecken. Eine gekonnte Graphik soll, so die Theorie, die Einschaltquoten verbessern.

»Die graphische Gestaltung der Fernsehnachrichten stand während des Golfkriegs vielleicht vor ihrer größten Aufgabe«, eröffnete Diskussionsleiter Philip Meggs, Professor für Graphik und Design an der Virginia Commonwealth University. »Ich sollte vielleicht besser sagen: während des letzten Golfkriegs, denn das Gebiet um den Persischen Golf ist seit den Zeiten der alten Sumerer vor fünftausend Jahren zwischen den Völkern umstritten. Vielleicht empfiehlt es sich, die Ordner mit den Karten vom Golf aufzubewahren; Sie könnten sie vielleicht in einigen Jahren wieder gebrauchen.«

Professor Meggs war für die Metaphorik des Zweiten Weltkriegs, derer sich die Bush-Administration bediente, durchaus aufgeschlossen. Im Golfkrieg, so sagte er, »ging es um die Beschwörung von Geistern – (zum Beispiel) den Geist von Neville Chamberlain... Viele von Ihnen haben vermutlich diese Wochenschau von 1938 gesehen, in der Chamberlain aus dem Flugzeug steigt, und alle halten ihm die Mikrophone unter die Nase, und er sagt: ›Ich denke, wir haben Frieden in unserer Zeit erreicht.‹« [*] Im Golfkrieg, so bemerkte er, »ging es um die Fähigkeit der Massenmedien,

---

[*] Der korrekte Wortlaut ist: »Ich glaube, das ist der Friede für unsere Zeit«, und Chamberlain sagte dies in der Downing Street Nr. 10, nicht auf dem Flugplatz.

die Nachrichten zu liefern und ihnen auch eine Gestalt zu geben, und um die Fähigkeit von Regierungen – unsere eigene wie die von Saddam –, die Nachrichten zu formen und zu kontrollieren.«

Die Zensur des Pentagon, so gab Meggs zu verstehen, hatte die TV-Graphikabteilungen gezwungen, Neuerungen zu entwickeln und damit letztlich den größtmöglichen Erfolg zu erzielen. Meggs sagte: »Die Zensur setzte die Graphiker unter ungeheuren Druck, Informationen zu vermitteln und die vorgetragenen Nachrichten durch Bilder zu unterstützen. Bei allen Sendern befanden sich die Graphikabteilungen der aktuellen Nachrichten im Belagerungszustand, arbeiteten rund um die Uhr unter Gefechtsbedingungen, um mit den rasch wechselnden Situationen Schritt zu halten. Karten, Modelle vom Schlachtfeld und Informationsgraphiken über Waffensysteme halfen den Moderatoren sowie den Fachleuten, den Krieg zu erläutern. Die in den ständigen Lagebesprechungen erwähnten Fachbegriffe und Waffensysteme mußten den Zuschauern durch Graphiken erläutert werden.« In dieser gespannten Atmosphäre »kam es immer wieder vor, daß unerwartet sofort eine bestimmte Graphik benötigt wurde. Und natürlich brauchte jeder Sender ein Erkennungszeichen für seine Kriegsberichterstattung. Während zum Beispiel die Olympischen Spiele oder Weltmeisterschaften bei allen Sendern dasselbe Logo haben, liefen Sendungen über den Golfkrieg unter fünf verschiedenen Logos ... In einigen Zeitungen wurde gefragt, ob der Krieg nicht durch ins Auge stechende Graphiken und mitreißende Begleitmusik den Anstrich von Football-Entscheidungsspielen und afrikanischen Abenteuerfilmen bekommen habe. Ich denke, daß die Fernsehgraphik mit dem Golfkrieg in einem gewissen Sinne mündig geworden ist.«

So war es in der Tat. Nie zuvor war die Berichterstattung über einen Konflikt dermaßen von sorgfältig gestylten elektronischen Bildern dominiert. Es war der erste wirkliche Video-Logo-Krieg; neben den raffinierten Produktionen der Operation Wüstengraphik nehmen sich Filme aus der Vietnamzeit, in denen noch richtig gekämpft wurde, primitiv und altmodisch aus. Und da ein animiertes Gemetzel natürlich nicht in Frage kam, entsprachen die Bilder hundertprozentig den Absichten des Pentagon, das Töten zu verschleiern.

»Was erwarteten die Leute denn zu sehen, etwa blutige Gliedmaßen?« fragte Steve Vardy, der Art-Direktor von CBS Evening News. »Wir sind verpflichtet, die aktuellen Ereignisse darzustellen, aber das muß nicht auf gräßliche Weise geschehen.« Wenn sie gewollt hätten, hätten sie es auch auf gräßliche Weise tun können. In einem Gespräch nach der Podiumsdiskussion sagte Vardy, daß die Animation »so gut geworden ist, daß die Leute manchmal vergessen, daß es eine Simulation ist«. Vardy glaubte offenbar eine ganze Menge über seine Zuschauer zu wissen: daß ihr empfindliches Gemüt durch brutale Kampfszenen Schaden nehmen würde und daß sie, ohne daß man es ihnen zeigen muß, ganz einfach »wissen«, daß Krieg Gewalt bedeutet. »Die Kritik an den Medien krankt unter anderem daran, daß man es nicht einfach dem Zuschauer überläßt, was er denkt«, sagte er. »Wenn ein Zuschauer nicht vollends hirntot ist, muß er wissen, daß im Krieg gestorben wird. Es ist nicht unsere Aufgabe, das zu zeigen. Mich persönlich würde es stören, wenn sie das zeigen würden.«

Ralph Famiglietta, Chef der Nachrichtengraphik für NBC Network News und Vietnamveteran, sagte, er habe gewisse Bedenken gegen das automatisierte Bild des Krieges, das von den Sendern geboten wurde: »Das hat mich gestört. Die Leute wußten nicht, was passierte ... Es war ein bißchen zu sehr nach Art von ›Top Gun‹ ... Ich habe mir Sorgen um meine Kinder gemacht und darum, daß der Krieg wie ein Vergnügen dargestellt wurde.« Doch seinen Vorbehalten hat Famiglietta offenbar keine Taten folgen lassen. »Aus politischen Gründen ist während des Golfkonflikts kein Designer zu mir gekommen; was ihnen zu schaffen machte, waren Fragen der Ästhetik und des Layout. Wir sind eine Dienstleistungsabteilung. Wir entwickeln technische Konzepte, um die Informationen auszuschmücken ... Es ist nicht unsere Aufgabe, etwas herauszubringen, das Millionen von Menschen in Unruhe versetzt.«

BDA-Präsidentin Judi Decker hatte gleichfalls Skrupel, die Zuschauer mit beunruhigenden Bildern zu belästigen. In ihrer Tätigkeit als Leiterin der Graphikabteilung von KCRA-TV in Sacramento wollte sie »herausragen, (aber) sachlich sein und die Sache mit soviel Gefühl angehen, wie es sich mit dem guten Geschmack vereinbaren läßt ... Die Zuschauer lassen uns in ihr Wohnzimmer, und deshalb muß das, was wir machen, dem guten Geschmack entsprechen und die Botschaft ohne Schwierigkeiten rüberbringen ... Wenn es zum Beispiel um AIDS geht, darf man keine Opfer zeigen, weil die klapperdürr sind und schrecklich aussehen. Man zeigt in den Nachrichten nicht, wie Leichen fortgeschafft werden, man zeigt kein Blut, keine Injektionen, und in Kalifornien regen sich alle auf, wenn tote Tiere gezeigt werden.« Man müsse immer bedenken, sagte Decker, daß »da Leute am Tisch sitzen und essen«.

Steve Cheney, Abteilungsleiter beim Fernsehgraphik-Service von Associated Press (AP), meint, der Golfkrieg habe den Art-Direktoren »einen echten Tritt in den Hintern« gegeben. Da brauchbare Fotos nicht aufzutreiben waren, »wurde die Graphik besonders aufgewertet«. Man fand sich sogar damit ab, sagte Cheney, daß der größte Teil der Information in den Abendnachrichten mit Graphik (und Videos des Pentagon) bestritten wurde. Cheneys Grundregeln für die Gestaltung von Fernsehgraphik lauten, daß sie einfach, schnell und abwechslungsreich sein soll. An der Präsentation von ›War in the Gulf‹ bei CNN kritisierte er, daß die Musik und das Logo bald abgestanden wirkten und von Zeit zu Zeit hätten »aufgefrischt« werden sollen. Logos, meinte er, müßten die Zuschauer davon überzeugen, daß sie gleich etwas ganz Neues zu sehen bekommen. »Viele Amerikaner hielten den Golfkonflikt für nicht so bedeutend, wie er wirklich war«, sagte er. »Der Aufmacher (der Fernsehnachrichten) wirkte wie eine Fanfare. Er besagte: ›Gleich kommt etwas Wichtiges. Dies ist ein Sonderbericht vom Golfkrieg; jetzt heißt es die Ohren spitzen.‹«

Nach Ansicht von Brad Kalbfeld, einem AP-Kollegen von Cheney, werden von der Fernsehgraphik nicht so sehr Nachrichten übermittelt als vielmehr Eindrücke erzeugt. Er sagte, daß sich in Untersuchungen gezeigt habe, daß Meldungen, die mit Graphiken unterlegt sind, einen tieferen Eindruck hinterlassen als schlichte Meldungen, und so könne es passieren, daß die Zuschauer sich noch an die Graphik erinnern, während sie die entsprechende Meldung längst vergessen haben. Da Emotionen bei den Zuschauern stärkere Eindrücke hervorrufen als die Information, würden die Fernsehproduzenten, so Kalbfeld, Graphik einsetzen, um sowohl bestimmte Stimmungen zu erzeugen als auch Informationen zu vermitteln. Dafür steht aber nicht viel Zeit zur Verfügung – höchstens drei oder vier Sekunden –, und so sind die Designer gezwungen, komplizierte Fragen beiseite zu lassen und die Nachricht auf ihren Wesenskern zu reduzieren. Für ausführliche Erläuterungen bleibt einfach keine Zeit.

Damit stand der theoretische Rahmen für die Designer-Schwarzkopfs fest. Wie stand es aber um die praktischen Dinge, die Scuds und Patriots, um die graphische Hardware, wenn man so sagen darf? In der Podiumsdiskussion schilderte Steve Vardy von CBS, wie sich sein Sender »auf die Berichterstattung über Kampfhandlungen am Persischen Golf vorbereitete«, und faßte dabei bündig zusammen, welche Rolle seine Abteilung bei der Ausschmückung des Krieges spielte: »Unter Design-Gesichtspunkten bestand das Projekt aus vier Grundkomponenten. Erstens die Titelanimation; zweitens die Informationsgraphik, die tabellarischen Darstellungen, die wir als ›baseball cards‹ bezeichnen und auf denen die Ausrüstungen und Waffen dargestellt waren, die am Golf eingesetzt wurden; drittens ein Kartentypus mit und ohne Computeranimation; schließlich die graphischen Darstellungen von Vorgängen am Golf. Natürlich gab es keine Videos oder Nachstellungen von Kämpfen oder Bilder von den irakischen Verteidigungsstellungen und dergleichen.«

Vardy dankte besonders seinen freien Mitarbeitern von Post Perfect; sie hätten für ›Showdown in the Gulf‹ einen »ganz tollen Titel« entworfen: Das CBS-Logo wurde zu einem Herold, der den Beginn des Krieges verkündete. Der für den Preis nominierte Entwurf wurde in der April-Ausgabe 1991 von ›Clips‹, dem Hausblatt der britischen Graphikfirma Quantel, liebevoll beschrieben: »Der Aufmacher zeigt eine Karte, einen wandernden Radarstrahl (innerhalb eines stilisierten CBS-Auges), den CBS News-Titel... sowie mit dem Krieg zusammenhängende Symbole, darüber abgeschrägte Glastafeln, die in rascher Drehung um die eigene Achse nacheinander die Truppenzahl und die Fahnen der am Konflikt beteiligten Länder zeigen.

Zur Erzeugung der Karte und des Radarstrahls speicherte Trickzeichner Steve Blakey eine Hochauflösung der Karte und eine sich verschiebende Gerade im 2-D ab.

Zeichner Don Butler von Quantel malte anschließend die Karte aus, damit sie Farbe und Struktur bekam, und legte eine grüne Leuchtspur an, um die wandernde Gerade in einen Radarstrahl zu verwandeln. Der CBS News-Titel wurde auf der Grundlage einer typographischen Vorlage in Wavefront digitalisiert. Dann wurde eine mit Paintbox erzeugte angerauhte Aluminiumtextur dreidimensional auf den Titel projiziert.

Auf Ersuchen von (Mitch) Friedman stellte CBS News Symbole von Kriegsschiffen, Kampfflugzeugen und Soldaten bereit, die in Paintbox bearbeitet und im Rahmen dieses Auftrags in den verschiedensten Formen eingesetzt wurden. Der für Spezialeffekte zuständige Tim Farrell fügte alle Elemente zweidimensional zusammen.«

Quantel hätte hinzufügen sollen, daß das ganze fraglos den Eindruck eines Videospiels machte, mit winzigen Flugzeugen und Soldaten, die sich über den Radarschirm bewegten und wohl als Ziele vorgesehen waren, die jeder, der einen Vierteldollar in die Maschine steckte, abknallen konnte.

Ralp Famiglietta, der Vietnamveteran, erlebte bei NBC, wie sich seine Abteilung »ein bißchen in eine Graphik-MASH-Einheit verwandelte«, als von ihr verlangt wurde, im Handumdrehen eine große Zahl von Bildern herzustellen. Famiglietta schilderte, wie es dort aussah: »In den ersten Tagen der Kriegsberichterstattung begann sich das ästhetische Erscheinungsbild der Abteilung zu wandeln; wirkte sie vorher freundlich, so bekam sie nun etwas Kriegerisches. An den Wänden hingen Karten, und die Küche war voll mit Lebensmitteln, weil die Leute zu den unmöglichsten Zeiten arbeiteten.« Famiglietta machte seinen Kollegen im Fachjargon der Designer anhand von Zahlen und Angaben deutlich, wie fleißig dort gearbeitet wurde: »Titelanimationen, 2-D- und 3-D-Variationen, über fünfzig bis sechzig, intern produziert; 3-D-, 2-D-Waffensysteme; Scud-Raketen und Patriots, mindestens dreißig oder vierzig davon. Fünfzehnhundert bis achtzehnhundert statische Graphiken. Dialogbildfelder. Tom Brokaw sitzt in dem einen Bild und spricht mit Arthur Kent, diese Form von Aufmachung, mindestens dreihundert von diesen speziellen Hintergrundausstattungen. Statische Bilder von telefonierenden Korrespondenten, die keine Aufnahmen vom Kriegsschauplatz kriegen konnten, mindestens hundert davon. Basiskarten vom Kriegsschauplatz, mindestens hundertfünfzig bis zweihundert Karten. Kombinationen von computeranimierten Karten auf der Grundlage dieser Basiskarten, mindestens siebzig bis hundert. Zahlreiche Ausschnitte, zweihundert Ausschnitte von Symbolen, Panzern, Explosionen, jede mögliche Kombination. All die Fahnen und sonstigen Bilder, die wir in unserem Archiv hatten, waren kaum zu überblicken.«

Die Titelgraphik eines Senders wäre natürlich nicht vollständig ohne Musik, und während des Krieges konnte man den Eindruck haben, daß jeder Fernseh- und Rundfunkbericht begleitet wurde von eingängigen synthetischen Klängen, die die Masse aufrütteln und anregen sollten. Kim Thompson, die bei VTS Productions in Asheville, North Carolina, den Vertrieb von Senderechten leitet, bot die unterschiedlichsten Stile an, von hundertprozentig synthetisierter Musik bis hin zu einem vollen Sechzig-Mann-Orchester. (Die Orchesterfassungen kosteten zwanzig- bis vierzigtausend Dollar.) Besonders bewunderte sie die Sendung ›Good Morning America‹ bei ABC, bei der die Kennmelodie, die einen Kriegsbericht ankündigte, nach ihren Worten eine starke Aussage enthielt: »Sie besagte: Aufgepaßt, jetzt kommt eine dringende Meldung.« Diese Dringlichkeit war nach ihrer Meinung nötig, weil das Fernsehen im Unterschied zur Presse die Menschen mit akustischen und visuellen Mitteln anspricht. Da die Zuschauer, während das Fernsehen läuft, oft andere Dinge tun (kochen, essen, bügeln usw.), »brauchen sie akustische Hinweise, damit sie wissen, wann sie aufpassen müssen«.

(Mir ist klar geworden, daß Steve Cheney von Associated Press recht hatte, was die Kennmelodie angeht. Das schlimmste, was ihr passieren kann, ist, daß sie sich abnützt; so erging es der synthetischen Wüstensturm-Melodie bei WINS, dem New Yorker Rundfunksender von Westinghouse Broadcasting, der ausschließlich Nachrichten bringt. Nachdem ich diese Strafe mehrere Wochen ertragen hatte, schaltete ich sofort das Radio ab, wenn ich die ersten Klänge dieser entsetzlichen Ersatz-Blasmusik hörte.)

Mit einer Ausnahme, nämlich Cathe Ishino von der ›MacNeil/Lehrer Newshour‹, die eindeutig gegen den Krieg Stellung bezog, bestanden die Nachrichtendesigner auf ihrem Recht, politische Neutralität zu üben, schufen aber zugleich die optisch ansprechenden Kriegsbilder, die von entscheidender Bedeutung dafür waren, wie die Allgemeinheit die Operation Wüstensturm aufnahm, und die die Menschen maßgebend dazu gebracht haben, bei dieser Sache mitzuziehen. Sie hätten, sagten die Designer, lediglich Anweisungen ausgeführt, und es sei nicht ihre Aufgabe gewesen, diese in Frage zu stellen. Aber kann man, wenn es um Krieg geht, wirklich neutral sein? Während die Graphiker ihre sogenannten »baseball cards« gestalteten, trafen amerikanische und irakische Soldaten Vorbereitungen, sich gegenseitig umzubringen. Zugleich schickten die Medienverantwortlichen sich an, ihren eigenen Krieg auszufechten: den Krieg um Marktanteile. Es ist lächerlich, wenn die Nachrichtenbürokraten behaupten, sie seien in der Frage, ob dieser Krieg geführt werden sollte, sowohl vor Beginn der Kampfhandlungen als auch in ihrem Verlauf neutral geblieben; man braucht sich nur einmal vorzustellen, daß die Nachrichten ja auch folgendermaßen hätten aussehen können: Es ertönt der zweite Satz aus Beethovens ›Pastorale‹; eingeblendet werden eine Taube und ein dreidimensionaler Ölzweig, die am Logo der Vereinten Nationen vorüberschweben. Der Off-Kommentar lautet: »Das Streben nach Frieden: CBS News berichtet fortlaufend von den Bemühungen der Weltgemeinschaft, einen Krieg am Persischen Golf zu vermeiden.«

Damit keine Mißverständnisse entstehen: Die Nachrichtenmacher bei den Sendern sind keine blutrünstigen Kriegstreiber, sie wollten bloß ihren Job behalten. Hätte Steve Vardy einen Titel wie den oben geschilderten gefordert – vielleicht mit der durchaus legitimen Begründung, daß Verhandlungen zur Vermeidung eines Krieges eine ebenso wichtige Story seien wie Vorbereitungen zum Beginn eines Krieges –, hätte man ihn möglicherweise zum Betriebsarzt geschickt oder gefeuert. Tatsächlich gibt der Krieg beziehungsweise die Kriegsdrohung eine bessere Story ab als der Frieden, und die fünfeinhalb Monate der Vorbereitung auf die Operation Wüstensturm gaben den Medien eine seltene Gelegenheit, sich im großen Maßstab am Krieg zu berauschen. Leider kam ›Showdown in the Gulf‹ in seiner Kategorie nur auf Platz drei, aber immerhin strich Post Perfect für die Leistung von CBS rund neunzigtausend Dollar ein.

Theoretisch waren Zeitungen und Magazine gegenüber dem Fernsehen in der Berichterstattung über den Truppenaufmarsch und den Krieg technisch ungeheuer benachteiligt. Seit es die simultane Satellitenübertragung gab und CNN rund um die Uhr Nachrichten brachte, konnten die Printmedien praktisch nichts bringen, was nicht schon zuvor im Fernsehen gelaufen war. Doch in einem zensierten Krieg können die Bilder nicht besonders interessant sein. Videoaufnahmen von Korrespondenten, die vor ihrem Hotel in Dhahran stehen und die neueste Pressemitteilung des Militärs verlesen, Flugzeuge, die starten und landen, Generäle mit Zeigestöcken und Karten – das kann ziemlich langweilig werden. Die Graphiker in den Sendern wurden gerade deshalb so häufig benötigt, weil es wegen der staatlichen Zensur schwierig war, an wirklich interessante Berichte heranzukommen. Da es an aufregenden Kriegsfotos fehlte, waren die Bildredakteure von Zeitungen und Magazinen in einer ähnlichen Klemme. Auch die Presse mußte sich angesichts des fehlenden Bildmaterials stärker auf die Graphik stützen, um die Realität zu beschreiben, und sie tat es mit Begeisterung. Außerdem war die Pressegraphik ihrer parvenühaften elektronischen Konkurrenz weit voraus, weil es sie einfach schon länger gab. Daß die Fernsehgraphik eine größere Bedeutung erhielt, ist nach Ansicht von Steve Cheney von Associated Press einer Zeitung zu verdanken, nämlich ›USA Today‹. »›USA Today‹ hat der Graphik in der Presse einen neuen Stellenwert verschafft, und das hatte Rückwirkungen auf die Verwendung der Graphik im Fernsehen«, sagte er. »Man fand es akzeptabel, daß der Großteil der Informationen durch Graphik wiedergegeben wird.«

Was die Bilder angeht, hatte das Fernsehen zwar einen natürlichen Vorteil, doch was den Einsatz von Graphik betrifft, stand die Presse dem Fernsehen kaum nach. Praktisch alle Zeitungen des Landes brachten Vierfarben-Sonderbeilagen heraus, die deutlich das Vorbild von ›USA Today‹ erkennen ließen. Aber wo blieb die Nachricht? Bei Licht besehen, waren die meisten dieser farbigen, schwungvollen Graphiken nichts anderes als optisch aufbereitete Pressemitteilungen des Pentagon und stellten dessen offizielle Angaben über die Truppen- und Waffenstärke der Iraker und der Alliierten dar. Diese begeisterte abstrakte Darstellung militärischer Macht hatte etwas Kindliches, zumal die technischen Möglichkeiten und die Entschlossenheit der Iraker vom Pentagon maßlos übertrieben wurden. Und zuweilen hatte man den Eindruck, als seien die »Kids« aus einem alten Mickey Rooney-Film, die normalerweise bei ›USA Today‹ munter und unbekümmert die Wetterkarte und die Sportseite machten, von der Presseabteilung des Pentagon eingezogen worden.

In dieser Atmosphäre einer fröhlich antiseptischen Kriegsreklame hatten die Magazine gegenüber den Zeitungen einen klaren Vorteil, weil ihre längere Vorlaufzeit eine bessere Planung erlaubte und ihr Hochglanzpapier eine bessere Bildqualität ergab. Besonders heftig war der Konkurrenzkampf zwischen ›Time‹ und ›Newsweek‹, und die ganze Branche sprach von dem rüden Kampf, den die beiden mit Hilfe von beigelegten Landkarten ausfochten. Die Operation Wüstensturm fand während einer tiefen Rezession statt, und die Wochenmagazine waren dringend auf eine Steigerung ihres Kioskverkaufs angewiesen, die ihrem erschreckend dürftigen Anzeigenaufkommen vielleicht wieder auf die Beine helfen würde.

›Newsweek‹ brachte als erste in der Ausgabe vom 4. Februar eine »ausziehbare Karte des Kriegsgebiets«. Die Beilage bestand praktisch aus einem Poster, auf dem fünf Hammond-Karten des Nahen Ostens sowie kleinere Kartenausschnitte von einzelnen Gebieten zusammengestellt waren. Auf einer der vierfarbigen Karten der Region wurde unter dem Titel ›Jahrzehnte der Unruhe‹ durch kleine Textblöcke innerhalb der einzelnen Länder angeblich die Geschichte des Nahen Ostens seit dem Zweiten Weltkrieg vermittelt. Vor dem Krieg hatte es dort offenbar keine nennenswerten Ereignisse gegeben. (Vielleicht hätten die Leser von ›Newsweek‹ gern etwas mehr darüber erfahren, wie willkürlich die Briten 1922 die Grenzen von Irak, Kuwait und Saudi-Arabien festlegten. Oder auch über die reizvolle historische Pointe, daß die Berater des kuwaitischen Herrschers 1938 den Zusammenschluß mit dem Irak empfahlen, dieser aber von den Briten verhindert wurde.[1])

Über die Zeit nach dem Zweiten Weltkrieg gab es dann etwas mehr zu erzählen. ›Newsweek‹ berichtet, daß 1953 im Iran ein »royalistischer Staatsstreich« stattfand, aber gegen wen er sich richtete, erfährt der Leser nicht. Daß die nationalistische Regierung des Iran auf Anstiftung der Briten und Amerikaner gestürzt wurde, bleibt unerwähnt. Was Ägypten betrifft, fanden die ›Newsweek‹-Historiker heraus, daß der britische Abzug »1956 abgeschlossen« war, doch unerwähnt bleibt, daß die Briten sich nur widerstrebend zurückzogen und zusammen mit Franzosen und Israelis die Suezkanalzone angriffen. Der in großen Lettern gesetzte Begleittext zu der Karte enthält einige Informationen über die vier Kriege, die Israel gegen verschiedene arabische Länder führte, und spricht vage über ein Problem, das dort als »wechselhafte Palästinafrage« bezeichnet wird. Man muß es den Verfassern allerdings anrechnen, daß sie in dieser sonderbaren Zusammenfassung der Ereignisse eine Ironie der Geschichte nicht übergingen: »1980 begannen Iran und Irak einen erbitterten, blutigen Krieg, der bis 1988 dauerte. Das ölreiche Kuwait pumpte Milliarden von Dollars in die irakischen Kriegsanstrengungen.«

In derselben Ausgabe von ›Newsweek‹ warnte Medienautor Jonathan Alter in einem Artikel über Militärzensur davor, daß »mehr und mehr Fernsehzuschauer bald erkennen werden, daß sie bei all der gespenstischen Fernsehmusik, den theatralisch agierenden Korrespondenten und den an ein Nintendo-Computerspiel erinnernden militärischen Lageerläuterungen kaum etwas über den Verlauf des Krieges erfahren«. Das hätte man auch auf die Leser der Wochenmagazine beziehen können, die mit irreführenden und oberflächlichen Graphiken abgespeist wurden.

›Time‹ hatte der geographischen Kennerschaft von ›Newsweek‹ kaum etwas entgegenzusetzen, konterte aber schließlich drei Wochen später mit einer noch spektakuläreren Darbietung journalistischer Graphik. »Sonderbeilage: Karte des Schlachtfelds«, kündigte der Verlag in hellblauen Lettern an, die quer über das ›Time‹-Logo liefen, obwohl es in Wirklichkeit nicht mehr als eine Zusammenstellung kleinerer Karten war, die bereits in früheren Ausgaben erschienen waren. Auf der einen Seite der Hochglanzbeilage befand sich eine Karte des Kriegsgebiets mit zahlreichen winzigen Symbolen von Ölbohranlagen, Luftwaffenstützpunkten, Soldaten, Meerwasserentsalzungsanlagen, Panzern und Artillerie, Brücken, Kriegsschiffen, »nuklearen Anlagen« und sonstigen strategischen Zielen im Irak. Winzige, aus Totenkopf und gekreuzten Knochen bestehende Symbole markierten irakische »Fabriken für chemische und biologische Waffen«. Ein Nebenbild zeigte eine Weltkarte, auf der der Nahe Osten durch ein schwarzes Rechteck markiert war. Das ganze machte einen ziemlich altbackenen Eindruck und erinnerte eher an ein Parker Brothers-Brettspiel, zu dem lediglich die Würfel und die beweglichen Teile fehlten, als an ein fetziges Computerspiel.

Merkwürdig war, daß ›Time‹ die saudischen, kuwaitischen und sonstigen arabischen Truppen an die Front verlegte, noch vor die amerikanischen Armee- und Marineeinheiten. Das war Pentagon-Propaganda, die der Öffentlichkeit einreden sollte, daß arabische Truppen sich gebührend an den Kampfhandlungen beteiligen würden. (Natürlich führten amerikanische Truppen den Sturm auf Kuwait an, und das Töten und Sterben war zum größten Teil auf sie zurückzuführen. Nach dem Krieg berichtete ›Time‹, daß Schwarzkopf den arabischen Bodentruppen unter allen alliierten Streitkräften die schlechtesten Noten erteilt hatte.) Des weiteren verzeichnete die Karte auf der kuwaitischen Seite der Grenze fälschlicherweise eine befestigte Verteidigungslinie, eine Art irakische Maginot-Linie, die es außer in den gemeinsamen Vorstellungen der Kriegsplaner von Militär und Medien nie gegeben hat. (Das, was als befestigte Linie ausgegeben wurde, bestand, wie sich herausstellte, in Sandwällen, verhungernden irakischen Wehrpflichtigen in eilig ausgehobenen Schützengräben und weithin erkennbaren Minenfeldern, oder es befand sich dort überhaupt nichts.)

Auch ›Time‹ präsentierte eine Zusammenstellung von Ereignissen unter dem Titel ›Countdown zum Krieg‹, in der die Geschichte des Nahen Ostens noch absurder verkürzt war als in ›Newsweek‹: Sie begann am 2. August 1990. Die wesentlichen Informationen wurden ziemlich offen dargestellt, doch sagen Auslassungen manchmal mehr als Worte; daß das Pentagon eine offizielle Zensur eingeführt hatte, galt beispielsweise nicht als meldenswert. Mag ›Newsweek‹ den israelischen Belangen auf seiner Karte vielleicht auch ein unangemessenes Gewicht eingeräumt haben, so erkannte es doch zumindest die Existenz der Palästinenser und der israelischen Besatzung des Westjordanlandes, des Gazastreifens und der Golanhöhen an. ›Time‹ hatte die Palästinenser praktisch von der Landkarte getilgt, denn die besetzten Gebiete waren in demselben Blaßgrün eingefärbt wie Israel, und es blieb unerwähnt, daß sie besetzt waren. Die Rückseite der Kriegskarte von ›Time‹ zeigte eine frontale Gegenüberstellung der irakischen und der alliierten Waffengattungen, die mit ihrer jeweiligen Bezeichnung und dem Herkunftsland angegeben waren. Die irakischen Bodentruppen wurden mit fünfhundertvierzigtausend Mann angegeben, was sich als eine erhebliche Übertreibung erwies, doch war den ›Time‹-Redakteuren das Wort »Schätzung« offenbar nicht eingefallen. Wenn man von der einschüchternden Menge hellblauer alliierter Symbole ausging, hatten die Iraker von vornherein keine Chance.

Doch das Glanzstück von ›Time‹ war nicht eine Waffe, sondern eine karikaturhafte menschliche Gestalt in einem amerikanischen Wüsten-Tarnanzug und mit Gasmaske versehen, die, in ihren überdimensionierten Händen ein M16A2-Gewehr haltend, vorwärts schritt. Den einen Fuß in einem grünen Kampfstiefel (der andere war bloß eine dunkle, schwarz ausgefüllte Umrißlinie), war der maschinenartige Soldat nicht von dieser Welt, sondern erinnerte an den gesichtslosen GI Joe oder an einen amerikanischen Darth Vader aus dem ›Krieg der Sterne‹, der sich in die Weiten des Weltalls entfernt. Angesichts der offiziellen Zensur, der unklaren Kriegsziele und der Unwirklichkeit, die der Krieg in den Augen der Amerikaner besaß, darf man in dem androiden Soldaten von ›Time‹ durchaus das Emblem der Medienberichterstattung während der Operation Wüstensturm sehen.

Nach dem Krieg verkündete ›Newsweek‹ in einer ganzseitigen Anzeige in der ›New York Times‹, im Kartenkrieg gegen ›Time‹ gewonnen zu haben. Der normale Kioskverkauf sei, so ›Newsweek‹, durch die Ausgabe mit der Kartenbeilage auf annähernd vierhunderttausend Exemplare verdoppelt und ›Time‹ somit haushoch geschlagen worden. Man hätte vielleicht einwenden können, daß die Redakteure in einem zensierten Krieg herzlich wenig zu bieten hatten, doch ›Newsweek‹ rühmte sich, mit seinem »Nase-vorn-Journalismus« bei den »Kriegsausgaben« gegenüber dem gleichen Zeitraum des Vorjahres eine neunzigprozentige Steigerung des Kioskverkaufs erreicht zu haben. Statt die zynische Nachrichtenkontrolle durch die Regierung anzuprangern, feierten die ›Newsweek‹-Leute ihre eigene klägliche Leistung unter diesen Einschränkungen.

Alles war wild auf Karten vom Nahen Osten, und keiner hatte eine größere Karte als Peter Jennings und ABC. Die Karte, ungefähr so groß wie zwei Tennisplätze, füllte ein ganzes Studio. Die beschwichtigende Freundlichkeit in Person, durchmaß Jennings diese Karte in den drei Sondersendungen, die er vor und während des Krieges moderierte, und begab sich munteren Schrittes aus dem Irak nach Kuwait, von dort nach Saudi-Arabien, nach Jordanien und Israel und von dort wieder zurück. Die Starrolle dieser Karte begann mit ›A Line in the Sand‹, erster Teil, am 11. September 1990, und ihre Karriere endete am 26. Januar in der ABC-Sondersendung über die Kinder und den Krieg unter dem Titel ›Krieg am Golf – Wir beantworten die Fragen von Kindern‹.

Die Kindersendung war Jennings' denkwürdigster Beitrag zum Krieg der Medien. Sie war das gemeinsame Werk von Jennings und Produktionsleiter Pat Roddy; von beiden hieß es, sie seien für die Sorgen junger Menschen wegen des Krieges aufgeschlossen – besonders Jennings, nachdem er in den Tagen vor Beginn der Kampfhandlungen die Klassenkameraden seiner Kinder angehört hatte. Jennings, der von unbedingter Ehrlichkeit zu sein scheint, zeigte nicht die geringste Verlegenheit, als ich ihn nach der Kinder-Sondersendung fragte. Dabei hätte sie jedem, der damit zu tun hatte, peinlich sein müssen. In der Sendung nahm der Moderator salbungsvoll die gestotterten und gestammelten Fragen der Kinder entgegen, die, acht bis fünfzehn Jahre alt, um ihn geschart waren wie Camper, die am Lagerfeuer einem naturkundlichen Vortrag lauschen. Das Kartenstudio vermittelte den Eindruck eines anheimelnden, abgeschirmten Kriegsschauplatzes, dem Saddams Raketen sowenig anhaben konnten wie der Wohngegend von Mr. Miller oder Mr. Brown. Hier war Jennings ein relativ großer Mann, der das Schicksal der Welt in der Hand hatte und die Unschuldigen vor dem Gemetzel bewahren konnte.

Jennings erläuterte die Situation in einer für Kinder verständlichen Weise: »Es sind fast siebentausend Meilen von New York bis zum Irak und fast zehntausend Meilen von Kalifornien bis zum Irak, und Hussein hat kein Flugzeug und keine Rakete, die so weit fliegen kann.« Über eine gebührenfreie Telefonnummer konnten Kinder aus dem ganzen Land Fragen und Anmerkungen für Jennings und seine »Freunde«, andere Korrespondenten und Militärexperten, loswerden. Manche Kinder erkannten den Unterschied zwischen dem wirklichen Krieg und seiner Darstellung im Fernsehen offenbar klarer als die Journalisten; so äußerte einer der Anrufer: »Wir spielen Krieg. Es ist ein Spaß. Wir finden uns ganz toll, weil wir Saddam Hussein dauernd verlieren lassen; weil wir Patriot-Raketen abfeuern, wenn seine Flugzeuge kommen. Das lenkt uns von dem Krieg ab, der in Wirklichkeit stattfindet.«[*] Ein anderes Kind fragte nach Meinungsverschiedenheiten zwischen Reportern und Militärs wegen der Zensur. Jennings antwortete darauf mit einer wohlwollenden Herablassung, die einem Pete Williams oder Marlin Fitzwater besser angestanden hätte: »Tatsächlich gibt es in Kriegszeiten zwischen den Reportern und der Öffentlichkeit so etwas wie Zensoren. Als Dean Reynolds gestern Abend aus Tel Aviv berichtete, saß ein Militärzensor der israelischen Armee in seinem Büro und sagte ihm, daß es Dinge gibt, die er sagen darf, und andere Dinge, die er nicht sagen darf. Auch in Saudi-Arabien, wo all die amerikanischen Reporter und die Reporter aus aller Welt sind, gibt es Militärzensoren, denn ein Reporter hat den natürlichen Drang herauszufinden, was los ist (aber nicht unbedingt den natürlichen Drang, alles, was er weiß, während eines Krieges zu erzählen), und deshalb gibt es Militärzensoren, damit solche heiklen Informationen nicht verbreitet werden und so auch dem Feind nicht zu Ohren kommen.« Soweit sein Beitrag zur Aufklärung der Jugend über die Pressefreiheit, das First Amendment der Verfassung und den mündigen Bürger.

Im Einklang mit seiner Rolle als behutsamer Gulliver, der sich an die Liliputaner wendet, achtete Jennings darauf, keine Allwissenheit für sich in Anspruch zu nehmen, und wandte sich an seine Freunde, wenn er nicht wußte, was er antworten sollte. Admiral a. D. William Crowe, der einmal

---

[*] Acht Monate später verwischte ABC noch stärker den Unterschied zwischen dem wirklichen Krieg und dem Fernsehen. Um jegliche Verantwortung von sich zu weisen, erklärte der Sender in einer Einführung zu den »Helden des Wüstensturms«, einem »Dokumentarspiel« über den Golfkrieg: »Der heutige Film beruht auf wahren Begebenheiten, und er verwebt Nachrichtenmaterial mit Dramatisierungen, in denen Schauspieler und tatsächlich Beteiligte auftreten. Um eine realistische Wirkung zu erzielen, wird zwischen diesen Bestandteilen kein Unterschied gemacht.«

Vorsitzender der Vereinigten Stabschefs war, saß ganz in der Nähe auf einem Hocker. In onkelhaftem Ton erklärte er einem Jungen, den Vereinigten Staaten würden niemals die Patriot-Raketen ausgehen, und die Amerikaner seien im Organisieren eines Krieges die »Besten der Welt«. Er äußerte sich auch stolz über seinen Sohn, der bei der Marineinfanterie ist: »Natürlich ist er nervös, aber er ist sich seiner Sache ganz sicher, er ist vollkommen davon überzeugt, er ist gut ausgebildet, und er meint, daß er dort am richtigen Platz ist, und dieser Meinung bin ich auch.«

Der Krieg könnte einem Angst machen, aber zum Glück gab es Peter und seine Freunde; sie erwähnten den Tod in der Neunzig-Minuten-Sendung nur ein einziges Mal, dann lediglich in Zusammenhang mit den chemischen Waffen der Iraker, die, nachdem die Regierung sie monatelang hochgespielt hatte, nicht eingesetzt wurden. Wissenschaftsredakteur Michael Guillen, der die möglichen Auswirkungen beschrieb, brachte als erster einen regelrecht pessimistischen Ton in die Sendung: »… und schließlich stirbt man. Das ist nicht sehr schön.« Doch für den Fall, daß irgend jemand beunruhigt sein sollte, zauberten die Leute von ABC News einen anderen Freund hervor, der vollständig ausgerüstet war mit einem chemischen Schutzanzug, in dem er, wie Jennings behauptete, »vor all diesen tödlichen Waffen sehr gut geschützt« sei. Gegen Ende der Sendung gab Jennings noch eine beruhigende Äußerung von sich: »Die meisten, die in den Krieg ziehen, kehren auch wieder heim.« Er vergaß zu erwähnen, daß manches irakische Kind, das nie in den Krieg gezogen war, sein Heim nie wieder verlassen würde.

Wenn wir einmal von den Karten und Graphiken absehen, müssen die Motive der Medienunternehmen und ihrer Stardarsteller in Frage gestellt werden. All die optischen Tricks – ABC und CBS schätzten ihre jeweiligen Zusatzkosten für Kriegsdesign auf rund fünfhunderttausend Dollar – zielten offenkundig in zynischer Weise darauf, mehr Zuschauer und Leser anzulocken und dadurch der Konkurrenz ein Schnippchen zu schlagen. Wie steht es aber mit dem Verhalten und den Motiven einzelner Moderatoren und Kolumnisten? Nach dem Motiv befragt, beteuerte fast jeder, objektiv zu sein und vor allem daran interessiert, »die Story zu machen«.

Die drei besten Journalismuskritiker, die Amerika hervorgebracht hat, waren über das Verhalten der Journalisten geteilter Meinung. H. L. Mencken neigte dazu, die Handlungsweise von Zeitungsreportern auf pure Dummheit und Unwissenheit zurückzuführen. A. J. Liebling meinte, der einzelne Journalist sei nicht in dem Maße für seine Arbeit verantwortlich, und verwies darauf, daß die Eigentümer von ihren Angestellten genau das erhielten, was sie wünschten; er empfahl den Verlegern, eine Journalistenschule zu besuchen. Walter Karp schrieb, die Reporter und ihre Arbeitgeber seien mit wenigen Ausnahmen der politischen Macht gefügig und warteten nur auf Anweisungen aus hohen amtlichen Quellen.

Einige Kritiker auf der Linken suchen in den Worten von Moderatoren und in den Nachrichtenspalten der ›New York Times‹ nach rechter oder militaristischer Ideologie. Andere schieben die Schuld auf die Werbekunden, die »umstrittenen« Sendungen wie den Nachrichten das Leben schwer machen, indem sie sich weigern, so etwas zu sponsern. NBC-Präsident Robert Wright zeigte sich über die Zimperlichkeit der Werbekunden sehr verärgert. Wright sagte, sein Sender habe mit seiner Kriegsberichterstattung fünfundfünfzig Millionen Dollar »Verlust« gemacht, darunter zwanzig Millionen Dollar an verlorengegangenen Werbeeinnahmen, weil Sponsoren ihre Werbung zurückzogen, als statt der üblichen Unterhaltung Kriegsnachrichten kamen.

Ein Krieg kann sich, auch wenn er so kurz ist wie der Golfkrieg, auf ehrgeizige und wichtigtuerische Journalisten als psychologischer Störfaktor auswirken. Um das Verhalten von Reportern und Redakteuren in Kriegszeiten zu verstehen, braucht man nicht auf finstere ideologische Motive oder Habgier zurückzugreifen. Viele Journalisten werden einfach von der Erregung, die ein militärischer Konflikt auslöst, ergriffen und lassen sich widerstandslos von der kriegerischen Stimmung des Augenblicks mitreißen. Andere sehen im Krieg eine Gelegenheit zur Selbstdarstellung. Die Moderatoren, Redakteure, Redaktionschefs und Reporter, die sich während der Golfkrise öffentlich äußerten, waren zum größten Teil apolitisch, voller Respekt vor der Macht und allzusehr auf ihre Karriere bedacht. Die Beamten von der Presseabteilung des Weißen Hauses hatten immer wieder gesagt, Kuwait müsse befreit werden, notfalls mit Gewalt. Viele Medienleute, die die Kriegstrommel rührten, taten das daher nur, um ihrem Ehrgeiz zu frönen. Anderenfalls hätten sie sich möglicherweise eine vielversprechende Aufstiegschance entgehen lassen oder riskiert, bei ihren Kollegen und Vorgesetzten unangenehm aufzufallen.

Auf den höheren Rängen des Washingtoner Medienestablishments gibt es eine gewisse Klasse von Journalisten, die sich einbilden, bei den strategischen Überlegungen der Regierung eine gewichtige Rolle zu spielen. Sie möchten nicht bloß Hofberichterstatter sein, sondern den König direkt beeinflussen. Dann und wann erteilen sie seinen Ministern politische Ratschläge. Oder sie bemühen sich, die Entscheidungen des Königs in epische Dichtung oder patriotische Rhetorik zu kleiden.

Das soldatische Verhalten der TV-Graphiker und der Produzenten, die sie herumkommandierten, läßt sich mit schlichtem Karrieredenken erklären. Die dürftigen beigelegten Karten in ›Newsweek‹ und ›Time‹ lassen sich mit dem Konkurrenzdruck erklären. Doch die unverhüllte Kriegstreiberei und der Chauvinismus, den die großen Medien an den Tag legten, während das Weiße Haus das Land zusehends in den Krieg trieb, ist weder mit dem einen noch mit dem anderen restlos zu erklären.

Ein Paradebeispiel für diese offene Kriegsbefürwortung in den Medien war die ›Newsweek‹-Ausgabe vom 26. November. Das Titelfoto zeigte vor dem Hintergrund des Wüstenhimmels in der Morgendämmerung den Umriß eines Soldaten, der in ein Funkgerät spricht und auf dem Rücken eine sehr große Waffe trägt. Die Titelzeile lautete: ›Sollten wir kämpfen? Amerikaner nehmen Stellung‹. Im Untertitel warben die Herausgeber aufdringlich mit einem »Exklusivbeitrag« unter dem Titel ›Warum wir Saddams »Würgegriff« sprengen müssen‹. Verfasser dieses Exklusivbeitrags war laut ›Newsweek‹ George Bush, dem man nicht gerade schriftstellerische Fähigkeiten oder meisterhaften Umgang mit der englischen Sprache nachsagt. Im Inhaltsverzeichnis prangte ein Foto, auf dem der Präsident im Oval Office »an seinem Essay über die Golfkrise arbeitet«. Es ist bekannt, daß George Bush sich – wie die meisten Präsidenten dieses Jahrhunderts – auf professionelle Redenschreiber verläßt, unter ihnen Peggy Noonan, die abgedroschene Phrasen auswalzt. Warum also veröffentlichte ›Newsweek‹ etwas, das im Endeffekt die Rede eines Präsidenten war, der seine Auffassung über Fernsehstatements, Pressekonferenzen und eine wirklich raffiniert angelegte Public-Relations-Kampagne durchaus an den Mann zu bringen wußte? War es im November wirklich so schwer zu erkennen, worauf Bush hinauswollte, und verdiente seine Auffassung wirklich so sehr die Unterstützung der Medien, daß man ihm in einem landesweit verbreiteten Magazin unentgeltlich Raum für Eigenwerbung gewähren mußte?

Wie mir Evan Thomas, ›Newsweek‹-Redaktionschef in Washington, erzählte, hatte Ann McDaniel, ›Newsweek‹-Korrespondentin beim Weißen Haus, die Idee gehabt, den Präsidenten um eine Stellungnahme zu bitten; es sollte ein Beitrag sein zu der Kriegsdiskussion, die in dieser Woche im Magazin geführt wurde. »Damals beklagten sich viele, daß Bush seine Meinung nicht eindeutig formuliert habe«, sagte Thomas. »Es war verwirrend, und alle Tage kam er mit einem neuen Grund, in den Krieg zu ziehen … Es war auch als eine Reaktion darauf zu verstehen; wir wollten ihm eine Chance geben, für klare Verhältnisse zu sorgen und eine stimmige Begründung zu nennen statt einer, die sich jeden Tag änderte.« Thomas erzählte mir, daß McDaniel »einfach zum Weißen Haus ging und sagte: ›Wir machen eine Diskussionsnummer mit Befürwortern und Gegnern, und wenn ihr wollt, könnt ihr eure Meinung dazu sagen, wir stellen euch entsprechenden Raum zur Verfügung.‹« Das Presseamt war dankbar und »ergriff eifrig die Gelegenheit«, wie Thomas sagte. Später erfuhr ›Newsweek‹ aus dem Weißen Haus, daß Bush den Essay selbst geschrieben habe. Thomas hielt das für möglich, weil der Artikel »nicht so gut geschrieben war«. Wahrscheinlicher sei aber, daß »irgend jemand ihm einen Entwurf geschrieben hat und er daran herumgebastelt hat«.

Das große Foto von Bush, das dem Artikel ›Warum wir am Golf sind‹ beigegeben war, zeigte einen Präsidenten, der sich wie Thomas Manns von Aschenbach gewissenhaft bemühte, »aus der Marmormasse der Sprache die schlanke Form seiner Kunst zu befreien«. Die Bildunterschrift lautete: »Im Oval Office überdenkt Präsident Bush seine Begründung für die US-Präsenz am Persischen Golf: Saddams Aggression zu stoppen und die Sicherheit der Energielieferungen zu verteidigen.« Um zu unterstreichen, welchen Wert der Präsident dem Handwerk des Essayisten beimißt, und dem Unternehmen einen Hauch von Authentizität zu verleihen, reproduzierte ›Newsweek‹ die erste Seite des »Manuskripts«, die oben in schwarzer Tinte mit Bushs großzügiger Unterschrift versehen war.

Natürlich ging niemand bei ›Newsweek‹ davon aus, daß der Präsident tatsächlich den Artikel geschrieben hatte, doch die Leser des Magazins und die Allgemeinheit sollten offenbar glauben, er habe ihn Wort für Wort selbst verfaßt. Dave Demarest, im Weißen Haus für Kommunikation zuständig, bestätigte, daß der erste Entwurf nicht von Bush stammte, konnte sich aber nicht an die Namen der Verfasser erinnern. »Meine Stelle und der nationale Sicherheitsrat haben gemeinsam an einem Entwurf gearbeitet«, sagte er. Von Dan McGroarty, Redenschreiber für das Weiße Haus, erfuhr ich, daß er zusammen mit Richard Haass, Sonderassistent des Präsidenten für Angelegenheiten der nationalen Sicherheit, Teile des Essays verfaßt habe.

Auf die Idee, Bush für ›Newsweek‹ schreiben zu lassen, war Ann McDaniel gekommen, als sie eine Woche zuvor von einem Essen erfuhr, das im Weißen Haus für »Freunde« des Präsidenten veranstaltet worden war, um Bush zu einer eindeutigeren Begründung der Intervention zu verhelfen. »Ich wußte, daß sie nach neuen Möglichkeiten suchen würden, ihren Standpunkt darzulegen«, sagte McDaniel.

Nach Abstimmung mit der New Yorker Zentrale verfaßten sie und der stellvertretende Redaktionschef Thomas DeFrank einen Brief an Bushs Pressechef Marlin Fitzwater, in dem sie die Spalten von ›Newsweek‹ anboten. McDaniel sicherte sich ferner die Unterstützung von Sheila Tate, Pressechefin von Bush in seiner Zeit als Vizepräsident. Fitzwater ging auf die ›Newsweek‹-Forderung nach Exklusivität ein und nahm das Angebot an. Das Werk von »Gastautor« Bush überstand die strenge redaktionelle Bearbeitung durch ›Newsweek‹ weitgehend unversehrt. »Ein Wort haben wir wohl verändert«, sagte McDaniel, möglicherweise die Stelle, wo Bush sich als »so etwas wie ein Kolumnist« bezeichnete, aber »an der Substanz haben wir natürlich nichts geändert«. Obwohl ›Newsweek‹ den Präsidenten also eifrig dazu ermutigt hatte, das Magazin als Plattform zu benutzen, erklärte McDaniel mir: »Wir sind nicht daran interessiert, Sprachrohr des Präsidenten der Vereinigten Staaten zu sein.«

Im Sinne der PR-Strategie der Regierung hätte die Bitte von ›Newsweek‹ zu keinem günstigeren Zeitpunkt kommen können. Tatsächlich hatte der Präsident am 8. November im Weißen Haus ein Essen für getreue Ratgeber und Freunde gegeben, von denen etliche irgendwann im Laufe seiner politischen Laufbahn für Bush gearbeitet hatten. Wie einer der Teilnehmer sagte, war es der erklärte Zweck dieser Zusammenkunft, dem Präsidenten zu empfehlen, etwas dagegen zu unternehmen, daß die öffentliche Unterstützung für eine Militärintervention am Golf »abschlaffte« – so sah es jedenfalls das Weiße Haus. Nicht alle, die an dem Mittagessen teilnahmen, wußten, daß Bush bereits beschlossen hatte, die amerikanische Truppenstärke zu verdoppeln, und daß er diese Entscheidung noch am Nachmittag bekanntgeben wollte. Unter den Teilnehmern waren Bushs Stabschef John Sununu, Vizepräsident Quayle, Craig Fuller von Hill and Knowlton (der damals als Vizepräsident mit der Kuwait-Sache betraut war), Fred Malek, der 1988 für Bush den Nationalkonvent der Republikaner gemanagt hatte und als Wahlkampfmanager des Präsidenten für 1992 vorgeschlagen war,[*] Vic Gold, einst Pressechef von Spiro Agnew und 1987 Co-Autor von Bushs Memoiren, Politikberater Hayley Barbour, Bushs ehemalige Pressemitarbeiter Pete Teeley und Sheila Tate sowie Jenie Austin vom Nationalkomitee der Republikaner. Teeley und Tate forderten Bush auf, seine Golfpolitik klarzustellen, woraufhin der Präsident einräumte, daß er seine Politik der Öffentlichkeit »nicht hinreichend« erläutert habe. Aus diesem Wortwechsel erwuchs die Idee eines von Bush gezeichneten Artikels.

Im Gespräch mit mir räumten Thomas DeFrank und Ann McDaniel ein, daß man durchaus meinen könnte, ›Newsweek‹ sei »benutzt« worden. Sie gaben sich aber überzeugt, daß sie eine legitime journalistische Aufgabe erfüllt hätten, als sie dem Präsidenten halfen, seine verschwommene Position zu klären. Es ist jedoch aufschlußreich, daß von dieser Rechtfertigung für die Verbreitung von Bushs Ansichten in der Ausgabe, die den Essay abdruckte, nichts zu lesen war.

Das eigentliche Motiv dafür, Bush zu veröffentlichen, verraten die offenherzigen Bemerkungen von Evan Thomas und Stephen Smith, dem damaligen Chefredakteur von ›Newsweek‹. Die Redakteure seien überzeugt gewesen, vor Kritik sicher zu sein, meinte Thomas vorweg, denn ›Newsweek‹ hatte schon eine Titelgeschichte über Bushs »Versagerfaktor« gebracht und damit, wie er annahm, gegenüber dem Weißen Haus Unabhängigkeit bewiesen: »Allerdings waren wir ziemlich eindeutig für den Krieg. Wenn wir es auch nicht ausgesprochen haben, so waren die meisten leitenden Redakteure doch eindeutig Falken … Die leitenden Redakteure, mich eingeschlossen, neigten dazu, militärisch einzugreifen (statt sich auf Sanktionen zu verlassen). Wir haben uns zwar um Ausgewogenheit bemüht … aber, wie gesagt, die Redakteure waren eindeutig Falken, und das hat sich wohl auch, zumindest geringfügig, im Magazin nieder-

---

[*] Malek mußte 1988 als stellvertretender Vorsitzender des Nationalkomitees der Republikaner zurücktreten, nachdem bekannt geworden war, daß er 1971 auf Ersuchen von Präsident Nixon eine Liste von jüdischen Mitarbeitern des Bureau of Labor Statistics zusammengestellt hatte. Malek, damals Personalchef des Weißen Hauses, sagte, Nixon habe sich über eine »jüdische Intrige« beklagt, die es darauf angelegt habe, ihn in wirtschaftlichen Fragen als unfähig hinzustellen.

geschlagen ... Wären wir Senatoren gewesen, hätten wir für den Militäreinsatz gestimmt.«

Zu den »Falken«, von denen Thomas sprach, gehörte Stephen Smith, und er war auch der Meinung von Thomas und McDaniel, daß Pressekonferenzen und Reden untaugliche Mittel waren, Bushs Vision zu erläutern, und daß der Präsident ein wenig Hilfe benötigte: »Was man braucht, ist eine klare Aussage ... daß jemand überzeugend für seine Sache wirbt.« Smith war überzeugt, daß der Abdruck von Bushs Artikel »eine Nachricht war, denn bis dahin hatte er noch nicht (für den Krieg) Stellung bezogen ... Bis dahin hatten wir ziemlich viel von Leuten gehört, die entweder dagegen waren oder dafür gewesen wären, aber im Grunde nicht viel zu entscheiden hatten ... Nach meiner Ansicht war es deshalb eine Nachricht und nicht kostenlose Werbung für den Präsidenten.« Aber auch geschäftliche Erwägungen waren ein Grund, Bush zu veröffentlichen, wie Smith erläuterte: »Es ist ein Geschäft. Sie wollen, daß die Leute Ihr Produkt kaufen und lesen ... Je mehr (die Öffentlichkeit) glaubt, daß Sie Zugang zum Präsidenten der Vereinigten Staaten haben, daß er Sie als Forum wählt, um eine sehr ernste Frage zu erörtern, desto besser stehen Sie da ... Wenn George Bush ›Newsweek‹ ernst nimmt, sollten auch die Leser es ernst nehmen ... Mit George Bush angeben zu können, war wohl der entscheidende Grund, warum wir das getan haben.«

Hier sind also politischer und wirtschaftlicher Ehrgeiz glücklich vereint und der Zynismus nicht mehr zu überbieten. Was den Text selbst angeht, so verriet Bushs Essay nichts Neues und sicherlich nichts, was man als stimmig bezeichnen könnte. Evan Thomas hatte recht mit dem schlechten Stil. Bestenfalls waren Dutzende von ominösen Aussprüchen, mit denen das gewaltige Truppenaufgebot und die Option, davon Gebrauch zu machen, gerechtfertigt werden sollten, flüchtig überarbeitet worden: »Die Geschichte dieses Jahrhunderts beweist eindeutig, daß man zu weiterer Aggression ermutigt, wenn man Aggression belohnt ... Kann die Welt zulassen, daß Saddam Hussein die wirtschaftliche Lebensader der Welt im Würgegriff hält? ...

Es geht um das Leben unschuldiger Menschen.« Und da keine Äußerung von George Bush über die Golfkrise vollständig wäre ohne die Ente von den Brutkästen, konnte er sie dank ›Newsweek‹ im zweiten Absatz noch einmal verbreiten: »Babys wurden aus den Brutkästen gerissen...«

Die Zusammenarbeit zwischen ›Newsweek‹ und Bush verdient besondere Beachtung als eines der schamlosesten Beispiele der im Gewande des Journalismus auftretenden Kriegsbefürwortung in den Medien während der Golfkrise. An der vom Weißen Haus sowie von Hill and Knowlton gesponserten Anti-Saddam-Hetze beteiligten sich jedoch noch viele weitere Publikationen und Sender, aber selten äußerten sich die beteiligten Personen so offen über ihre Motive wie das ›Newsweek‹-Team. Alle leisteten ihren Beitrag zur Förderung der Kriegsvorbereitungen, von Jann Wenner, dem Besitzer von ›Rolling Stone‹, bis hin zu Dan Rather. Bei Wenner, der in einer College-Sonderausgabe vom 21. März ein gelbes Band durch das Logo seines Magazins flocht, stand das wirtschaftliche Motiv außer Zweifel. Mit Hunderttausenden von Zielgruppenlesern, die sich für gleichaltrige, in der Heimat gebliebene College-Studenten durch den Wüstensand arbeiteten, erfaßte ›Rolling Stone‹ in einer Pressemitteilung vom 20. Februar die Zeitstimmung: »Die Entscheidung, die Titelseite des Magazins mit dem Band zu versehen, ist in der vierundzwanzigjährigen Geschichte von ›Rolling Stone‹ ohne Beispiel«, erklärte Redakteur und Verleger Jann Wenner. »Was auch immer man über Amerikas Engagement am Golf oder den Krieg überhaupt denken mag, es entspricht dem Geist der Humanität, den Männern und Frauen, die drüben sind, Mitgefühl und Solidarität zu beweisen...«

Es gab – die eigene Meinung mal dahingestellt – eine Fülle von Möglichkeiten, von der Kriegsbegeisterung zu profitieren. Für Dan Rather war es die Gelegenheit, eine erlahmende Karriere wieder in Schwung zu bringen, denn während des Krieges hinkten die Einschaltquoten von CBS hinter ABC und NBC her. Auch innerhalb des Senders war Rathers Prestige dem Vernehmen nach angeschlagen. Der quecksilbrige Moderator war laut Kevin Goldman vom

›Wall Street Journal‹ bei den Planungen für die Kriegsberichterstattung weitgehend übergangen worden, und CBS-Verantwortliche hatten sogar die Möglichkeit erörtert, ihn zu ersetzen. Vielleicht war es daher schlichte Verzweiflung, als Rather in einer Sendung, an der Connie Chung als Moderatorin mitwirkte, sagte: »Connie, ich habe gehört, diese Sendung wird von den Truppen in Saudi-Arabien gesehen ..., und du wirst dich bestimmt anschließen, wenn ich unseren jungen Männern und Frauen da drüben einen Gruß schicke.« Woraufhin Rather salutierte.

Die atemlose Aufregung, die vor dem Krieg und während des Krieges in Washington herrschte, erfaßte sogar das normalerweise nüchterne Vorzeigeblatt, die ›New York Times‹. Als der Aufmarsch begann, schloß ihr führender Washingtoner Korrespondent R. W. Apple sich am 19. August der aufgeheizten Stimmung des offiziellen Washington und seiner Medienclique an; Amerika und, was noch wichtiger war, seine Hauptstadt waren wieder die Nummer eins in der Welt: »Washington ist nicht die Provinzstadt, als die es manchen erschien, als alles sich auf den Straßen von Prag oder an der Berliner Mauer abspielte ... Selbst in einem heißen, feuchten Monat, wenn ein Großteil der Washingtoner im Urlaub ist, spürt man die Erregung, die hier in der Luft liegt. In die Nachrichtenbüros und die Amtsstuben des Pentagon, in die Speiselokale und die Treffpunkte der Lobbyisten ist wieder das Fieber eingekehrt – die heftige Spekulation, der hemmungslose Tratsch, die aufgekratzte Stimmung des Hier-werden-die-Dinge-Entschieden, die die Stadt prägt, wenn sie mit großen Ereignissen ringt.«

Während der Kämpfe griff Charles Krauthammer in einem Aufsatz, der in ›Time‹ erschien, Apples Gedanken von einer amerikanischen Erneuerung auf: »Vor einem Monat galt es allgemein als offenes Geheimnis, daß Japan die USA als Großmacht überrundet habe. Mag sein. Doch ist die Produktion eines hervorragenden Walkman ein besserer Index technischer Höchstleistungen als der Bau von Laserbomben, die durch die Haustür hereinkommen? Ist die Fähigkeit eines Landes, Videorekorder zu bauen, ein besserer Index der Macht als die Fähigkeit, Aggressoren zu schlagen?«

Dieser Stil war bezeichnend für das umfassendere Phänomen der Kriegsbegeisterung und -rechtfertigung in den Medien. Der verbohrte Chauvinismus eines R. W. Apple oder eines Charles Krauthammer ließe sich in einer weniger rationalen Welt mit der allgemeinen Erregung und einer übermäßigen Adrenalin-Ausschüttung erklären, aber hier handelt es sich um Journalisten, die sich zu den Nachdenklichen rechnen. Wie soll man ihr auftrumpfendes und überzogenes Geschreibsel anders bezeichnen denn als Stimmungsmache für die Regierung? Time Warner gab einem anderen von der nachdenklichen Sorte, Roger Rosenblatt, ein Forum in Gestalt seiner vor Nostalgie triefenden wöchentlichen Sonderausgabe von ›Life‹; sein ›Brief an ein Kind in Bagdad‹ war wohl das hervorstechendste Beispiel für die Rationalisierung des Mordes an unschuldigen Zivilisten in den großen Medien. Während Rosenblatt seinen Brief schrieb, lagen Kuwait und der Irak unter dem größten Luftbombardement seit dem Vietnamkrieg, und Hunderte oder gar Tausende von Frauen und Kindern wurden verstümmelt und getötet. Ihnen war Rosenblatt, wie es scheint, wohlgesonnen.

»Es ist die Pflicht von Erwachsenen, ihre Kinder nach Möglichkeit vor den Alpträumen zu bewahren, die wir heraufbeschwören. Zugleich ist es unsere Pflicht, nach bestem Wissen und Gewissen zu erklären, wie die Welt dorthin gekommen ist, wo sie heute steht. Damit wir uns nicht mißverstehen, muß ich dir von vornherein sagen, daß dieser Krieg nach meiner Überzeugung von dem Führer deines Landes herbeigeführt wurde. *Von ihm und nur von ihm.* Er ist ein Nehmer – er nimmt sich, was er will. Und er tötet, was ihm im Wege ist ... (Hervorhebung von J. M.) Trotzdem wirst du vielleicht fragen: War es notwendig, im Januar den Krieg gegen Saddam zu beginnen?«

Rosenblatt war sich offensichtlich nicht sicher, daß zum Kriegführen notwendigerweise zwei Parteien gehören, und so ließ er seine eigene Frage unbeantwortet. Doch genau wie Peter Jennings liebt er die Kinder und wollte ihnen versichern, daß die Welt, vom vierten Stock des Time-Life-Building in New York aus betrachtet, trotz all der Explosionen einen Sinn hatte: »Länder, die Krieg führen, mögen sich im Grunde selbst nicht besonders..., sie wissen, daß sie sich einer verachtenswerten Tätigkeit hingeben. Das beste, was sie aus diesem schlimmsten Umstand machen können, ist, auf der Seite der Gerechtigkeit zu sein, so anständig wie möglich zu gewinnen und die Ehre und Humanität des Besiegten nicht anzutasten. Ich hoffe und bin zuversichtlich, daß mein Land sich so gegenüber deinem Land verhalten wird. Kurz, ich wünschte, ich könnte dich vor diesem Krieg retten, vor allen Kriegen und vor den offenkundigen, beklagenswerten Unzulänglichkeiten der Erwachsenen allerorten... Ich könnte dir sagen, daß die Welt in deinen Händen liegt, dir die Aufgabe anvertrauen, dafür zu sorgen, daß dieser Krieg der letzte ist. Doch auch du wirst deine Kriege haben, und deine Kinder die ihren. Schau dir nur die Altertümer deines Landes an, die Statuen und Reliefs, und du wirst sehen, daß oftmals Menschen gefeiert werden, die andere Menschen töten.«

Doch, so Rosenblatt weiter, sind wir alle miteinander an allen Schlachten der Geschichte beteiligt – irgendwie: »Wir, du und ich, sind die Thermopylen, sind Troja, Waterloo, Antietam, Heartbreak Ridge und Bagdad. Und wir sind verantwortlich für Bagdad, du und ich, so wie jeder in einem gewissen Sinne für alles, was geschieht, verantwortlich ist, einschließlich der Greuel. Du kannst das noch nicht verstehen. Ich möchte dich nur darauf vorbereiten, daß du eines Tages entdecken wirst, wie ungeheuer nah du daran bist, Krieg zu führen.«

Aber dennoch besteht Hoffnung. Wir müssen nur, im Stil von Time Warner, das Positive sehen: »Ich möchte dir etwas anderes erzählen. Die Welt, die dir wie ein Scherbenhaufen erscheinen muß, ist nicht immer ein Scherbenhaufen. Es gibt Zeiten – du hast sie mit deinen eigenen Augen gesehen –, da ein Lichtstrahl an einer sommerlichen Wand herabkriecht, da ein Blütenblatt vom Wind abgerissen wird und durch die Luft schwebt, da sich eine Hand in deine Hand schiebt und sie warmhält, und die Welt ist von so überwältigender Schönheit, daß es dir den Atem nimmt. Diese Welt ist ebenso wirklich und wahr wie die andere, die voller Gefahren steckt. Sie existiert in dir und um dich herum und möchte mit all ihrer Kraft für ein gutes Leben sorgen. Sie lebt in Christen, Juden und Arabern, in Afrika und China, in den Städten und in den Außenposten, an all den Orten, von denen du gelesen hast und zu denen du, wie ich hoffe, reisen wirst, wenn der Lärm aufgehört und der Staub sich gelegt hat. Und sie lebt in Amerika, von dem du vielleicht denken magst, es habe dir nur Schmerz und Verwirrung gebracht, von wo ich dir jedoch herzliche Grüße sende.«

Den einen oder anderen am Redaktionstisch von ›Life‹ mögen bei Rosenblatts verworrenen Bemühungen, einen geradezu epischen Ton anzuschlagen, Zweifel beschlichen haben. Doch der Verweis auf Troja und die Thermopylen hatte den Verfasser wohl der Kritik von sterblichen Redakteuren entrückt.

Rosenblatt hätte nur in die wöchentlichen Ausgaben von ›Life‹ zu schauen brauchen, um zu sehen, daß dieses kriegführende Land sich selbst sehr wohl mochte, zumindest in den Texten und Bildern der Medien. Eine solche Liebe zum Militär und seinen Waffen hatte das Land seit dem Ersten Weltkrieg nicht mehr erlebt. Allerorten priesen Kommentatoren die anregende Wirkung des Krieges.

»Der Krieg ist allgegenwärtig, und wir spüren, daß wir zusammengehören«, sagte Andy Rooney vor neunzehn Millionen Zuschauern der Sendung ›60 Minutes‹. »Kriege haben manchmal etwas Gutes. In Kriegszeiten leistet jeder mehr. Unsere Herzen schlagen schneller. Unsere Sinne sind schärfer... Dieser Krieg am Golf war in jeder Hinsicht der beste Krieg der modernen Geschichte, nicht nur für Amerika, sondern für die ganze Welt, wohl auch für den Irak.«

Von den Titelseiten der Magazine und aus den Fernsehgeräten sprang einen lärmend und grell der Patriotismus an – ob echt oder Ersatz. Die Titelfotos der vier wöchentlichen Ausgaben von ›Life‹ zeigten nacheinander einen lächelnden kleinen Jungen, der, eine kleine amerikanische Fahne in der Hand, vor einer massigen, nicht genau erkennbaren Maschine steht, einen einsamen Marineinfanteristen, der, eine große amerikanische Fahne hochhaltend, durch den Sand stapft, einen sieghaft strahlenden General Schwarzkopf im Kreise von grinsenden Soldaten, und wieder Schwarzkopf, wie er eine heimkehrende Kriegsgefangene namens Melissa Rathbun Nealy umarmt.

Die New Yorker Fotoagentur Telephoto gab während des Krieges ein Memo an freischaffende Fotografen heraus, das die plötzliche Nachfrage nach patriotischen Bildern auch auf dem Anzeigenmarkt sehr hübsch zusammenfaßt: »Es ist offensichtlich – und das ist eine der Folgen des Krieges, die uns alle beruflich betrifft –, daß der Anzeigenmarkt in Amerika in den vor uns liegenden Wochen und Monaten einem erheblichen Wandel unterliegen wird ...

Es geht in die Richtung, daß amerikanische Unternehmen patriotisch stimmende Bilder aller Art begierig aufnehmen werden, um zu demonstrieren, was es ist, wofür es sich zu sterben und zu leben lohnt. Man wird Werte wie Freiheit, Freundschaft, Stärke, Gerechtigkeit, Furchtlosigkeit und Heldentum glorifizieren. Außerdem werden traditionelle Werte wie Heimatland, Familie, Gemeinschaft, Herzland, der American Way, Gott und Apfelkuchen allgegenwärtig sein.

Wir möchten für diesen Wandel gerüstet sein, und wir benötigen Ihre Hilfe!

Wir würden gern mit Ihren Augen und Ihrer Kamera die *Idee* von Amerika: Was macht uns stark ... Was macht uns einzigartig ... aus der Sicht der Werbung erkunden. Angenommen, Sie machen eine Anzeige, mit der Sie patriotische Gefühle erzeugen wollen, einen Jahresbericht oder einen Magazintitel, mit was für einem Bildelement möchten Sie das Image, den Namen oder das Produkt Ihrer Firma verbinden?

Dafür geeignete Symbole sind die amerikanische Flagge, die Freiheitsstatue, die Bill of Rights, die Verfassung, Lincoln- und Jefferson-Denkmäler, gelbe Bänder usw.

Wir möchten Bilder, die das traditionelle fahnenschwingende Bild des Patriotismus darstellen ..., aber auch Bilder, die nicht bloß mit einer Fahne, sondern mit einer Idee winken.

Wir möchten, daß Sie die Ideale, auf die wir am meisten stolz sind..., die amerikanischen Werte, für deren Erhaltung und Bewahrung wir Opfer bringen, visuell beschreiben.«

Der größte Nutznießer der sich in den Medien äußernden neuen patriotischen Inbrunst war nicht Präsident Bush, der schon seit seinem Wahlkampf 1988 das Symbol der Fahne ausgebeutet hatte, sondern General H. Norman Schwarzkopf. Um ihn zu einem Gott zu erheben, bedurfte es vieler helfender Hände, und es ist ganz aufschlußreich, die Medienkarriere des wohlbeleibten Kommandanten in der Fiktion und in der Realität zu verfolgen.

Im April 1979 hatte Schwarzkopf erstmals einen größeren Fernsehauftritt in dem Fernsehfilm, der das Buch ›Friendly Fire‹ von C. D. B. Bryan einem breiten Publikum nahebrachte. Es ging um die unbeabsichtigte Tötung eines Soldaten, der unter Schwarzkopfs Befehl in Vietnam von den eigenen Kameraden erschossen worden war. Im Film trug der einfühlsam porträtierte Schwarzkopf jedoch einen anderen Namen (Oberstleutnant Byron Schindler), und so waren es hauptsächlich die Leser von Bryans Buch, die schon von ihm gehört hatten, als er im August in Saudi-Arabien ins Rampenlicht trat. »Stormin' Norman«, wie ihn die Medien tauften, hatte Glück gehabt, denn kaum einer hatte davon Notiz genommen, daß er bei der stümperhaften amerikanischen Invasion Grenadas 1983 stellvertretender Befehlshaber war. Richard Gabriel und Paul Savage, ehemalige Offiziere des militärischen Nachrichtendienstes, schrieben 1984 im ›Boston Globe‹: »Was in Grenada wirklich geschah, war ein Exempel militärischer Unfähigkeit und kläglicher Ausführung.« Die eigentliche Ursache der amerikanischen Verluste, so die Autoren, sei vom Pentagon verschleiert worden: Von den achtzehn amerikanischen Soldaten, die bei der Operation getötet wurden, kamen vierzehn durch Beschuß der eigenen Seite oder bei Unfällen um. Das soll nicht heißen, daß Schwarzkopf direkt für Fehler verantwortlich war, die bei der Grenada-Operation gemacht wurden, sondern nur, daß die Reporter vielleicht einige Hausaufgaben hätten erledigen sollen, bevor sie ihn zum Helden salbten.

Die Stilisierung Schwarzkopfs am Golf begann Anfang September mit einem bewundernden Persönlichkeitsprofil in der Sendung ›60 Minutes.‹ Korrespondent David Martin schilderte den bescheidenen Lebensstil des Generals: »Schwarzkopf hat ein Arbeitszimmer im saudischen Verteidigungsministerium bezogen, und ein Arbeitstag von siebzehn Stunden ist für ihn die Regel. Natürlich sind Rangunterschiede auch mit Privilegien verknüpft ..., doch Schwarzkopf ist ein alter Kämpe und lehnt es deshalb ab, als General im Luxus zu leben, während die Soldaten in Schützenlöchern verschmachten ... Die Saudis haben Schwarzkopf eine Villa angeboten, aber er zog ein kleines Zimmer vor, das versteckt hinter seinem Arbeitszimmer liegt.«

Man zeigte Schwarzkopf in seinem Schlafzimmer, wie er lächelnd sagt: »Dies ist meine Wohnung, und morgens um sieben schleppe ich mich rüber und gehe wieder an die Arbeit.« Martin fragte Schwarzkopf, ob er keine Angst habe, daß »wir Sie zum Helden machen, und wenn es dann schiefgeht, werden Sie zum Sündenbock gemacht«. Der General antwortete, über solche Dinge mache er sich keine Gedanken, und daran tat er recht. Bis zum Beginn des Krieges hatte man aus ihm »ein verrücktes Genie mit einem IQ von 170« gemacht, das laut Associated Press fließend deutsch und französisch sprach. In einer Fernsehkritik der ›Washington Post‹, bei der es um eine Lagebesprechung in Riad ging, hieß es über den General: Er »gab eine Vorstellung, die so fesselnd war, wie nur ein erstklassiger ›Hamlet‹ es sein kann«. In ›Newsday‹ wurde die Frage aufgeworfen, wie Schwarzkopf »es geschafft hat, schneller als eine rasende intelligente Bombe von einem bloßen General zu einem echten Sexsymbol zu werden«, und überlegt, daß der bärenhafte Wüstenheld durchaus für die Kürung zum »sexysten Mann der Welt« des Jahres 1991 durch das Magazin ›People‹ in Frage käme. In dem Erinnerungsband ›Triumph in the Desert‹ hieß es schließlich: »Der Sieger des Golfkriegs ist ein kämpfender Mann, weil er ein Idealist ist. Er glaubt, daß die Freiheit es wert ist, für sie zu sterben.«

Am Ende des Krieges war der General so berühmt, daß er schließlich das Joch der Bescheidenheit abwarf, einen Fünf-Millionen-Dollar-Buchvertrag unterzeichnete und bekanntgab, er werde aus der Armee ausscheiden. Schwarzkopfs Heimkehr zu seiner Frau Brenda wurde auf der Titelseite von ›People‹ groß herausgebracht, und seine Rednerhonorare erreichten Summen von sechzigtausend Dollar für einen Auftritt. Wenn die New Yorker PR-Agentin Peggy Siegal ihn zur »größten Berühmtheit der Welt« erklärte, so verdankte er das weitgehend den Medien.

Sicherlich hat »Stormin' Norman« verdient, was er bekommen hat, und wenn er aus einer erfolgreichen Tätigkeit Kapital schlägt, ist dagegen nichts einzuwenden. Man darf aber daran erinnern, daß General George Marshall, der als Held des Zweiten Weltkriegs etwas mehr zu bieten hatte, es aus Prinzip ablehnte, Memoiren zu schreiben.

Die Medien bekamen einen solchen Spaß an der militärischen Denk- und Verhaltensweise, die Schwarzkopf verkörperte, daß die großen Fernsehgesellschaften gar nicht genug bekommen konnten von Generälen und Admirälen außer Dienst und früheren Pentagon-Experten, die ihnen die Pressemitteilungen des Pentagon und Videoaufnahmen von »chirurgischen« Bombenangriffen erläuterten. Auf einmal brauchte jeder Moderator einen Helfer, und das war in der Regel ein Falke in Zivil. ABC, der Sender mit den höchsten Einschaltquoten, liefert ein hervorragendes Beispiel. Von allen Experten für nationale Sicherheit war Anthony Cordesman am häufigsten im Fernsehen: In den vierzehn Tagen, die Fairness and Accuracy in Reporting, eine Gruppe von linksorientierten Medienbeobachtern, mitverfolgt hat, erschien er elfmal bei ABC. Der grimmig dreinblickende Cordesman arbeitete früher im Pentagon und war bis zum Beginn des Krieges am 16. Januar Berater für Fragen der nationalen Sicherheit des republikanischen Senators John McCain, der ein militärisches Vorgehen gegen den Irak befürwortete. Als Peter Jennings seinen Experten einmal vor laufender Kamera fragte, ob das Pentagon die Wahrheit sagt, antwortete Cordesman: »Ich denke, daß das Pentagon ehrlich zu Ihnen ist.« Einen Monat nach Ende des Krieges arbeitete Cordesman wieder für McCain.

CBS war unverhohlener auf der Seite der Falken und bezog seine militärischen Ratschläge von General a.D. Michael Dugan, dem vormaligen Stabschef der Air Force. Im September war Dugan gefeuert worden, weil er öffentlich einen direkten Angriff auf Saddam Husseins Familie und die Bombardierung bedeutender Kulturstätten des Irak befürwortet hatte.

Bei der allgemeinen Begeisterung, welche die TV-Stationen für die belebende Wirkung der Kriegsberichterstattung an den Tag legten, ist kaum zu verstehen, daß jemand noch politische Unterschiede zwischen den Moderatoren feststellen konnte. Nachdem man die Kinder-Sondersendung von ABC gesehen und später gehört hatte, wie Anthony Cordesman von den zivilen Opfern als einem »Nebenschaden« sprach, kann man sich eigentlich nur wundern, daß Jennings noch immer in dem Ruf steht, der »Liberalste« unter den Moderatoren der drei großen TV-Stationen zu sein. Jennings selbst ist offenbar verblüfft, daß man ihn so sieht, ebenso wie über den von vielen pro-israelischen Gruppen erhobenen Vorwurf, er sei antijüdisch oder anti-israelisch.[2] Dabei kam eine rechte Washingtoner Gruppierung, die sich selbst Center for Media and Public Affairs nennt, zu dem Urteil, daß unter den drei großen Sendern ABC in seiner Kriegsberichterstattung am »kriegsfeindlichsten« war und zugleich der Sender, der »am ehesten Kritik an der Führung und Politik der USA äußerte und irakische Quellen zitierte«.

Was Israel angeht, so war es kein ABC-Reporter, sondern Martin Fletcher von NBC, dessen Sendung am 22. Januar von israelischen Zensoren abgebrochen wurde, weil er angeblich zu viele Einzelheiten über einen Scud-Angriff auf Tel Aviv erwähnt hatte. Und vielleicht ist es eine Ermutigung für die Israel-Lobby, daß Jennings' Kriegskarte – ebenso wie die von ›Time‹ – die von Israel besetzten Gebiete nicht ausdrücklich als besetzt kennzeichnete. Als ich ihn im

Juni in seinem New Yorker Büro befragte, wußte Jennings auch nicht, woher sein Ruf als »Liberaler« stammte. Ja, meinte er, es könne schon daran liegen, daß er aus Kanada komme, weshalb er in seinem Auftreten ein wenig kühl wirke und nicht so chauvinistisch wie die übrigen Moderatoren. Es könnte auch daran liegen, daß Jennings nach dem Vorbild der BBC seine Korrespondenten anwies, bei der Schilderung von Maßnahmen der amerikanischen beziehungsweise alliierten Streitkräfte am Golf das Wort »wir« zu vermeiden. (Dan Rather und Tom Brokaw konnten nicht widerstehen und benutzten das königliche »wir«, wenn sie von der Niederwerfung des Irak sprachen; sogar Walter Cronkite, der Inbegriff der Objektivität, verkündete bei CBS: »Wir haben eine ihrer Scuds vom Himmel geholt.« Brokaw schien sogar entsetzt zu sein über die Aussicht, daß der Krieg rasch beendet sein könnte, denn er nannte eine Verhandlungslösung »einen Alptraum ... das schlimmste denkbare Szenario«.)

Mag Jennings sich im Gegensatz zu seinen Kollegen bisweilen auch Zügel angelegt haben, so spielt das doch keine Rolle angesichts dessen, was er tatsächlich gesagt hat. In einer Sondersendung von ABC News sprach Jennings am 21. Januar mit unverhüllter Bewunderung von der »Brillanz der lasergesteuerten Bomben«, die gerade den Irak in Schutt und Asche legten. Tags darauf bezeichnete Anthony Cordesman die irakische Scud-Rakete Jennings gegenüber als »einen grauenhaften Mordmechanismus«.

Das Gannett Foundation Media Center veranstaltete am 15. März 1991 eine Diskussion über die Berichterstattung vom Golfkrieg, bei der es eigentlich um die staatliche Zensur gehen sollte. Jack Nelson, Washingtoner Redaktionschef der ›Los Angeles Times‹, deutete jedoch, möglicherweise unbewußt, mit dem Finger auf den Kollaborateur der Regierung: »Wenn man es von Anfang an betrachtet, hat die Presse seit jeher die Ansichten der Regierung widergespiegelt, und daran hat sich nichts geändert.«

> Und *wenn* wir uns zurückzögen? Wenige
> Amerikaner, die in Vietnam gedient haben,
> wollen dieser Idee ins Gesicht sehen ... Ein
> Rückzug würde auch einen erheblichen
> Prestigeverlust für Amerika in der ganzen Welt
> mit sich bringen und würde weiterhin bedeuten,
> daß sich der kommunistische Druck auf die
> restlichen Länder in Südostasien verstärkte. Und
> nicht zuletzt würde ein Rückzug alle Feinde des
> Westens darin bestärken, es mit ähnlichen
> Umsturzplänen wie dem in Vietnam zu
> versuchen.
> Es liegt daher in unserem eigenen Interesse
> herauszufinden, was wir in Zukunft anbieten
> können. Kampfflugzeuge, Hubschrauber und
> Napalm sind eine Hilfe, aber sie genügt nicht.
> Vietnam ist, meine ich, ein legitimer Teil unserer
> globalen Verantwortung. Es hat strategisch eine
> Schlüsselstellung und gehört vielleicht zu den
> fünf oder sechs Ländern in der Welt, die für die
> Interessen Amerikas lebenswichtig sind.
>
> David Halberstam: Vietnam oder Wird der
> Dschungel entlaubt?, 1965

Während Pete Williams und Hauptmann Ron Wildermuth im Herbst 1990 an ihren Plänen feilten, wie man die Medienberichterstattung über den bevorstehenden Konflikt unter Kontrolle halten könne, wurden sie angeblich von der Vorstellung getrieben, eine unzensierte amerikanische Presse habe den Vietnamkrieg »verloren«, weil sie die Öffentlichkeit durch unangenehme Nachrichten demoralisiert habe. Ob sie beide an dieses Märchen glaubten, ist bedeutungslos angesichts der Tatsache, daß viele Offiziere und ein Großteil der amerikanischen Rechten es zu ihrem Glaubensartikel gemacht hatten. Hinter der Analyse der »Wir hätten in Vietnam gewinnen können«-Lobby steckte die ebenso aberwitzige Behauptung, die Medien seien ausdrücklich gegen den Vietnamkrieg gewesen und lehnten das amerikanische Militär überhaupt ab. Unbehindert vorgehende Reporter, so die Überlegung, hatten den antikommunistischen Kreuzzug in Südostasien dadurch zum Scheitern gebracht, daß sie die Entschlossenheit des amerikanischen Volkes untergruben, und daher könne man nicht darauf bauen, daß sie den Kreuzzug der Regierung am Persischen Golf unterstützen würden. NBC-Korrespondent Gary Matsumoto stieß beispielsweise während seines Aufenthalts am Persischen Golf auf einen »Konfrontationsgeist« bei den dort stationierten amerikanischen Offizieren, der auf die Niederlage Amerikas in Indochina zurückging: »Mehrere Offiziere... warfen der Presse Negativismus, Sensationsmache und eine fragwürdige Loyalität in Vietnam vor.«

Solchen Unsinn muß man leider ernst nehmen, denn er war nicht nur die Grundlage einer erfolgreichen staatlichen Zensur während des Golfkriegs, sondern er bewahrt darüber hinaus einen Mythos, der in der Praxis den Schutz, den das First Amendment der Presse garantiert, inzwischen stark ausgehöhlt hat. Natürlich werden Kriege von Armeen gewonnen und verloren, und natürlich werden sie von Politikern begonnen und beendet. Es gibt in der Geschichte der Vereinigten Staaten vielleicht ein einziges Beispiel, den spanisch-amerikanischen Krieg, wo die Presse einen nennenswerten Einfluß auf die Militärpolitik hatte, und in diesem Fall wirkte er sich zugunsten des Krieges aus. Normalerweise – und das wurde im Golfkrieg erneut deutlich – folgt die Presse dem Beispiel der Politiker und schart sich um die Fahne, wenn dann die Schießerei beginnt. Es hat natürlich Ausnahmen von dieser Regel gegeben, aber Vorgänge wie die Zusammenarbeit von ›Newsweek‹ mit Präsident Bush sind typisch für das Verhalten der Presse in Kriegszeiten und nicht die Ausnahme. Die Presse hat, mit anderen Worten, in keinem Fall den Ausbruch eines Krieges verhindert, und sie hat die Regierung in keinem Fall gezwungen, einen Krieg zu beenden.

Die Vorstellung, daß die Medien als Handlanger der Politiker fungieren, ist für seriöse Journalisten nur schwer zu akzeptieren. Für ehemalige Zeitungsreporter wie Gay Talese und David Halberstam ist es sehr viel befriedigender, den Einfluß und die Eigenwilligkeit der großen nationalen Nachrichtenorganisationen zu übertreiben. Nach dieser verdrehten Vorstellung stehen gottähnliche Verleger und Fernsehgewaltige im Zentrum des Weltgeschehens, und unerschrockene Reporter können zu Initiatoren historischer Umwälzungen werden.

Linke Medienkritiker wehren sich auch gegen die Vorstellung von einer passiven Presse, weil das Bild eines kraftvollen ideologischen Mediums ihrer Theorie von einer mächtigen politischen Verschwörung gegen die Linke entspricht. Die klägliche Realität des Verhältnisses, das die meisten Journalisten zur Macht haben, begegnet uns in dem kriecherischen Brief, den der »liberale« Theodore White nach der Veröffentlichung seines Buches ›The Making of the President: 1968‹ an Richard Nixon schrieb:

»Sehr geehrter Herr Präsident!
Beigefügt finden Sie den ersten Abzug eines Buches mit dem Titel ›The Making of the President: 1968‹, dessen Held Richard M. Nixon ist ... Das Buch geht an Sie mit herzlichem Dank für Ihre Hilfe. Selten hat sich meine Einstellung stärker gewandelt als in den Jahren 1967/1968. Was ich zuvor über Richard Nixon geschrieben habe, war gewiß verletzend. Es entsprach damals meiner Einstellung. Wenn ich heute anders denke, so nicht, weil es einen neuen Richard Nixon oder einen neuen Teddy White gibt, sondern weil die Wahrheit sich langsam aber sicher bei uns allen Geltung verschafft. Der Wahlkampf, den dieses Buch zu beschreiben versucht, war der Wahlkampf eines Mannes mit Mut und Gewissen; und der Respekt, den er mir abgenötigt hat – was hoffentlich deutlich ist –, hat mich während meiner Arbeit Woche für Woche in Erstaunen versetzt ...«

White macht sich an sein nächstes Buch, ›The Making of the President: 1972‹, in dem er seiner Absicht Ausdruck gibt, »einen Wahlkampf zu beschreiben in einem Land, das der Präsident befriedet und in dem er Haßgefühle zum Verstummen gebracht hat«. Am Schluß überhäuft er Nixon mit einer beispiellosen Speichelleckerei: »Ein Reporter zu sein und ein Bürger zu sein sind zwei ganz verschiedene Dinge.

Der Reporter schuldet der ›Öffentlichkeit‹ einen Dienst, und er sagt ihr, wie er die Dinge sieht, was bisweilen weh tut. Der Bürger schuldet jedoch dem Land einen Dienst, und diesen Dienst definiert der Präsident. Ich bin sowohl Reporter als auch Bürger. Und dieser Präsident kann auf mich als einen Freund rechnen.«

Es mag vielleicht schockierend sein, wenn man erfährt, daß White in dem bestechlichen Nixon einen »Mann des Gewissens« sah; doch um die Zensur im Golfkrieg zu verstehen, ist es vielleicht noch aufschlußreicher, sich mit dem sonderbaren Fall eines anderen berühmten Journalisten, David Halberstam, und seinem Verhältnis zur Macht zu befassen. Es ist nämlich höchst paradox, daß Halberstam den Ruf eines journalistischen Umstürzlers (aufgrund seiner Vietnamberichte) und zugleich den eines geachteten Chronisten der vermeintlich großen und mächtigen Medienbarone (aufgrund seines Buches über die Mediengewaltigen) erlangt hat. In beiden Fällen hat er dieses Image weder verdient, noch beruht es auf Tatsachen.

1979 hat Walter Karp Halberstams Medienbuch ›The Powers That Be‹ in ›Esquire‹ besprochen und dem Verfasser bescheinigt, »nicht zwischen Königen und Höflingen unterscheiden zu können«. Unter dem Titel ›Halberstamia‹ schrieb Karp: »Sehr bald wird deutlich ..., daß in diesem merkwürdigen Land nichts so ist, wie Halberstam es beschreibt.« Einerseits macht Halberstam, wie Karp feststellte, aus seinen Medienbaronen – den Sulzbergers von der ›New York Times‹, Henry Luce von Time Inc., William Paley von CBS, der Familie von Eugene Meyer und Katharine Graham von der ›Washington Post‹ und Otis Chandler von der ›Los Angeles Times‹ – mythische Gestalten, während er andererseits berichtet, wie sie immer wieder vor Politikern einknickten oder krochen.

Als Halberstam in den Jahren unmittelbar vor der gewaltigen Eskalation der amerikanischen Militärpräsenz in Vietnam sein Buch ›Vietnam‹ schrieb, galt er seltsamerweise als das sichtbarste Symbol dessen, was gewisse Kreise der amerikanischen Gesellschaft als »subversive Presse« ansahen.

In den Augen der Kalten Krieger in der Kennedy- und der Johnson-Administration und ihrer journalistischen Helfershelfer hatte Halberstams Sünde darin bestanden, zu beschreiben, daß die südvietnamesische Armee und ihre US-Berater die aufständische, überwiegend kommunistische (und zum Teil nationalistische) Guerillaarmee, die man gewöhnlich als »Vietkong« bezeichnete (offiziell »die nationale Befreiungsfront«), nicht aufzuhalten vermochten. Nach seiner eigenen Darstellung berichtete der Mann der ›New York Times‹ in Saigon nichts, was nicht seine Kollegen Peter Arnett und Malcolm Browne von AP und Neil Sheehan von UPI ebenfalls berichteten. Da die ›Times‹ aber eine besondere Stellung in der amerikanischen Gesellschaft einnimmt, mußte Halberstam zur bevorzugten Zielscheibe für das Mißfallen des Weißen Hauses werden.

Das Weiße Haus unter Kennedy war über Halberstams Berichte dermaßen beunruhigt, daß die CIA gegen Ende 1963 für CIA-Direktor John McCone und Präsidentenberater McGeorge Bundy eine Analyse des »traurigen und pessimistischen« Wirkens von Halberstam verfaßte. »Eine Überprüfung aller Artikel, die Herr Halberstam seit Juni geschrieben hat, ergibt, daß die Fakten, die er in seinen Artikeln behandelt, im großen und ganzen zutreffen«, schrieb der CIA-Analytiker. »Die Schlußfolgerungen, die er aus seinen Fakten zieht, und die Akzentsetzung seiner Berichterstattung lassen jedoch gewisse Zweifel an seiner Objektivität zu.«

Zweifel an seiner Loyalität gegenüber dem Kriegsunternehmen als solchem waren indes nicht angebracht. Halberstams eigene Worte und seine eigene Interpretation der zweijährigen Kriegsberichterstattung in den Jahren 1962/63 (in seinem Buch ›Vietnam‹) beweisen, daß die Anschuldigungen gegen ihn aus der Luft gegriffen sind. Einerseits waren seine Berichte, gestützt auf eigene Gefechtsbeobachtungen und Informationen von untergeordneten amerikanischen Offizieren und CIA-Beamten, im allgemeinen zutreffend, und andererseits enthält das Buch nichts, was darauf hindeuten würde, daß er etwas anderes als ein patriotischer und ehrgeiziger Journalist war. Halberstam vertrat die ganz

131

und gar abgeschmackte Position eines chauvinistischen Kalten Kriegers: »Wir erwarten keine Knechtschaft und sind, verglichen mit unseren Gegnern, nicht doktrinär. Was wir für die Völker erstreben, ist Stabilität und Sicherheit; was die Kommunisten provozieren, ist Unsicherheit. Wir können daher unsere Bemühungen, den Völkern zu helfen, nicht einfach aufgeben – egal wie undankbar sie erscheinen, wieviel Enttäuschung der Geber erntet und wie oft wir zu hören bekommen, wir seien zu weich oder zu liberal.«

Wie konnte jemand, der geschrieben hatte: »Kampfflugzeuge, Hubschrauber und Napalm sind eine Hilfe, aber sie genügt nicht«, in den Ruch kommen, ein liberaler oder gar ein subversiver Kriegsgegner zu sein?

Einer der Gründe ist in der Entartung der amerikanischen politischen Sprache seit dem Zweiten Weltkrieg zu suchen. In den fünfziger und sechziger Jahren, der Blütezeit des »nationalen Sicherheitsstaates«, hieß es von jemandem, der nicht hinreichend antikommunistisch war, daß er »nicht mitzieht«, und er mußte damit rechnen, als »liberal« oder gar als nützlicher Idiot des Feindes eingestuft zu werden. In Halberstams Vietnam scheint es zwei konkurrierende Gruppen gegeben zu haben. Die eine bestand aus älteren Offizieren und Diplomaten, sie vertrat die Interessen von Verteidigungsminister Robert McNamara und Außenminister Dean Rusk; sie bestand darauf, daß alles bestens lief und der Vietkong am Verlieren sei. Diese Leute neigten dazu, die von den USA eingesetzte Regierung Ngo Dinh Diem zu unterstützen. Die andere Gruppe bestand aus jüngeren Offizieren wie Oberstleutnant John Paul Vann, den man ziemlich hinterging, und untergeordneten CIA-Agenten, die wußten, daß der Vietkong tatsächlich am Gewinnen war, und die die Absetzung des autokratischen Diem wünschten. (Der ehemalige Botschafter William Sullivan schildert in seinen Memoiren, wie Kennedys CIA-Direktor John McCone 1962 zu einer »Taube bezüglich Vietnams« wurde, nachdem er in einem Planspiel, bei dem der Vietkong die südvietnamesische und die amerikanische Armee im wesentlichen besiegt hatte, auf die Verliererseite geraten war.) Halberstam tat sich auf Gedeih und Verderb mit der letzteren Gruppe der Jungtürken zusammen. Das läßt sich wohl damit erklären, daß sie fast gleichaltrig waren und die Regierungsvertreter den jungen Reporter mit soliden Informationen über fehlgeschlagene militärische Operationen versorgten.

Halberstam war jedoch kein einsamer Wolf, sondern lediglich der sichtbarste. Seine Kollegen im Saigoner Pressecorps brachten praktisch die gleichen Nachrichten. Neil Sheehan bezeichnete den Vorwurf, daß die Saigoner Reporter schlimme Nachrichten fabrizierten, in seinem Vietnambuch ›A Bright Shining Lie‹ als »absurd«. »Im Spätsommer 1963 ... sah die Mehrheit der in Asien niedergelassenen Korrespondenten, die regelmäßig nach Vietnam kamen, den Krieg im Grunde genauso wie wir.« Und gewiß war Halberstam kein Feind der Armee oder auch nur im entferntesten ein Pazifist. Sheehan beschreibt seinen Kollegen als den »prominentesten Absolventen der Vann-Schule hinsichtlich der Kriegsberichterstattung und *den* Reporter, mit dem Vann« in jener Frühzeit des Vietnamkonflikts »seine engste Beziehung einging«. Halberstam machte in seinem Buch keinen Hehl aus der Sympathie, welche er den Armeeoffizieren, die ihm Informationen zukommen ließen, entgegenbrachte: »Insgesamt waren sie ein bemerkenswerter Haufen; natürlich waren sie alle auf dem College oder in West Point gewesen, und viele von ihnen bildeten sich fort, mit finanzieller Hilfe der Armee. Sie hatten einen weit stärker ausgeprägten Sinn für die Verantwortung Amerikas und seine Probleme als die Mehrzahl ihrer Zeitgenossen, und sie engagierten sich für eines der dringendsten Probleme unserer Zeit. Generell waren sie hellsichtiger, motivierter und gebildeter als der Durchschnittsamerikaner ihrer Generation ...«

Zudem unterhielt Halberstam enge gesellschaftliche Beziehungen zu seinen militärischen Freunden: »Viele der Offiziere, die wir draußen kennenlernten, hatten keine Unterkunft und keine Freunde in Saigon, und so landeten sie immer wieder bei uns zu Hause. Nach und nach wurde die Villa zu einer Art Hotel ...

Unsere riesige Villa bot unbegrenzt Platz und alles, was

wir uns nur wünschen konnten, außer fließendem Warm-
wasser. Doch eines Tages kreuzten einige unserer Freunde
vom Militär klammheimlich auf, installierten im Bad einen
Warmwasserboiler und verschwanden wieder.«

Wenn er von einem Gefecht berichtet, bezeichnet Halberstam die südvietnamesischen und amerikanischen Streitkräfte durchweg und ohne Ironie als »wir«. Er ist unverkennbar von dem Geschehen fasziniert, wie es die folgende
Schilderung eines Hubschrauberangriffs zeigt, die ausführlich zitiert zu werden verdient, einerseits wegen ihres En-
thusiasmus, andererseits (weil Halberstam ein ausgezeich-
neter Reporter war) als ein Musterbeispiel dafür, was uns
durch die Zensur im Golfkrieg entgangen ist.

»Kurz vor Mittag hatten wir Glück. Aus einem Dorf kam
eine Anzahl Vietkong; sie rannten über die Reisfelder, und
aus der Baumlinie kam schweres Feuer. Fünf unserer Maschinen setzten ihre Leute ab, die anderen beschossen das
Gelände. Die Guerillas verließen ihre Stellungen... Unter
uns floh ein Mann über das Feld. Der Boden war rauh und
uneben, er lief und stolperte wie ein guter, aber angetrunke-
ner Läufer, der immer wieder angefeuert wird... Der Kopilot feuerte mit dem Maschinengewehr, traf den Mann aber
nicht, er rannte weiter. Dann folgte ein gelber Blitz und eine
Hitzewelle in der Maschine, die sich aufbäumte beim Rück-
stoß der Rakete. Als sie explodierte, fiel der Mann um. Er
lag ganz still, als wir über ihn hinwegflogen, aber als wir
zurückkehrten, kam er wieder auf die Beine und rannte
weiter auf den Kanal zu, der nur noch fünfzig Meter entfernt war. Wir kreisten und jagten ihn; er hastete und stürzte auf das Ufer zu, wie ein Läufer kurz vor der Ziellinie.
Noch ein Schuß – der Kopilot leerte das Maschinengewehr,
der Mann machte einen verzweifelten Sprung und erreichte
den Kanal, aber die Kugeln mähten ihn nieder, und er fiel
auf der harten Böschung zusammen.«

Wieder zurück in Bac Lieu, zog Halberstam das folgende
Resümee: »Der Tag war gut gewesen. Wenige von uns waren gefallen, und wir hatten die Chance, von all den Gefan-
genen etwas wirklich Wichtiges zu erfahren. Jeder war jetzt
müde, entspannt und froh...« Hier wird deutlich, daß

Halberstam kein Subversiver war, sondern ein aufgeregter junger Kalter Krieger, der ganz auf der Linie der amerikanischen Regierung war.

Trotzdem war Halberstam bei der Regierung schon unten durch; im Oktober 1963 hatte Präsident Kennedy sogar bei Arthur O. Sulzberger, dem Verleger der ›New York Times‹, vorgefühlt, ob er Halberstam nicht zu versetzen gedenke. Darüber hinaus befaßten sich Journalisten-Kollegen mit ihm. Hearst-Kolumnist Frank Conniff und das ›New York Journal-American‹ hatten ihn beschuldigt, »anfällig für den Kommunismus« zu sein und »einem bärtigen vietnamesischen Fidel Castro den Weg zu ebnen«, wie Halberstam es ausdrückt. Die bekannte Kolumnistin Marguerite Higgins von der ›New York Herald Tribune‹ hatte geschrieben, daß »es hier Reporter gibt, die es gern sähen, wenn wir den Krieg verlieren, damit sie recht behalten«. Und Joseph Alsop, der überragende Kolumnist des Washingtoner Establishments, hatte sich dagegen gewandt, daß die in Saigon tätigen Pressevertreter einen »journalistischen Kreuzzug gegen die (Diem-)Regierung« führten.

Wenn es in Saigon tatsächlich einen Kreuzzug gab, dann wurde er gefördert von Offizieren wie Vann und den jungen CIA-Leuten, die, wie Halberstam sagte, »hinsichtlich der Unpopularität der Regierung und ihrer Unfähigkeit, einen Krieg zu führen, kein Blatt vor den Mund nahmen«. In dieser Atmosphäre interner Streitigkeiten innerhalb der US-Mission veröffentlichte ›Time‹ am 20. September 1963 eine Attacke auf die Saigoner Korrespondenten, der für die Reporter, darunter auch Charles Mohr und Mert Perry von ›Time‹ selbst, ein Tiefschlag war.

»Der Artikel war wirklich umwerfend«, erinnert sich Halberstam, »denn er klagte nicht nur uns an, sondern auch zwei Reporter von ›Time‹ selbst. Er stammte offensichtlich von einem höheren Pressebeamten im Pentagon und löste unter den Zeitungsleuten einen gelinden Aufruhr aus.«

Aus heutiger Sicht wirkt der Artikel nicht gerade »umwerfend«, auch wenn er unverkennbar von der Regierung inspiriert war und darauf zielte, Diem zu stützen. Er enthielt durchaus zutreffende Feststellungen bezüglich der Schwächen von Auslandskorrespondenten, und es wäre nicht verkehrt gewesen, wenn die Redakteure von ›Time‹ sie beachtet hätten: »Wo immer Auslandskorrespondenten stationiert sind, neigen sie dazu, sich zu einem inoffiziellen Klub zusammenzutun ... Keiner von ihnen beherrscht fließend die Landessprache ... Ihre Berichterstattung neigt zu Verzerrungen. Die komplizierten Grautöne eines komplizierten Landes verschwinden in einem vereinfachten Schwarzweiß-Bild.« (Neil Sheehan stimmte, was Halberstam anging, der ›Time‹-Analyse teilweise zu: »Er sah die Welt in hellen und dunklen Farben, und dazwischen gab es wenig Nuancen.«) Mohr von ›Time‹ fühlte sich so getroffen, daß er kündigte. Der Artikel verstärkte jedoch den nachhaltigen Ruf Halberstams, ein Subversiver zu sein, weil er die ambivalente Kriegsberichterstattung der ›New York Times‹ und ironischerweise ihre mangelnde Bereitschaft aufdeckte, sich vorbehaltlos hinter Halberstams Berichte zu stellen.

»Die Pressefreiheit ist nur denjenigen garantiert, die eine Presse besitzen«, schrieb A. J. Liebling, und es stand im Ermessen der Eigentümer der ›New York Times‹, was sie aus Halberstams Berichten machte. Besonders deutlich wurde das im August 1963, als die ›New York Times‹, so der Verfasser der Pressekritik in ›Time‹ (angeblich Chef vom Dienst Otto Feurbringer), »sich ratlos gab und nach einer Entschuldigung der Redaktion zwei ganz unterschiedliche Darstellungen abdruckte, eine aus Washingtoner Sicht, die andere aus Saigoner Sicht«. Es ging um die Unterdrückung der rebellierenden Buddhisten durch Diem, doch was die Redaktion dazu schrieb, war keine Entschuldigung, sondern ein Ausweichen ins Unverbindliche.

Halberstam berichtete auf der Titelseite, Ngo Dinh Nhu, der Schwager und Chefberater Diems, sei ohne Wissen der südvietnamesischen Armee vorgegangen. Gleich daneben berichtete Tad Szulc aus Washington, daß Diem nach Ansicht der Regierung auf Drängen seiner Armeekommandeure gegen die Buddhisten vorgegangen sei. Aus Saigoner Sicht wurden die Aussichten des Krieges gegen die Kommunisten nach wie vor pessimistisch eingeschätzt. Aus

Washingtoner Sicht fiel das Urteil günstiger aus. Eine Gegenüberstellung unterschiedlicher Darstellungen hatte es noch nie in der ›New York Times‹ gegeben, doch weil man gegenüber den Pressionsversuchen der Regierung keine klare Stellung beziehen wollte, wurde beschlossen, beide Darstellungen nebeneinander auf der Titelseite abzudrucken und eine kurze Erklärung der Redaktion vorauszuschicken, in der von »der verworrenen Situation in Südvietnam« die Rede war. Sheehan fand es beispiellos, wie die ›Times‹ mit den beiden Artikeln umgegangen war, und ein Reporter, der einen nicht so ausgeprägten Ehrgeiz besaß wie Halberstam, hätte bei einer so halbherzigen Vertrauenserklärung gewiß aufgegeben. (Die Redaktion hatte Halberstams Bericht auf einer der hinteren Seiten abdrucken wollen, doch James Reston bewog sie, ihn auf die Titelseite zu bringen.) Drei Tage später gab die Regierung zu, daß die Washingtoner Version falsch war. Halberstam war durchaus nicht der einzige, der unerfreuliche Berichte schickte, doch zeigte sich an diesem Fall nach Sheehans Meinung, »wie gering die Glaubwürdigkeit Halberstams bei seiner New Yorker Redaktion war und wie hoch sie die Glaubwürdigkeit der Regierung 1963 einschätzte«.

Während also der Kalte Krieger Halberstam die ihm von Vann vermittelte Wahrheit berichtete, tat seine Zeitung alles, um sein Werk zu untergraben – nicht gerade eine landesverräterische Vereinigung.

Man muß es Halberstam und seinen Kollegen hoch anrechnen, daß sie Vann zumindest Gehör schenkten, als er sich nach reiflicher Überlegung entschlossen hatte, seine Vorgesetzten zu übergehen und seine Botschaften mit Hilfe des Saigoner Pressecorps direkt nach Washington zu schicken. Was immer man von seinen politischen Ansichten halten mag – in seinem Buch ›Vietnam‹ hat Halberstam den Amerikanern im Jahre 1965 zumindest mitgeteilt, daß in Vietnam etwas verkehrt lief. Doch die der amerikanischen Öffentlichkeit vermittelte Vann-Sicht war auf ihre Weise ebenso irregeleitet und mit Selbsttäuschungen behaftet wie die von der Regierung zunächst vertretene Ansicht, die südvietnamesische Armee ließe sich durch amerikanische Berater in eine effektive Streitkraft gegen den Vietkong verwandeln. Halberstams Informant war überzeugt, daß man den Krieg gewinnen könne, wenn man sich der Realität des Guerillakrieges stellen und Taktiken des Feindes übernehmen würde. Die Guten mußten lernen, die Bösen mit den Mitteln der Bösen zu bekämpfen, im Nahkampf und Auge in Auge. An der Überzeugung von Kennedy, Vann oder Lyndon Johnson, daß Amerika die vietnamesischen Rebellen töten mußte, zweifelte damals niemand im Saigoner Pressecorps, auch nicht Halberstam und auch nicht Peter Arnett von AP.

Wenn man verfolgt, wie sich die Dinge, über die Halberstam und Sheehan 1962/63 berichteten, weiterentwickelten, wird eine weitere Schwachstelle in der Theorie deutlich, derzufolge man den Vietnamkrieg wegen der Presse verloren hatte. Bevor sein Vietnambuch 1965 herauskam, verfaßte Halberstam ein Persönlichkeitsprofil von John Vann, das im November 1964 in der Zeitschrift ›Esquire‹ erschien und laut Sheehan die »öffentliche Legende Vanns« begründete. Als Halberstams Buch herauskam, war Präsident Johnson schon mitten in der ersten großangelegten Eskalation des Krieges unter Einsatz von amerikanischen Kampftruppen. Hätte Johnson den Kriegseinsatz so erfolgreich hochschrauben können, wenn die Presse tatsächlich die Kampfentschlossenheit des Landes untergraben hätte? Einer der Gründe seines Erfolges ist der Zwischenfall im Golf von Tonking, bei dem nach Darstellung der Regierung weit vor der Küste Vietnams nordvietnamesische Kanonenboote, ohne zuvor provoziert worden zu sein, amerikanische Schiffe beschossen haben sollen. Diese offizielle Darstellung der Ereignisse war falsch, wie sich später aus den Pentagon-Papieren ergab, doch damals glaubten fast alle daran. Der Senat beschloß daher mit achtundachtzig gegen zwei Stimmen – das Repräsentantenhaus hatte es zuvor mit vierhundert Stimmen ohne Gegenstimme gebilligt –, Johnson umfassende Vollmachten einzuräumen, die es ihm erlaubten, den Krieg gegen die Nordvietnamesen auszuweiten. Bestimmt hätten etliche Kongreßmitglieder die Darstellung der Regierung angezweifelt, wenn die Theorie der Pressegegner zugetroffen hätte. Vermutlich ist den Vietnam-Revisionisten aber entgangen, daß die amerikanischen Zeitungen (und die Saigoner Reporter) in ihren Leitartikeln zur Kriegsfrage entweder für den Krieg oder doch unentschieden waren.

Tatsächlich bediente sich die Presse Mitte der sechziger Jahre vielfach der gleichen hurrapatriotischen und chauvinistischen Rhetorik, die über zwanzig Jahre später während des Golfkriegs in den Medien auftauchen sollte. »Der Kongreß reagiert mit lobenswerter Promptheit«, hieß es in einem Leitartikel der ›Washington Post‹, der die Tonking-Resolution begrüßte. Präsident Johnson, hieß es dort, »wollte vor der Welt die Einheit des amerikanischen Volkes in der Abwehr kommunistischer Aggression demonstrieren. Trotz der Gegenstimme des halsstarrigen Besserwissers Senator (Wayne) Morse ist diese Einheit demonstriert worden.«

Die ›New York Times‹ war zurückhaltender in ihrem Urteil und gab der Hoffnung Ausdruck, daß »die Regierung jetzt demonstrieren kann und demonstrieren sollte, daß sie ebenso resolut, wie sie den Krieg betreibt, nach einer friedlichen Lösung sucht«. Insgesamt schlug der ›Times‹-Leitartikel jedoch einen optimistischen Ton an: »Johnson hat jetzt einen Beweis für einen geeinten Kongreß und eine geeinte Nation; er hat demonstriert, daß er hart sein kann. Und die Kommunisten wurden, was die Entschlossenheit Amerikas angeht, nicht im Zweifel gelassen.«

Einige Straßen weiter, beim ›Wall Street Journal‹, hießen die Kommunisten noch immer »die Roten«. Allerdings war der Leitartikler des ›Journal‹ ausgesprochen skeptisch, was die bisherigen Fortschritte des Pentagon gegenüber den Roten betraf: »Das bisherige Engagement (der USA) ist gekennzeichnet von Unentschiedenheit und Konfusion. Die USA sind immer tiefer in den Krieg hineingeschlittert, doch scheinen sie nicht zu wissen, wie sie seine Ziele erreichen können, und sie scheinen auch nicht immer gewußt zu haben, worin die Ziele bestanden.« Von Aufgeben konnte jedoch keine Rede sein: »Wir sind schon so weit gegangen, daß sich eine annehmbare Alternative nicht abzeichnet.

Und wenn der Befehl des Präsidenten bedeutet, daß die Regierung endlich auf Festigkeit und Entschiedenheit zusteuert, so ist das vielleicht das beste, was man unter den gegebenen Umständen erhoffen kann.«

Die ›Los Angeles Times‹ schien erleichtert darüber, daß die Tonking-Krise die Pflichten des Landes geklärt hatte, und lobte Johnsons militärische Reaktion als »eine hinreichende Warnung an die Kommunisten, eine solche Dummheit nicht noch einmal zu probieren«. »Unprovozierte Angriffe« waren ihrer Meinung nach »angemessen selektiv, richtig dosiert und mit der gebührenden Zwangsläufigkeit« beantwortet worden. »Zumindest ist die Sache jetzt klar, und wir wissen, was wir tun und warum wir es tun.«

Die rabiat antikommunistische ›Chicago Tribune‹ verspottete Verbündete der USA, die Johnsons Vorgehen nur zögernd bei den Vereinten Nationen unterstützten, und kritisierte UN-Generalsekretär U Thant, »selbst ein Asiat«, weil er »die Welt davon in Kenntnis zu setzen geruht, daß wir (in Vietnam) nicht gewinnen können und versuchen sollten, uns durch Verhandlungen nach den Bedingungen der Kommunisten aus der Klemme zu ziehen«.

Ganz schlaue Leser schlossen aus den Berichten von Halberstam und seinen Kollegen schon damals, daß sich in Vietnam eine Katastrophe anbahnte, aber sie blieben in der Minderheit, auch deshalb, weil die größten Zeitungen des Landes den Krieg mit allen Mitteln unterstützten. In der Presse kam kaum ein bekannter Kritiker der Vietnampolitik der Regierung oder der ihr zugrundeliegenden Prämissen des Kalten Krieges zu Wort. Halberstam selbst sprach für den frustrierten Vann, der härter und besser kämpfen wollte, um die kommunistische Gefahr zu besiegen.

Natürlich war Halberstam nicht der einzige symbolhafte Subversive, der über den Krieg in Vietnam berichtete. Auch Peter Arnett, damals bei Associated Press, bereitete der Regierung Unbehagen. Bill Moyers, der damals einunddreißig Jahre alte Pressechef des Präsidenten, kritisierte im August 1965 in einem Memo für Lyndon Johnson die »unverantwortliche und voreingenommene Berichterstattung« von Arnett und von Morley Safer von CBS. Beide Reporter könnten in ihrer Kriegsberichterstattung besonders unzuverlässig sein, weil sie im Ausland geboren wurden, Arnett in Neuseeland und Safer in Kanada. Sie »sind keine Amerikaner, und die grundlegenden amerikanischen Interessen liegen ihnen nicht am Herzen«, schrieb Moyers. Er versprach, daß er »sich bemühen werde, die Schrauben anzuziehen«, und Johnson versah das Memo eigenhändig mit dem begeisterten Vermerk »Gut!«[1] In einem Memo, mit dem er Johnson am 12. Mai 1965 auf ein Treffen mit Vertretern von Associated Press vorbereitete, riet Präsidentenberater Jack Valenti seinem Chef: »Sie werden vielleicht das Problem Peter Arnett zur Sprache bringen wollen, der der Sache der USA mehr geschadet hat als eine ganze Vietkong-Division. Er hat berichtet über schadhafte Munition, veraltete Flugzeuge, Einsatz von ›Giftgas‹.«

Doch der angeblich zur Fünften Kolonne gehörende Arnett änderte nichts am Entschluß der Amerikaner, den Krieg zu gewinnen, oder an der Entschlossenheit der Medien, ihn zu unterstützen. So brachte ›Life‹ am 2. Juni 1965 (wiederum ganz anders als im Golfkrieg) erstklassige Kriegsfotos von Horst Faas: verwundete amerikanische Soldaten mit schmerzverzerrten Gesichtern, verwundete vietnamesische Kinder und ihre verzweifelten Eltern, verstümmelte Vietkong-Leichen, Flüchtlinge, ein Soldat in Tränen – kurz, das reale, unzensierte Gesicht des Krieges. Diese Bilder haben offenbar weder den Eigentümer von ›Life‹, Henry Luce, noch die Redakteure des Magazins dazu bewegen können, ihrer globalen Aufgabe, die Ausbreitung des Kommunismus zu bekämpfen, zu entsagen. In derselben Nummer brachten sie einen Aufsatz, der die amerikanische Militärintervention verteidigte, verfaßt von Eugene V. Rostow, dem vormaligen Dekan der juristischen Fakultät von Yale und Bruder von Walt Whitman Rostow, dem Erz-Antikommunisten und Ratgeber von Lyndon B. Johnson. Rostow schrieb – und er klang ein wenig wie der junge David Halberstam: »Wo könnte die Flut gestoppt werden, wenn man kampflos zuließe, daß Nordvietnam Südvietnam annektiert? Wie würde sich das auf die politische Orientierung Japans auswirken? Auf die Europas? ... Präsident

Johnsons entschiedenes, kontrolliertes Vorgehen in Vietnam ist ein wichtiger Beitrag zur Stabilität der Welt und damit zum Weltfrieden. Der Präsident hat die liliputanischen Schnüre durchtrennt, welche die westlichen Verbündeten seit dem Krieg gefesselt und ihnen einen ihrer Macht entsprechenden politischen Einfluß verwehrt haben.«

Ein solches Selbstvertrauen besaßen die Vereinigten Staaten während Luces »Amerikanischem Jahrhundert«. Grauenhafte Kriegsbilder konnten veröffentlicht werden, doch die Johnson-Administration schickte unentwegt mehr Truppentransporter. Unzensierte Berichte schienen praktisch niemandes Gewissen zu schockieren – und sicherlich nicht die Redakteure von Time Inc.

Aus der Reihe der vermeintlichen Ketzereien gegen die offizielle Vietnampolitik ragen die Berichte heraus, die Harrison Salisbury aus Hanoi schickte und von denen der erste am ersten Weihnachtstag 1966 in der ›New York Times‹ erschien. Die Berichterstattung Salisburys aus dem feindlichen Territorium hat einen eigentümlichen historischen Nachhall, denn sie löste eine Kontroverse aus, die sich später bei der Berichterstattung Peter Arnetts aus Bagdad wiederholen sollte. Die Prämisse der Revisionisten, die den Vietnamkrieg befürworten, ist, um es noch einmal zu sagen, offenkundig falsch, aber wir wollen trotzdem näher auf sie eingehen.

Als Salisbury in Nordvietnam aufkreuzte, war er kein Sympathisant der Kommunisten; er war einer der angesehensten Auslandskorrespondenten seiner Zeit und stellvertretender Chef vom Dienst bei der ›New York Times‹. Die Idee hinzufahren stammte, wie Salisbury im Juni 1991 sagte, von Clifton Daniel, dem Chef vom Dienst und Schwiegersohn des ehemaligen Präsidenten Harry Truman, dessen Truman-Doktrin die Vereinigten Staaten nach Korea und schließlich nach Vietnam brachte.

»Es war durchaus keine Augenblickslaune«, erklärte Salisbury im Gespräch mit mir. »Clifton Daniel und die Geschäftsleitung der ›Times‹ hatten das Projekt schon neun Monate zuvor in die Wege geleitet.« Geplant war, daß Salisbury »eine große Rundreise durch die Randstaaten Chinas machen und von außen über China berichten sollte. Zugleich sollte ich mich um drei Dinge bemühen: mit Chinesen im Grenzgebiet Kontakt aufnehmen und so nach China selbst hineinkommen, mit Vietnamesen im Grenzgebiet Kontakt aufnehmen und nach Hanoi hineinkommen sowie nach Nordkorea hineinkommen.« Das State Department erteilte Salisbury eine Sondergenehmigung, denn normalerweise durften Amerikaner diese drei kommunistischen Länder nicht besuchen, doch alle Versuche, von Kambodscha aus hineinzukommen, schlugen fehl. Weil Daniel darauf bestand, probierte er es, nach New York zurückgekehrt, immer wieder über andere Kanäle. Im Dezember 1966 schließlich »erhielten wir unverhofft vom Pariser Büro der ›New York Times‹ eine Nachricht, daß der dortige Vertreter Nordvietnams mich zu sprechen wünsche. Uns war natürlich klar, was das bedeutete.«

Salisbury reiste über Paris und Phnom Penh nach Nordvietnam und kam kurz vor Weihnachten in der Hauptstadt an. Seine erste Story – »ein ganz harmloser Bericht über die Verhältnisse in Hanoi an Heiligabend und so weiter« – schlug zu Hause wie eine Bombe ein. »Ungefähr im siebten Absatz kam ich zum eigentlichen Sachverhalt: Ich war durch einige Viertel von Hanoi gelaufen, die von amerikanischen Bomben getroffen worden waren. Zu der Zeit behauptete Lyndon Johnson, wir würden nur militärisch bedeutsame Ziele angreifen.«

Salisbury war auf eine Tatsache gestoßen, die eine der damals gebräuchlichen Beschönigungen widerlegte – die »Präzisionsbombardements«, die man sehr viel später als »chirurgische« Bombenangriffe bezeichnen sollte. »Lyndon (Johnson) sagte..., wir würden Güterbahnhöfe und einen Lkw-Umschlagplatz außerhalb von Hanoi angreifen«, erinnerte sich Salisbury. »Aber ich ging dann durch die Straßen und sah die bombardierten Wohnhäuser. Natürlich erwähnte ich das in dem Bericht.«

Was Salisbury sah, war nach seiner Meinung »völlig belanglos für jemanden, der wie ich die deutschen Luftangriffe auf London miterlebt und die Bombenschäden in Deutschland, Polen und der Sowjetunion gesehen hatte«. Es waren aber über dreißig Zivilisten umgekommen, und Lügen gestraft wurden die Vorstellungen von Verteidigungsminister Robert McNamara, die James William Gibson einmal als Phantasien von einem »Technokrieg« bezeichnet hat, in dem die amerikanische Technik nach den Regeln einer computergesteuerten Fertigungsanlage tötete: Da die US-Bomber praktisch nie ihr Ziel verfehlten, würden die Resultate vorteilhaft und sauber sein. Nun berichtete Salisbury, daß die »Managereinstellung«, mit der McNamara an den Krieg heranging, versagte, und wenn es auch schon Berichte von ausländischen Journalisten gab, aus denen dies ebenfalls hervorging, so war es doch etwas ganz anderes, wenn diese Nachricht nun im führenden Blatt des Landes erschien. Ein britischer Korrespondent hatte bereits früher zivile Opfer gemeldet, und sein Bericht war, wie Salisbury sagte, sogar schon in der ›New York Times‹ erschienen – auf einer der hinteren Seiten. Daß Salisburys Bericht so ungeheuer einschlug, lag einfach am Zeitpunkt seines Erscheinens und der berühmten, sich damals gerade auftuenden »Glaubwürdigkeitslücke« von Präsident Johnson:

»Dieser Bombenschaden war, gemessen an dem, was eine regelrechte Bombardierung bewirkt, so gering, daß davon weder dort noch andernorts berichtet worden wäre, wenn Johnson nicht ausdrücklich erklärt hätte, daß wir keine Menschen töten. Jedem Korrespondenten, der eine Bombardierung miterlebt hat, war vollkommen klar, daß bei einer Bombardierung, mag sie auch noch so gezielt sein, immer ein paar Bomben daneben gehen und … Menschen getötet werden … Dies war, wie gesagt, ein ganz unbedeutendes Beispiel dafür. Ich konnte sogar genau erraten, was sie treffen wollten, denn ungefähr anderthalb Meilen von diesem Innenstadtbereich Hanois entfernt lag der Rote Fluß mit einer sehr wichtigen Brücke; seit Wochen, ja seit Monaten hatten amerikanische Bomber versucht, diese verdammte Brücke auszuschalten … Mit schwerem Fliegerabwehrfeuer hatten sie irgendwie nicht gerechnet …, aber sie hatten die Brücke nicht getroffen; sie war noch immer in Betrieb, aber man konnte genau sehen, daß sie ihre Bomben ein bißchen zu früh ausgelöst hatten. Das ist zumindest meine Vermutung.«

Was Salisbury damals in der Zeitung schrieb, war ein bißchen dramatischer als seine Erinnerungen vierundzwanzig Jahre später. Allerdings stellte er den Kurs der Regierung erst gegen Ende seines Berichts in Frage, und auch dann nicht in einem feindseligen, sondern einem leicht sarkastischen Ton: »Der Berichterstatter ist kein Ballistikexperte, aber nachdem er mehrere beschädigte Gebäude besichtigt und mit Zeugen gesprochen hat, steht fest, daß die Einwohner von Hanoi der festen Überzeugung sind, von Flugzeugen der Vereinigten Staaten bombardiert worden zu sein, daß sie mit Sicherheit Flugzeuge der Vereinigten Staaten am Himmel beobachtet haben und daß die Schäden mit Sicherheit direkt in der Stadtmitte eingetreten sind.«

Wegen der Weihnachtsfeiertage reagierte das Weiße Haus zunächst nicht, aber dann reagierte es mit Gehässigkeit. Salisbury wurde von Pentagon-Sprecher Arthur Sylvester umgetauft in »Harrison Appallsbury von der ›New Hanoi Times‹«. Verläßliche Kriegsbefürworter wie die Kolumnisten Joseph Alsop und William Randolph Hearst, Jr., schalteten sich ein und unterstellten Salisbury in ihren Attacken, er sei zum Feind übergelaufen. Alsop warf die Frage auf, »ob ein amerikanischer Reporter in eine feindliche Hauptstadt gehen und den feindlichen Propagandazahlen durch seine Unterschrift Glaubwürdigkeit verleihen sollte ...« Die ›Washington Post‹ schrieb, möglicherweise in Anlehnung an Jack Valenti, Salisbury sei zur letzten Waffe Ho Tschi Mins geworden. Wegen seines Verrats wurde Salisbury 1967 mit einer Stimme Mehrheit der Pulitzer-Preis versagt. Wie Phillip Knightley in ›The First Casualty‹ schrieb: »Kriegskorrespondent auf der feindlichen Seite zu sein war bestimmt nicht die einfachste Möglichkeit, seine Karriere zu befördern.«

Im Rückblick ergeben sich gewisse Ähnlichkeiten mit den Angriffen, die Senator Alan Simpson und Arabien-Experte Bernard Lewis in einer Fernsehdiskussion über die Zensur im Golfkrieg gegen Peter Arnett richteten. Simpson attackierte mit versteckten Andeutungen: »Ich frage mich, wieso die Vietnamesen ihm erlaubten, sich dort aufzuhalten, nachdem die Regierung siebenundfünfzigtausend von unseren Leuten umgebracht hatte, und er konnte sich dort aufhalten und frei im Lande bewegen. Ich frage mich, wieso man ihm und nur ihm erlaubt hat, drei Wochen in Bagdad zu bleiben, es sei denn, er hätte eine gewisse Sympathie für deren Sache?«

Lewis kleidete seinen Angriff in eine hinterlistige Frage: »Ist jemand ernsthaft der Meinung, die Medien sollten zwischen ihrem eigenen Land und seinen Feinden vollkommene Unparteilichkeit walten lassen?«

Das ganze kam Salisbury allzu bekannt vor. »Gegen Peter Arnetts Berichterstattung aus Bagdad werden im Grunde die gleichen Argumente verwendet wie damals gegen mich, als ich nach Hanoi ging. Mich nannte man Hanoi Harry, und die ›New York Times‹ wurde als ›Hanoi Times‹ bezeichnet. Man nannte mich einen Kommunisten ... Die ›Times‹ wurde angeprangert, einen Mann auf die feindliche Seite zu schicken und den feindlichen Standpunkt zu vertreten. Und genau das ist Peter auch passiert.«

Sowohl bei Arnett wie bei Salisbury wurde die Loyalität angezweifelt mit der Begründung, sie hätten zu lange über die Kommunisten berichtet. »Die Tatsache, daß ich einmal als Korrespondent in Moskau war, ist von ziemlich vielen ausgeschlachtet worden«, sagte Salisbury. »Es hieß dann: ›Was erwarten Sie denn von diesem Kerl? Berichtet der nicht (immer noch) aus Moskau?‹ In ähnlichem Sinne wurde von Peter Arnett behauptet, seine Vietnamberichte seien verzerrt, weil der Bruder seiner Exfrau beim Vietkong gewesen sein soll.«

Was Salisbury endgültig zum Verräter stempelte, war sein Bemühen, nach der Rückkehr mit Präsident Johnson zu sprechen. Dean Rusk hatte dringend um ein Gespräch mit dem Korrespondenten gebeten, als dessen Berichte aus Hanoi in der Zeitung erschienen waren, und Salisbury wollte dieser Bitte gern entsprechen. Er gedachte nicht, sich zu entschuldigen oder zu protestieren; er glaubte vielmehr, er könne nützlich sein, denn bevor er Hanoi verließ, hatte der nordvietnamesische Ministerpräsident Pham Van Dong ihm ein ausführliches Interview gewährt. Er hätte zwar lieber mit Ho Tschi Min selbst gesprochen, doch hatte Pham Van Dong einige interessante Dinge angedeutet, die in einer Zeitungsmeldung nichts zu suchen hatten. Der Stellvertreter Ho Tschi Mins hatte in Salisbury, obwohl dieser das bestritt, einen Emissär der US-Regierung sehen wollen und nachdrücklich die Bereitschaft bekundet, in direkte Verhandlungen mit den Vereinigten Staaten einzutreten.

»Ich hatte ihnen immer wieder erklärt, ich sei nicht von der Regierung«, sagte Salisbury. »Ich wies darauf hin, daß ich die Politik der Regierung nicht nur nicht unterstütze, sondern daß meine Zeitung ihr sehr kritisch gegenüberstehe ... Ich konnte sagen, was ich wollte, um nicht als offizieller Vertreter meines Landes angesehen zu werden – sie beharrten darauf, daß ich einer sein müsse, sonst wäre ich nicht dort.« Aus einem Gefühl der »patriotischen Pflicht, wenn ich so sagen darf, einer moralischen Pflicht, die Information an meine Regierung weiterzugeben«, beschloß Salisbury, gegen seine »tiefe Überzeugung, daß Reporter sich nicht in die Diplomatie einmischen sollten«, zu verstoßen, und bat über James Reston, den Washingtoner Redaktionschef der ›New York Times‹, um das Gespräch mit Johnson. Präsidentenberater Bill Moyers ließ mitteilen, daß Johnson ihn »unter keinen Umständen« empfangen würde, und Salisbury war bereit, statt dessen mit Rusk zusammenzutreffen, damit »zumindest einer diese Information erhalten würde«. Dieser Bitte wurde entsprochen, und so kam es am 13. Januar 1967 im State Department zu dem Gespräch mit Rusk und Außen-Staatssekretär William Bundy, das Salisbury so beschreibt: »Ich kann sagen, daß ich Dean seit vielen Jahren kannte und deshalb nicht sonderlich überrascht war, als er begann, mich über die Realität der Lage, die Propaganda, die diese Leute machten, und dergleichen zu belehren. Dauernd fragte er mich: ›Haben sie dies gesagt, haben sie jenes gesagt?‹ Dabei fragte er nach Dingen, die in dem Gespräch (mit Pham Van Dong) überhaupt nicht vorgekommen waren. Zum Glück hörte Bundy ... sich an, was ich zu sagen hatte, und stellte ein paar intelligente Fragen ..., bei Dean hatte ich allerdings den Eindruck, daß er von dem, was ich zu sagen hatte, kein Wort mitbekommen hat.«

Der Ausbau der amerikanischen Truppenpräsenz in Vietnam ging natürlich trotz der diplomatischen Initiative Salisburys weiter. Hatte der Mannschaftsbestand dort 1966 bei 389 000 gelegen, so stieg er 1967 auf 463 000 und 1968 auf 495 000; der Höchststand wurde 1969 mit 541 000 Mann erreicht.

Für die Reporter, die sich bemühten, die Wahrheit über Vietnam zu vermitteln, gab es eine gewisse Genugtuung – damals und noch Jahre später. So räumte die Regierung beispielsweise ein, daß Salisburys Heiligabend-Meldung zutreffend war. Das hat seine Wirkung nicht verfehlt, denn ein junger Pressebeamter im Weißen Haus namens Tom Johnson, der die Kontroversen um Salisbury und Arnett genau verfolgte, stellte fest, daß Berichte, zu denen von seinem Amt ein Dementi gefordert wurde, zutrafen. Vierundzwanzig Jahre später war ein sehr viel klüger gewordener Tom Johnson als Präsident von CNN in der Lage, die Anwesenheit von Peter Arnett in Bagdad zu verteidigen.

Es ist viel darüber geschrieben worden, daß Vietnam der erste Fernsehkrieg war, und viele auf der Linken wie auf der Rechten haben gemeint, die Bilder der Gewalt, die im Fernsehen erschienen, hätten einen kriegsfeindlichen Umschwung der öffentlichen Meinung bewirkt, besonders zur Zeit der Tet-Offensive Anfang 1968. Für die Operation Wüstensturm hat das Pentagon sicherlich befürchtet, daß es wieder zu einer knieweichen Unentschlossenheit kommen würde, falls die Amerikaner beim Abendessen Bilder von Leichensäcken und verwundeten Soldaten auf dem Bildschirm erleben würden. Aber auch diese Theorie scheint falsch zu sein, wie die meisten revisionistischen Theorien über Vietnam, die von den Kriegsbefürwortern verbreitet werden.

Die Argumente der Vietnam-Revisionisten, die sich gegen das Fernsehen richten, sind unter anderem von Lawrence W. Lichty, Daniel Hallin und Michael Mandelbaum untersucht worden. Lichty zitiert den bekannten Medienkritiker

General William Westmoreland, der gesagt hat: »Die spezifischen Erfordernisse des Fernsehens haben zu einem verzerrten Bild des Krieges beigetragen... Die Nachrichten mußten knapp und optisch eindrucksvoll sein.« Daher »war der Krieg, den die Amerikaner sahen, fast ausschließlich gewaltsam, schändlich oder anfechtbar«. Er zitiert ferner Robert Elegants Behauptung, daß »zum erstenmal in der modernen Geschichte der Ausgang eines Krieges nicht auf dem Schlachtfeld, sondern... auf dem Fernsehschirm entschieden wurde«. Michael Mandelbaum erinnerte 1982 in der Zeitschrift ›Daedalus‹ an das, was Präsident Johnson in diesem Sinne am 1. April 1968, einen Tag nach der Mitteilung, er werde sich nicht zur Wiederwahl stellen, vor der National Association of Broadcasters äußerte: »Als ich gestern abend in meinem Amtszimmer saß und auf den Beginn meiner Fernsehansprache wartete, ging es mir durch den Sinn, daß das Fernsehen viele Male pro Woche den Krieg in die Wohnzimmer der Amerikaner bringt. Wie diese eindringlichen Bilder sich auf die öffentliche Meinung auswirken, vermag niemand genau zu sagen. Historiker können nur Vermutungen darüber anstellen, wie das Fernsehen sich in früheren Konflikten auf die Zukunft dieses Landes ausgewirkt hätte: Beispielsweise während des Koreakrieges, als unsere Streitkräfte auf den Brückenkopf Pusan zurückgeschlagen wurden, oder während des Zweiten Weltkriegs, in der Ardennenschlacht, oder als unsere Männer sich in Europa durchbissen oder als an jenem Tag im Juni 1942 der größte Teil unserer Luftwaffe vor der Küste Australiens abgeschossen wurde.«

Johnson deutete damit an, daß es grauenerregende Fernsehbilder waren, die die Amerikaner, was Vietnam betraf, entmutigt hatten und wohl auch in den anderen Kriegen zur Niederlage geführt hätten. Lichty fand hingegen heraus, daß es zwar »in etwa der Hälfte aller Fernsehberichte aus Vietnam um Schlachten und militärische Aktionen ging, daß aber in den meisten Fällen vom wirklichen Kampfgeschehen kaum etwas zu sehen war«. Er stellte fest, daß vom August 1965 bis zum August 1970 »nur etwa drei Prozent aller in den Abendnachrichten gebrachten Filmberichte aus

Vietnam ›schwere Gefechte‹ (verstanden als ›schwerer Feindbeschuß, bei dem Tote oder Verwundete zu sehen sind‹) zeigten«. Anders gesagt: Von zweitausenddreihundert Berichten zeigten sechsundsiebzig wirkliches Kampfgeschehen. Außerdem ergab eine Auswertung der Abendnachrichten von 1968 bis 1973 laut Lichty, daß gerade drei Prozent aller Berichte Gefechtshandlungen und nur zwei Prozent Tote oder Verwundete zeigten. Hallin kam trotz einer umfassenderen Definition von »Kampfgeschehen« zu dem gleichen Schluß wie Lichty: »Nur zweiundzwanzig Prozent aller Filmberichte aus Südostasien in der Zeit vor der Tet-Offensive zeigten wirklich Gefechte, und oft waren diese nur minimal – ein paar niedergehende Granaten oder das Geknatter eines Heckenschützen – und im Anschluß daran vielleicht das ferne Geräusch von Luftangriffen, die angefordert worden waren, um den unsichtbaren Feind ›auszuschalten‹«. Hallin fand, daß vierundzwanzig Prozent der TV-Kriegsberichte Tote oder Verwundete zeigten, »und dabei ging es bisweilen nur um eine kurze Aufnahme, in der ein verwundeter Soldat in einen Hubschrauber gehoben wurde«. Von einhundertsiebenundsechzig Berichten vor der Tet-Offensive, so stellte Hallin fest, »enthielten nur sechzehn mehr als eine Videoaufnahme von Toten oder Verwundeten«.

Lichty zitiert Michael Arlen vom ›New Yorker‹, der ein zutreffenderes Bild von der Darstellung des Krieges im Fernsehen liefert: »Ein abendlicher, stilisierter, größtenteils distanzierter Überblick über einen zusammenhanglosen Konflikt, der sich überwiegend zusammensetzte aus Szenen von landenden Hubschraubern, von hohen Gräsern, die im Wind des Hubschraubers schwanken, von amerikanischen Soldaten, die mit schußbereitem Gewehr zu Fuß über ein hügeliges Gelände ausschwärmen, dann und wann (auf der Tonspur) ein ferner Gewehrknall und hin und wieder (als großartige Schlußszene) eine dunkle Rauchsäule eine halbe Meile entfernt, die stets einem brennenden Munitionslager des Vietkong zugeschrieben wurde.«

Was die Meinungen betrifft, die im Fernsehen vertreten wurden, so kamen die Falken während der Jahre der stärksten militärischen Eskalation weit häufiger zu Wort als die Tauben. Vor der Tet-Offensive sprachen sich laut Hallin »die Kommentare der Fernsehjournalisten annähernd vier zu eins für die Politik der Regierung aus«. Wie Lichty feststellt, kamen vor 1966 in Talkshows und Dokumentationen die Kriegsbefürworter neunmal häufiger zu Wort als die Kriegsgegner. Von 1966 bis 1970 waren »ungefähr zwei Drittel derer, die in solchen Sendungen über die Vietnampolitik diskutierten, ›Falken‹«.

Auch Phillip Knightley schreibt dem Fernsehen eine geringere Wirkung auf den Krieg zu und zitiert eine ›Newsweek‹-Umfrage von 1967, derzufolge vierundsechzig Prozent der befragten Zuschauer erklärten, die Fernsehberichterstattung habe ihre Neigung verstärkt, »die Jungs in Vietnam zu unterstützen«, während nur sechsundzwanzig Prozent angaben, sie habe sie dazu gebracht, den Krieg abzulehnen. ›Newsweek‹ meinte 1972, die Öffentlichkeit habe sich durch allzu viele Nachrichtensendungen möglicherweise an den Krieg gewöhnt. Knightley beschreibt diesen Effekt folgendermaßen: »Für viele Amerikaner in Vietnam bekam der Krieg etwas Merkwürdiges, das direkt mit dem Fernsehen zusammenhing: Der Krieg erschien so unwirklich, daß man bisweilen glauben konnte, das alles spiele sich auf einem riesigen Hollywood-Schauplatz ab und alle Beteiligten seien Statisten, die an einer Wiederverfilmung von ›Back to Bataan‹ mitwirkten.«

Was die politischen Neigungen der Fernsehbosse betrifft, braucht man nur daran zu erinnern, wie William S. Paley, Vorsitzender von CBS, 1969 reagierte, nachdem Vizepräsident Spiro Agnew in einer Rede in Des Moines die Medien attackiert hatte. Paley, so Mandelbaum, »ordnete daraufhin an, daß der Sender Kommentare, die sich unmittelbar an Präsidentenreden im Fernsehen anschließen, unterläßt. (Sie wurden später wieder aufgenommen.)« Mandelbaum nennt das Fernsehen »das zaghafteste aller Medien« und weist darauf hin, daß die Sender schon vor der Agnew-Rede »begonnen hatten, über den Krieg nicht mehr in einer Weise zu berichten, von der sie glaubten, sich damit unbeliebt machen zu können. An die Stelle von Gefechtsaufnahmen aus Vietnam traten in den Abendnachrichten Berichte über die Friedensgespräche in Paris. Als Aspekte des Krieges, die eine Meldung wert sind, galten nun nicht mehr die Kämpfe, sondern die Verhandlungen und der Rückzug der amerikanischen Truppen.« Knightley kommt zu dem gleichen Schluß.[2]

Viel ist darüber geschrieben worden, wie sich die Medienberichterstattung von der Tet-Offensive des Jahres 1968 auf die öffentliche Meinung Amerikas ausgewirkt hat. Die revisionistischen Falken können sich auf den ehemaligen Reporter der ›New York Times‹, Peter Braestrup, berufen, der meinte, die Schlacht sei unzutreffend als ein kommunistischer Sieg dargestellt worden, während in Wirklichkeit sowohl der Vietkong als auch die nordvietnamesische Armee schwere Verluste erlitten hatten und man sagen kann, daß ihr Feiertags-Überraschungsangriff »ein Fehlschlag« war. Aus dieser Sicht waren es die Medien, die der Kampfbereitschaft einen weiteren schweren Schlag versetzten. Doch in diesem Argument steckt mehr Ideologie als Realität.

Sogar Robert McNamara, das große Genie der Johnson-Administration, war im Januar 1968 endlich zu der Überzeugung gelangt, daß der Krieg nicht zu gewinnen war, und hatte sich gegen seine Fortsetzung ausgesprochen. In der eigenen Partei des Präsidenten hatte sich die Ablehnung des Krieges schon zu verfestigen begonnen in Gestalt der Präsidentschaftskandidatur des rebellischen Senators Eugene McCarthy. Die Tet-Offensive verstärkte nur eine Antikriegsbewegung, die inzwischen erhebliche Ausmaße angenommen hatte. Schon im Oktober 1967 fand eine Gallup-Umfrage, daß siebenundvierzig Prozent der Amerikaner glaubten, es sei ein Fehler, Truppen nach Vietnam zu schikken. Als die Zahl der gefallenen US-Soldaten auf über hundertfünfzig pro Woche anstieg, mußten nicht erst die Medien der amerikanischen Öffentlichkeit klarmachen, daß etwas nicht stimmte.

In den Programmen der drei großen Fernsehsender waren, wie Lichty herausfand, die Auftritte von Kriegsbefürwortern und -gegnern unmittelbar nach der Tet-Offensive in etwa ausgewogen, und ab 1970 übertraf die Zahl der Kriegskritiker im Fernsehen die Zahl der Kriegsverteidiger. »Dieser Meinungstrend«, schreibt er, »läuft parallel zum Trend in den öffentlich geäußerten Meinungen vieler Senatoren und Abgeordneter, vielleicht deshalb, weil die Senatoren und Abgeordneten ebensooft die Befragten waren.«

Die Tendenz der Fernsehkommentare änderte sich laut Daniel Hallin nach der Tet-Offensive: Waren sie vorher annähernd vier zu eins für den Kriegskurs, so waren sie danach zwei zu eins dagegen. Allerdings wurden die USA, auch wenn das Fernsehen seltener »Siege« für die Vereinigten Staaten meldete, nach wie vor häufiger als Gewinner denn als Verlierer dargestellt.

Max Frankel, der derzeitige Chefredakteur der ›New York Times‹, erklärte gegenüber Todd Gitlin: »Als der Protest von den linken Gruppen, den Antikriegsgruppen, übergriff auf die Kanzeln, in den Senat – mit Fulbright, Gruening und anderen –, als er zur Mehrheitsmeinung wurde, wurde selbstverständlich auch stärker über ihn berichtet. Und damit änderte sich selbstverständlich auch der Ton der Berichterstattung. Wir sind ja eine etablierte Institution, und wenn sich die Leser, für die man normalerweise arbeitet, ändern, dann ändert man selbst sich natürlich auch.«

Wenn es darum geht, die Wirkung der Medien im späteren Verlauf des Krieges abzuschätzen, müssen wir uns sicherlich mit ›My Lai‹ befassen, Seymour Hershs großartiger Enthüllung der berüchtigten amerikanischen Greueltat an vietnamesischen Zivilisten. Diese Geschichte eines grundlosen Massakers, das US-Soldaten am 16. März 1968 an neunzig bis einhundertdreißig Männern, Frauen und Kindern begingen, hat nach allgemeiner Ansicht in den Verlauf des Krieges eingegriffen. Den Anstoß zu dem Bericht gab ein ehemaliger GI namens Ronald Ridenhour, der unermüdlich Briefe an Politiker schrieb, darunter auch an den Abgeordneten Morris Udall, der die Untersuchung erzwang, die schließlich zum Kriegsgerichtsverfahren gegen Leutnant William L. Calley, Jr., führte. Hersh hat als recherchierender Reporter inzwischen einen solchen Namen, daß man leicht vergißt, wie bescheiden seine Anfänge waren und wie schwer er es hatte, die My Lai-Story unterzubringen. Er war ein ziemlich unbekannter freischaffender Journalist in Washington, als er im Oktober 1969 begann, das Verfahren gegen Calley zu untersuchen, von dem praktisch niemand Notiz genommen hatte. ›Life‹ lehnte die Story ab, doch Hersh konnte sie über den Dispatch News Service verbreiten, ein kleines Pressesyndikat, das ein Nachbar von ihm gegründet hatte. Die Darstellung, deren Grundlage ein Interview war, das Hersh in Fort Benning, Georgia, mit Calley geführt hatte, erschien am 13. November in einer ganzen Reihe von Zeitungen, und schließlich fanden Bilder von dem Gemetzel, die ein Armeefotograf aufgenommen hatte, ihren Weg in die großen Blätter. Nachdem eine ausführlichere Version von Hershs Story in ›Harper's Magazine‹ erschienen war, folgte eine Flut von Greuelberichten anderer Korrespondenten.

Phillip Knightley stellt deshalb die Frage: »Warum haben die Korrespondenten, falls es vor My Lai Greuel gegeben hat, damals nicht darüber geschrieben? My Lai ... war ein ganz unverfälschtes Beispiel für die Art der Kriegführung in Vietnam und wich, wenn überhaupt, nur wenig von der üblichen amerikanischen Praxis ab.« Die Antwort, die Peter Arnett 1971 gab, muß für die Verfechter der Theorie, die Presse sei schuld an dem verlorenen Vietnamkrieg, ziemlich beunruhigend sein: »Ich begleitete Neil Sheehan bei einer dieser militärischen Operationen, über die er schrieb; ich sah, wie Hütten abbrannten; ich sah die toten Zivilisten. Auch ich schrieb nichts über Kriegsverbrechen. Wir machten Bilder von diesen brennenden Bauten, wir berichteten von den toten Zivilisten und wie sie umkamen, aber wir fällten kein Urteil darüber, weil wir Zeugen waren, und es war, als ob wir Zeugen von Raub, Unfall oder Mord gewesen wären und es sicherlich nicht an uns liege, darüber zu urteilen.«

Trotz der Dürftigkeit des Arguments, daß Vietnam wegen der Presse verlorengegangen sei, und der weitgehenden Gefügigkeit des größten Teils der Presse während des Vietnamkriegs beschlossen Amerikas künftige Kriegsplaner, nicht das Risiko einer unzensierten Presseberichterstattung über ihre Konflikte einzugehen. Sie legten offenbar schon während der Reagan-Administration fest, daß Reporter nie wieder Gelegenheit haben sollten, die amerikanische Öffentlichkeit hinsichtlich der Kriegsziele der Regierung zu verwirren, sei es vorsätzlich oder ungewollt. Die Regierung weiß, daß auf jeden unabhängigen Geist wie etwa Harrison Salisbury oder Michael Herr – den Verfasser von ›Dispatches‹, des vielgerühmten und quälenden Buches über den Kampf in Vietnam – Dutzende von Reportern kommen, die das nachplappern, was die Behörden ihnen erzählen. Es wurde deshalb ein erklärtes Ziel der Regierung, die Möglichkeiten, daß eigenwillige Journalisten aufkreuzten und Schwierigkeiten machten, zu reduzieren.

Anregungen konnten die US-Militärs bei den Briten finden. Die Thatcher-Regierung hatte beim Falklandkrieg 1982 neunundzwanzig Korrespondenten, Fotografen und Techniker in Pools zusammengefaßt und auf Schiffen der Royal Navy, die dem argentinischen Feind im Südatlantik entgegendampften, untergebracht. Ihre Meldungen wurden damals – und später – einer strengen Zensur unterworfen. In einem lebendig geschriebenen Artikel, der in der Mai/Juni-Ausgabe 1983 der ›Naval War College Review‹ erschien, rückte Korvettenkapitän Arthur A. Humphries die Nachrichtenlenkung im Falklandkrieg für seine militärischen Kollegen mit dem folgenden Hinweis in eine nützliche Perspektive: »Wohl besteht in einer demokratischen Gesellschaft der Anschein der Informationsfreiheit, doch zeigt uns der Falklandkrieg, wie wir sicherstellen können, daß die Politik der Regierung nicht durch die Art der Berichterstattung über einen Krieg untergraben wird.«

Humphries, »Fachmann für Öffentlichkeitsarbeit« der US-Marine, sah eine brauchbare Parallele zwischen Falkland und Vietnam aufgrund »der Fähigkeit zur unmittelbaren Massenkommunikation«, und er trug einige grundlegende Empfehlungen für die militärische PR-Arbeit vor, die vermutlich in die Planungen für die Operation Wüstensturm eingegangen sind. Nicht erstaunlich, daß Humphries von der bei den Militärs üblichen Annahme ausging, Fernsehbilder aus Vietnam hätten die Kriegsbegeisterung erheblich gedämpft:

»Es bestand im Südatlantik die Möglichkeit, den Leuten zu Hause ein eindrucksvolles, lebensechtes und zeitgenaues Bild von Männern aus zwei gegnerischen Nationen auf zwei gewöhnlichen und bis dahin unbedeutenden Inseln zu zeigen, die einander sehr häßliche Dinge mit sehr dauerhaften Folgen antaten. Nach der vietnamesischen Tet-Offensive von 1968 erlebten die amerikanischen Zuschauer – und mit ihnen die ganze Welt – über ihre Fernsehgeräte in ihren eigenen Wohnzimmern den Vollzug der Todesstrafe nach südvietnamesischer Art: eine reale Hinrichtung eines feindlichen Soldaten. Dergleichen Dinge erzeugen zu Hause keine Unterstützung für einen Krieg. Wenn man die allgemeine Unterstützung für einen Krieg aufrechterhalten möchte, dürfen die Leute auf der eigenen Seite nicht als rücksichtslose Barbaren erscheinen...

Wenn die Verwandten von Soldaten ihren Jungen oder jemanden, der ihr Junge sein könnte, durch die Bildübertragung in lebensechten Farben verwundet oder verstümmelt direkt vor sich sehen, so läßt das die Unterstützung für die Kriegsziele ihrer Regierung bei ihnen bröckeln. So war es im Vietnamkrieg. Wir wissen, wie es sich auf die öffentliche Meinung ausgewirkt hat, daß den Zuschauern, die nicht gelernt hatten, mit solchen Dingen umzugehen, wieder und wieder Bilder von Blut und Eingeweiden gezeigt wurden. Daher stellt sich erneut die Frage: Was kann eine Regierung im Hinblick auf dieses Problem tun, wenn hochtechnisierte Kommunikationsmöglichkeiten bestehen und ein weltweites Publikum auf die Informationsfreiheit eingestimmt ist?«

Die Antwort? Sie stammt von Humphries: »Kontrollieren Sie den Zugang zu den Kampfgebieten, berufen Sie sich auf die Zensur und gewinnen Sie Unterstützung durch den Patriotismus zu Hause und im Kampfgebiet. Argentinien und Großbritannien haben uns gezeigt, wie man diese Erkenntnis umsetzt.« Außerdem muß man, »um eine ›wohlwollende Objektivität‹ zu erreichen oder sichern zu helfen, imstande sein, bestimmte Korrespondenten vom Kampfgebiet fernzuhalten«.

Unter Anspielung auf Mao Zedongs berühmten Aphorismus »Die politische Macht kommt aus den Gewehrläufen« schrieb der schlaue Korvettenkapitän Humphries, daß »Macht auch auf dem Strahl von einem Kommunikationssatelliten herabfährt und der Seite zufällt, die zuerst die Story bringt«. Besonders bewunderte er die Israelis, die er »Meister« in der Nachrichtenlenkung nannte; demgegenüber seien die Briten »schwerfällig« und unkonsequent in ihrer Zensur, ihrem System der »Sicherheitsüberprüfung«. Er tadelte sogar den britischen Verteidigungsminister, der allzulange auf Hintergrundbriefings verzichtet habe. »Eine Regierung und ihr militärischer Zweig müssen regelmäßige Briefings mit Vertretern aller Nachrichtenorganisationen abhalten, denn diese sind von grundlegender Bedeutung, um ein Vertrauensverhältnis aufrechtzuerhalten, den Fluß korrekter Informationen zu fördern und falschen Spekulationen Einhalt zu gebieten.«

Die Kritik, die Humphries 1983 an den Briten übte, umfaßte auch die »mangelnde Erkenntnis, daß Nachrichtenlenkung mehr ist als nur eine der Informationssicherheit dienende Zensur. Sie bedeutet auch, daß man Bilder bereitstellt« – eine Ansicht, die sich das Pentagon bei ihrer Öffentlichkeitsarbeit während der Operation Wüstensturm zu Herzen nehmen sollte.

Aus der Erkenntnis heraus, daß technische Fortschritte eine Kontrolle der Information erschwerten, machte Humphries einen Vorschlag, der einer regierungskritischen Presse als ein finsterer Anschlag erscheinen mußte: »Die Planungen sollten Kriterien für die Einbeziehung der Nachrichtenmedien in die Organisation des Krieges enthalten.« In einem anderen Punkt irrte er freilich: »Dem britischen Verteidigungsministerium – beziehungsweise dem jedes anderen demokratischen Landes – wird es künftig wohl nicht mehr möglich sein, sämtliche Transportwege zum Schauplatz der Kämpfe und alle Kommunikationsmittel für Text wie für Bild zu kontrollieren.«

Der erste Testfall für die neue Informationsregelung der Militärs nach Vietnam war die US-Invasion Grenadas im Oktober 1983. Gemessen an den Ansprüchen Humphries' wurde sie nicht sehr effizient gehandhabt, und doch war Grenada, was die Nachrichtenlenkung angeht, ein rauschender Erfolg. Es gab ganz einfach keine Nachrichten; die Invasion wurde so geheimgehalten, daß selbst die Presseämter im Weißen Haus und im Pentagon erst eine Stunde nach Beginn davon erfuhren. Dank Mark Hertsgaard und seinem Buch ›On Bended Knee‹ wissen wir, wie ABC News sich durch übertriebene Zurückhaltung die Chance entgehen ließ, vom Beginn der Invasion zu berichten und damit aller Welt eine Nasenlänge voraus zu sein. Es war die letzte Chance überhaupt, während der gesamten Aktion irgend etwas journalistisch Interessantes zu melden. Danach tat die Reagan-Administration vier Tage lang alles, um Reporter von der Insel fernzuhalten. Edward Cody von der ›Washington Post‹ schaffte es zwar, mit einem gemieteten Boot nach Grenada zu gelangen, doch hielt man ihn schließlich auf einem Schiff der US-Marine fest, weit vom Schauplatz der Kämpfe entfernt. Als man endlich Reporter auf die Insel ließ, konnten sie eine der Begründungen für die Invasion widerlegen, nämlich daß Grenada zu einem Nachschublager für sowjetische und kubanische Waffen, zu einem regelrechten Bereitstellungsraum für den Umsturz geworden sei. Die Lüge der Reagan-Administration, daß es dort Lagerhäuser gebe, die bis zum Dach vollgepfropft seien mit modernsten sowjetischen Waffen, und daß es auf der Insel von kubanischen Militärberatern nur so wimmele, war aber inzwischen von so vielen Journalisten nachgebetet worden, daß die Wahrheit kaum durchdrang.

Über die Zahl der amerikanischen, grenadischen oder kubanischen Opfer konnte niemand etwas Bestimmtes sagen. Michael Kaufman, derzeit stellvertretender Ressortleiter Ausland bei der ›New York Times‹, war damals bei dem Pool, den das Pentagon nach Beendigung der Kämpfe in aller Eile zusammenstellte. »Wir wissen noch immer nicht, wie viele Amerikaner in Grenada gefallen sind«, sagte er im Februar 1991. ›Time‹ gab die Zahl der amerikanischen Gefallenen mit elf und der Verwundeten mit siebenundsechzig an. Über die Zahl der getöteten Kubaner und Grenadier hat sich auf Regierungsseite bislang niemand öffentlich geäußert, und bei der Presse scheint niemand sonderlich darauf erpicht gewesen zu sein, sie herauszufinden.

Die Nachrichtensperre während der Grenada-Invasion löste bei den großen Medien Proteste und im PR-Apparat der Regierung einen Rücktritt aus: David Gergen, Leiter der Kommunikationsabteilung des Weißen Hauses, sah sich durch die Lügen seiner Vorgesetzten kompromittiert. Deshalb berief die Regierung eine Kommission, die sich unter Leitung von Generalmajor Winant Sidle angeblich mit der Frage der Kriegsberichterstattung befassen sollte. Die Sidle-Kommission empfahl die Schaffung des National Media Pool, der im Februar 1992 noch immer in Funktion war. Diese Gruppe, nach dem Rotationsprinzip aus vertrauenswürdigen und kenntnisreichen Militärreportern – allesamt reguläre Pentagon-Korrespondenten – zusammengesetzt, stand nunmehr theoretisch für amerikanische Überraschungsangriffe in unbekannten Gegenden auf Abruf bereit. Das Pentagon hatte sich feierlich verpflichtet, sie rechtzeitig an den Ort des Geschehens zu bringen.

Mit der Frage der Zensur von Bildern und Artikeln befaßten sich Generalmajor Sidle und sein zwölfköpfiger Ausschuß aus ehemaligen Journalisten, Professoren für Journalistik und Presseoffizieren jedoch nicht; die Kommission befürwortete lediglich die Präsenz einiger Reporter in der Nähe des Schauplatzes der Kämpfe. Naiverweise ging die Sidle-Kommission davon aus, daß das Material der Reporter schon irgendwie ohne Einmischung in die Zentralredaktion gelangen werde.

Einige freie Fotografen hatten es geschafft, heimlich nach Grenada zu gelangen, und einer von ihnen, Claude Urraca von Sygma, machte eine Aufnahme von einem toten amerikanischen Hubschrauberpiloten, der mit ausgestreckten Armen und Beinen an einem Strand lag. Neben seinem Körper war Blut zu sehen, sein Gesicht aber war nicht sichtbar. Es handelte sich um ein ganz normales Kriegsfoto, das nur dadurch etwas Ungewöhnliches bekam, daß praktisch nur Bilder von Regierungsseite aus vorlagen. Es vermittelte der amerikanischen Öffentlichkeit besser als jeder

Artikel, daß das kalkulierte kleine politische Manöver Reagans einige Amerikaner das Leben gekostet hatte. Es ist anerkennenswert, daß ›Time‹ das Bild veröffentlichte; daraufhin gingen sehr viele Beschwerden von Lesern ein, obwohl das Bild doch, verglichen mit dem, was fünfzehn Jahre zuvor in den Wochenausgaben von ›Life‹ erschienen war, ziemlich harmlos war. Den Aufpassern im Pentagon war das offenbar eine Warnung, denn sie sorgten dafür, daß so etwas nicht wieder vorkam. Acht Jahre später rückte Vizeadmiral a. D. Joseph Metcalf III die militärischen Operationen und die Nachrichtenlenkung in Grenada in eine historische Perspektive. Die Frage, warum man keine Reporter mitgehen ließ, beantwortete Metcalf so: »Weil sie stören … Wir hatten klare Ziele: Wir sollten eine uns freundlich gesinnte Regierung installieren, wir sollten dies mit einem möglichst geringen Verlust an Menschenleben von Amerikanern, Kubanern, Grenadiern und Presseleuten erreichen. Ich hatte dieses Vorurteil (gegen die Medien) nicht, solange die Operation lief … Es wurde eine unwahrscheinlich störungsfreie Operation. Ich hatte Anweisungen, genau das zu machen, was jetzt beim Wüstensturm läuft.«

Die nächste Ernstfallprüfung für die neuen Regeln der Kriegsberichterstattung kam am 20. Dezember 1989, als US-Truppen nach Panama eindrangen, um General Manuel Noriega zu vertreiben. Diesmal waren Dick Cheney und Pete Williams verantwortlich, und die offizielle Zensur ging fast ebenso plump vor wie in Grenada. Das Pentagon ließ den National Media Pool ganz einfach erst zwei Stunden vor Beginn der Kämpfe abfliegen, und nach der Landung in Panama wurden die Reporter auf einem US-Stützpunkt weitere fünf Stunden lang festgehalten. In dieser Zeit entgingen den Medien die heftigsten Kämpfe dieser Operation. Abgesehen von eigenen Fotos, die das Pentagon den Journalisten überließ, wurde die amerikanische Öffentlichkeit im Grunde kaum informiert, und das haben zumindest einige Reporter am Ende auch erkannt. Einer von ihnen war John Meyersohn, Produktionsleiter bei CBS News, den Noriega-Getreue drei Tage lang als Geisel festhielten. Wieder in New York, schrieb er dem Herausgeber von ›Harper's Magazine‹, Lewis Lapham, einen Brief, der die Realität der Kriegsberichterstattung nach Vietnam bündig zusammenfaßt:

»Als ich mir (mit den Geiselnehmern zusammen) die amerikanischen Fernsehberichte über die Operation Gerechte Sache anschaute, fiel uns auf, daß bezüglich der amerikanischen Verluste ständig die neuesten Zahlen genannt wurden, von panamaischen Toten oder Verletzten jedoch keine Rede war; daß immer wieder Archivaufnahmen von heldenhaften amerikanischen Soldaten abgespielt wurden, die in Kampfhubschraubern oder am Fallschirm an den Küsten landeten, aber keine Bilder von Krankenhäusern mit zivilen Opfern; daß Präsident Bush in fröhlicher Stimmung eine Pressekonferenz gab, während die Leichen von gefallenen amerikanischen Soldaten zu Hause eintrafen; daß Manuel Noriega ständig als perverser Woodoo-Anhänger und Drogenhändler, aber nie als langjähriger Verbündeter der USA bezeichnet wurde.

Nun bin ich zurück und sehe, daß der Präsident für die Invasion hohe Zustimmung erfährt. Die Invasionstruppen sind heimgekehrt, und... von Panama spricht keiner mehr...

Es ist tröstlich zu wissen, daß es noch einige Leute gibt, die von dieser Public-Relations-gesteuerten Invasion Notiz nehmen und sie richtig einzuordnen wissen...

Als Geisel habe ich bestimmt mehr gesehen, als ich als Journalist hätte sehen können. Es ist ziemlich traurig, wenn man bedenkt, daß Sie vom Schreibtisch aus besser über die Sache berichtet haben als wir alle von der Front aus.«

Die Zahl der Panamaer, die bei der Invasion umkamen, ist noch immer unklar – sie reicht von zweihundertzwei, der offiziellen Zahl des Pentagon, bis zu geschätzten viertausend. Die verläßlichste Schätzung beläuft sich auf eintausend und stammt aus einer Quelle bei der Army, die Kevin Buckley in seinem Buch ›Panama: The Whole Story‹ zitiert. Das Pentagon hält jedoch an seiner weit niedrigeren Zahl ebenso fest wie an einer unglaubwürdigen Gesamtzahl von fünfzig gefallenen panamaischen Soldaten.

Zu den amerikanischen Verlusten erklärte das Militär, daß bei der Panama-Invasion dreiundzwanzig Amerikaner fielen und dreihundertzwölf verwundet wurden. Anders als im Fall Grenada erschienen in den wichtigen Medien keine Bilder von Leichen. Beim nächsten Mal sollte es nicht einmal Bilder von Särgen geben.

Nach der Operation Gerechte Sache wurde eine weitere Kommission berufen, um Probleme zwischen den Militärs und der Presse zu untersuchen, und sie wurde von dem ehemaligen Pentagon-Sprecher Fred Hoffman geleitet. Alle waren sich einig, daß die militärischen Befehlshaber Fehler gemacht hatten, und Pete Williams versprach, daß es beim nächsten Mal besser laufen würde.

Unter den Feststellungen, die Korvettenkapitän Arthur A. Humphries, der »Fachmann für Öffentlichkeitsarbeit«, 1983 in seinem Artikel in ›Naval War College Review‹ traf, sollte sich eine weitere als prophetisch erweisen. Man dürfe auf keinen Fall »die Bedürfnisse der Nachrichtenkorrespondenten vernachlässigen«, mahnte Humphries. »Die Nachrichtenmedien können in der psychologischen Kriegführung ein nützliches Werkzeug, ja sogar eine Waffe sein, die den Soldaten den Einsatz ihrer schwereren Waffen erspart.«

Fünftes Kapitel
Operation Wüstenmaulkorb

> Jetzt weiß ich, warum ich keine Kinder habe. Ich
> möchte nicht, daß ein Kind mich später einmal
> arglos fragt: »Papa, was hast du im Golfkrieg ge-
> macht?« Denn ich müßte ihm antworten: »Kind,
> ich habe in Dhahran, Saudi-Arabien, in einem
> großen Hotel im Lehnstuhl gesessen und ihn mir
> auf CNN angeguckt.«
>
> Tony Clifton, ›Newsweek‹, 11. Februar 1991[1]

Den vielleicht einzig angemessenen Kommentar zur Medienberichterstattung über den Golfkrieg prägte Walter
Goodman von der ›New York Times‹ im Hinblick auf Tom
Brokaw von NBC, als er diesem den »Verreisen Sie nicht
ohne Ihren Schneider«-Preis zusprach. Auf seine Zuschauer, bemerkte Goodman, mache der fesch gewandte Brokaw den Eindruck, als ließe er sich »täglich vor Arbeitsan-
tritt von einem hohen Vertreter von Hunting World auf
tadellosen Sitz und Eleganz überprüfen«.

Abgesehen von den Eitelkeiten des Fernsehens gab es
Hindernisse zuhauf, die einen guten Journalismus während
des Golfkriegs erschwerten. An erster Stelle stand die Militärzensur: Die zwölfhundert US-Journalisten, die über die
vorwiegend aus Amerikanern bestehenden Truppen in Saudi-Arabien berichteten – die Regierung sprach unter Anspielung auf den Zweiten Weltkrieg von den »Alliierten«
oder der »Koalition«, trotz des gewaltigen Übergewichts
von US-Truppen, und den Medien blieb kaum etwas übrig,
als diese Sprachregelung zu übernehmen –, durften vieles,
das zu lesen oder anzuschauen sich gelohnt hätte, einfach
nicht telegraphisch durchgeben. Ein weiteres Hindernis bestand vielleicht in der Kürze des Kampfgeschehens und in
dem Umstand, daß der Kampf überwiegend aus der Luft
geführt wurde. Der jetzt im Ruhestand lebende Chefredakteur der ›Washington Post‹, Benjamin Bradlee, drückte es
so aus: »Der Haken an diesem Krieg war, daß er so ver-

dammt schnell vorbei war.« Hinderlich war auch die
Furcht. Die meisten Reporter möchten überleben, um ihren
Bericht abzuliefern, oder schlicht und einfach überleben,
und nur eine kleine Minderheit findet Gefallen am Kampf
(Malcolm Browne nennt es eine »Krankheit«).

Wenn es darum geht, die Leistungen der Journalisten
während des Golfkriegs zu beurteilen, muß auch berücksichtigt werden, daß gute Kriegsberichte zum Großteil vom
Zufall abhängen. Edwin Lawrence Godkin von den Londoner ›Daily News‹ und William Howard Russell von der
Londoner ›Times‹ haben für die moderne Kriegsberichterstattung hohe Maßstäbe gesetzt, indem sie die Unfähigkeit
britischer Offiziere im Krimkrieg enthüllten. Dennoch ist
die Qualität des Kriegsjournalismus seit 1853 uneinheitlich
gewesen, und einige der erfolgreichsten Reporter und Fotografen haben einfach Glück gehabt: Sie waren zur rechten
Zeit am rechten Ort und wuchsen mit der Aufgabe. Bewegungsfreiheit erhöht die Chancen einer guten Berichterstattung, ist aber keine Garantie. Und auf einem riesigen Wü-
sten-Schlachtfeld werden die Chancen nicht besser.

Die Aufgabe, zu beschreiben, was in einem Krieg wirklich
passiert ist, fällt in der Regel dem ehemaligen Soldaten und
dem Historiker zu. Paul Fussell ist beides, und sein Buch
›Wartime‹ läßt die tiefe Kluft erkennen, die den sentimenta-
len Journalismus und die Historiographie des Zweiten
Weltkriegs – Studs Terkel hat ihn ironisch als »den guten
Krieg« bezeichnet – von seiner grauenhaften Realität
trennt. Als Leutnant der Armee 1945 in Europa schwer verwundet, hat Fussell kein Verständnis für pseudohistorische
Kriegsdarstellungen, wie sie bei Time-Life-Büchern in Serie
erscheinen. Er weist beispielsweise darauf hin, daß ver-
hängnisvolle Fehler der Kampfführung, die einfach auf
Furcht, Panik und Unwissenheit beruhten – und heute als
»Feuer der eigenen Seite« beschönigt werden –, bei Time-
Life überhaupt nicht vorkommen. Bei einem mit Stillschweigen übergangenen Zwischenfall während der Einnahme Siziliens durch die Alliierten im Juli 1943 wurden
nach der Darstellung Fussells dreiundzwanzig Flugzeuge
mit zweihundertneunundzwanzig Angehörigen der 82. US-

Luftlandedivision von Geschützen der US-Marine und der Bodentruppen abgeschossen. Man hatte die unerfahrenen und ängstlichen Kanoniere »zuvor davon informiert, daß Transportflugzeuge und Motorsegler mit den Luftlandetruppen an Bord über sie hinwegfliegen würden, doch im entscheidenden Moment vergaßen sie das offenbar und ballerten los, wobei einige von ihnen riefen: ›Deutscher Angriff! Feuer!‹«. Der 1978 bei Time-Life erschienene Band ›The Italian Campaign‹ übergeht den Zwischenfall völlig. Ernie Pyle, der berühmte Chronist des Zweiten Weltkriegs, war, wie Fussell bemerkt, zur Stelle, als »die sizilianische Katastrophe passierte, doch entweder zog er es vor, sie nicht in seinen Meldungen zu erwähnen, oder es wurde ihm, was wahrscheinlicher ist, verboten«.

Die ungeheuerliche Auslassung von Time-Life ist nach Meinung von Fussell »typisch für die Serie, die vielleicht mehr als jede andere populäre Darstellung des Krieges dazu getan hat, um unbeabsichtigten oder das Ansehen der Armee herabsetzenden Ereignissen einen klaren und in der Regel edlen Grund und Zweck zuzuschreiben. Den Leichtgläubigen wurde auf diese Weise ein befriedigendes, geordnetes und sogar optimistisches und heilsames Bild von katastrophalen Ereignissen vermittelt – eine schöne Methode, eine moralistische, nationalistische und kriegerische Politik zu fördern.« Eine beinahe exakte Beschreibung dessen, was das Weiße Haus bei der Operation Wüstensturm anstrebte.

Für Veteranen, die mit ihm den Krieg überlebt haben, war es nach Fussells Meinung weder überraschend, daß von einem Schiff der US-Marine aus im Juli 1988 unbeabsichtigt eine iranische Linienmaschine abgeschossen wurde, wobei zweihundertneunzig unschuldige Menschen getötet wurden. Noch würden sie schockiert sein über den außerordentlich hohen Anteil von Amerikanern, die während des Golfkriegs von der eigenen Seite getroffen wurden: dreiundzwanzig Prozent der Toten und fünfzehn Prozent der Verwundeten.[*]

[*] Von den hundertachtundvierzig gefallenen US-Soldaten wurden fünfunddreißig durch Beschuß von der eigenen Seite getötet. Von vierhundertsiebenundsechzig Verwundeten wurden zweiundsiebzig durch die eigene Seite verletzt.

Wenn es um die Berichterstattung über den Golfkrieg geht, muß man sich auch fragen, ob das, was dort geschah, überhaupt als »Krieg« bezeichnet werden kann, denn normalerweise setzt ein Krieg zwei kämpfende Parteien voraus, und die Iraker wehrten sich kaum. War es ein Krieg, oder war es eine Polizeiaktion, die in ein Gemetzel ausartete? Gelten für die Berichterstattung von einem Massaker die gleichen Bedingungen wie für die Berichterstattung von einem »Krieg«?

Um den Leuten zu Hause das wesentliche von den Vorgängen zu schildern, muß man, wie einige Kritiker der herkömmlichen Kriegsberichterstattung meinen, nicht unbedingt an der Front sein. Nach der Befreiung Kuwaits schrieb Michael Massing in der ›Columbia Journalism Review‹, daß »die Reporter nicht an die Front zu fahren brauchten, um das wahre Geschehen am Golf zu erfassen. Sie brauchten noch nicht einmal nach Saudi-Arabien zu fahren. Die meisten Informationen, die sie benötigten, waren in Washington verfügbar. Es gehörte nur ein unabhängiger Kopf dazu und der Wille, sich in die Sache gründlich einzuarbeiten. Was man für diesen Krieg brauchte, waren also weniger David Halberstams und mehr I. F. Stones.«

Wahrscheinlich hat Massing recht. ›I. F. Stone's Weekly‹, die kritischen Artikel von Mary McCarthy und Theodore Draper in der ›New York Review of Books‹ und Robert Scheers Beiträge in ›Ramparts‹ haben während der sechziger und Anfang der siebziger Jahre unzweifelhaft ein klareres Verständnis dafür vermittelt, daß Amerikas Vietnampolitik zum Scheitern verurteilt war, als es den Lesern der ›New York Times‹ und sicherlich den Zuschauern der CBS Evening News zugänglich war. Die ausgezeichneten Analysen dieser Autoren erforderten durchaus nicht, daß sie persönlich die Kämpfe beobachteten. Stone verlegte sich darauf, in den Korridoren der Washingtoner Bürokratie zu schürfen, in der Erkenntnis, daß das meiste, was er brauchte, auf einem Stück Papier irgendwo in der riesigen Informationserzeugungsmaschine der Bundesregierung oder im Kopf eines übergangenen Beamten zu finden war. McCarthy, Draper und Scheer lasen viel und dachten und sahen klar.

Eines der bekannten Beispiele von Kriegsenthüllungen, von denen man meinen könnte, sie seien an Ort und Stelle aufgedeckt worden – was aber nicht zutraf –, war die heimliche Bombardierung Kambodschas. William Beecher, damals Pentagon-Korrespondent der ›New York Times‹, enthüllte am 9. Mai 1969 vom heimischen Schreibtisch aus, daß amerikanische Kampfflugzeuge in dem Bemühen, Schlupfwinkel des Vietkong und der Nordvietnamesen auszuheben, Ziele im neutralen Kambodscha angegriffen hatten.

Ein anderes Beispiel ist die Story des Massakers von My Lai. Als ich Pete Williams vom Pentagon nachdrücklich darauf hinwies, daß eine unbeschränkte Berichterstattung vom Schlachtfeld nötig sei, um bei Stabsoffizieren oder ihren Kommandeuren Fehler und Korruption aufzudecken, gab er mir denn auch zurück: »Daß über My Lai berichtet wurde, lag nicht an den heilig gehaltenen Vereinbarungen in Vietnam. Das wurde in Washington geschrieben.« Eine schlagfertige Erwiderung, die aber den Sachverhalt nicht ganz traf. Es war, als wollte Williams behaupten, frei umherschweifende Reporter seien deshalb unnötig, weil die Wahrheit am Ende sowieso herauskommt.

Natürlich kommt die Wahrheit nicht in jedem Fall heraus, und wenn die Militärs ihre ursprüngliche Lüge hätten aufrechterhalten können, wäre die Wahrheit über My Lai wohl nie bekannt geworden. Zweifellos war es Williams entfallen, daß das US-Kommando in Saigon My Lai als einen militärischen Sieg gemeldet hatte. Am 17. März 1968, einen Tag nach dem Massaker, meldete die ›New York Times‹ auf der ersten Seite, daß amerikanische Einheiten im Rahmen einer »Offensive zur Aushebung feindlicher Nester, die noch immer die Städte bedrohen«, hundertachtundzwanzig nordvietnamesische Soldaten getötet hätten. Von zivilen Opfern meldeten die Militärs nichts, und General William C. Westmoreland gratulierte den an der Tötung beteiligten Männern schriftlich für ihre »herausragende Aktion«. Offenkundig wäre es sehr viel besser gewesen, wenn in My Lai ein Reporter dabeigewesen wäre; seine Präsenz hätte das Töten möglicherweise verhindert, zumindest wäre aber früher über das Töten berichtet worden. Dazu sagte mir Benjamin Bradlee von der ›Washington Post‹: »Was nun, wenn My Lai am selben Tag, an dem es passierte, herausgekommen wäre? ... Der Krieg wäre zwei Jahre früher zu Ende gewesen – kein schlechtes Ziel für die Armee der Vereinigten Staaten, kein schlechtes Ergebnis für die Welt beziehungsweise für die Guten, und sicherlich nicht schlecht für die Armee. My Lai hatte eine furchtbare Wirkung (nachdem es bekannt geworden war), weil alle wußten, daß sie es vertuscht haben.«

Wenn wir den Begriff des mündigen Bürgers in einer Demokratie ernst nehmen, dann müßten eigentlich Journalisten wie I. F. Stone, Seymour Hersh, Harrison Salisbury, Michael Herr und Neil Sheehan allesamt sowohl in Washington als auch draußen in der Kriegsberichterstattung tätig sein. Wir brauchen von diesen Journalisten so viele Informationen, daß wir zumindest theoretisch mitten in einem Krieg unsere Meinung ändern und ihn beenden können. Das war in begrenztem Umfang der Fall in Korea, wo der Krieg in einem Patt endete, und in Vietnam, wo eine erhebliche Minderheit von Wählern und Kongreßmitgliedern zu der Überzeugung gelangte, der Krieg sei unmoralisch und solle beendet werden, und damit den politischen Preis für die Mehrheit, die den Krieg unterstützte, in eine unannehmbare Höhe trieb. Leider hatten wir im Golfkrieg weder einen I. F. Stone in Washington noch einen Michael Herr in Dhahran. Es ist aber ohnehin fraglich, ob selbst erfahrene Frontberichterstatter, wären sie vor Ort gewesen, über irgend etwas Meldenswertes hätten berichten können außer über das Ausmaß und die Stärke der Zensur.

Man ist versucht, die Leistungen der Wüstensturm-Beobachter gering zu veranschlagen, und das wird noch dadurch verstärkt, daß die meisten von ihnen sich widerstandslos dem Lenkungsprogramm des Pentagon fügten (einige werden sagen, ihnen sei nichts anderes übriggeblieben); hinzu kommt, daß sie bei den Pressebriefings, die im

Fernsehen übertragen wurden, als ahnungslose Stümper erschienen, im Gegensatz zu den zielstrebigen und selbstsicheren Presseoffizieren. Weil sie so lächerlich wirkten, brachte die Sendung ›Saturday Night Live‹ am 9. November 1991 eine Parodie auf eine Informationsveranstaltung zum Golfkrieg, in der die Reporter idiotische Fragen stellten, die, wären sie beantwortet worden, die Sicherheit der kämpfenden Truppe gefährdet hätten. Zumindest ein Teil der Zuschauer hatte gehofft, daß die Pentagon-Zensoren aufs Korn genommen würden, und daß diese Hoffnung enttäuscht wurde, war ein Triumph für die PR-Arbeit des Weißen Hauses. Jason DeParle von der ›New York Times‹ meinte, diese kleine Satire habe dem Weißen Haus gezeigt, daß es sich gegenüber den Medien auf der ganzen Linie durchgesetzt hatte und daß es in seiner Zensurpolitik nicht länger zimperlich zu sein brauchte – für die als antiautoritär geltenden Macher der Sendung nicht gerade ein erfreuliches Ergebnis.

Der Krieg war jedoch kein Spaß, und auch die Zensur nicht, deren Zielsetzung sehr ernst zu nehmen war. Zwar arbeiteten die meisten Medien in Saudi-Arabien mit der Regierung zusammen, doch gab es immerhin einige, die ehrenhaft Widerstand leisteten, ohne darin von ihrer Zentralredaktion sonderlich unterstützt zu werden.

Wenn man zu rekonstruieren versucht, was mit dem Golf-Pressecorps passierte, besteht die größte Schwierigkeit darin, daß die Reporter und ihre Chefs sich bei der Darstellung dessen, was sie während des sechswöchigen Konflikts taten, tendenziell unterschiedlicher Sprachen bedienen: Die eine ist die Sprache des ehrlichen Journalismus, die andere, wie A. Bartlett Giamatti sich ausdrückte, »die der höheren Institution«. Die Stimme des ehrlichen Journalismus gab im großen und ganzen zu, daß die Zensur sehr effektiv gewesen war und daß kaum ein Reporter irgend etwas von tatsächlicher Bedeutung gesehen hatte. Die Stimme der Institution Medien betonte dagegen, daß es bei *dieser* Institution anders gewesen sei, daß *diese* Institution sich aus den eskortierten Pools gelöst und das wirkliche Geschehen gesehen, die wirklichen Stimmen der

Soldaten gehört habe. Glaubte man all den institutionellen Stimmen, die für sich in Anspruch nahmen, während des Krieges sensationelle Meldungen gebracht zu haben, so könnte man zu dem Schluß gelangen, daß Pete Williams die Berichterstattung über den Golfkrieg zu Recht als die beste, die es je gegeben habe, rühmte. Gleichzeitig mußten aber die großen Medienorganisationen – zum Teil institutionell bedingt – offiziell ihre Unzufriedenheit über die Zensur äußern.

So kommt es, daß die Berichterstattung bei solchen Medienunternehmen wie Time Warner ganz unterschiedlich eingeschätzt wird. Stanley Cloud, der Washingtoner Redaktionschef von ›Time‹, übte an der Berichterstattung seines Magazins schonungslos Kritik. Er war über die Zensurpolitik so verärgert, daß er verlangte, ›Time‹ solle die Pools boykottieren. John Stacks, Chefkorrespondent von ›Time‹, lehnte die Idee ab, als er von Cloud erfuhr, daß außer ›Time‹ keine andere Nachrichtenorganisation mitmachen würde. Nach dem Krieg bezeichnete Cloud sich als den »Radikalen« unter den Nachrichtenmachern, die gegen die Pentagon-Zensur protestierten, weil er dafür war, den National Media Pool beim Verteidigungsministerium aufzulösen. Doch Time Warner als Unternehmen hatte gegenüber der Zensur keine klare Linie. Im Frühherbst 1990, als amerikanische Soldaten und Korrespondenten bereits seit etwa zwei Monaten in Saudi- Arabien waren, veröffentlichte ›Time Insider‹, eine Sonderbeilage für bestimmte Abonnenten von ›Time‹, einen geschwätzigen Artikel unter der Überschrift ›Aus dem Pressepool des Pentagon‹. Das beigefügte Foto zeigte einen lächelnden Jay Peterzell, und Fotograf Dennis Brack posierte vor einer Gruppe von entschlossen dreinblickenden Soldaten in voller Kampfausrüstung und mit schußbereiten automatischen Gewehren. Die ›Time‹-Leute, im August durch den National Media Pool in die Wüste gekommen, waren offensichtlich froh, dort zu sein, ob sie nun zensiert wurden oder nicht.

Obwohl noch nicht Krieg war und die amerikanische Präsenz zu jener Zeit als rein defensiv dargestellt wurde, war die Zensur bereits wirksam. In dieser Frühzeit wurden laut

›Time Insider‹ »Meldungen vom Pentagon geprüft und an die Nachrichtenmedien in Washington weitergeleitet«. Doch wie sowohl Cloud als auch Pete Williams vermerken, störte Peterzell sich nicht sonderlich an dieser ersten offiziellen Kriegszensur seit Korea. (Die Zensur wurde gelockert, als Reporter, die nicht zum National Media Pool gehörten, in Saudi-Arabien eintrafen, und sie wurde strenger, als im Januar Frontpools gebildet wurden.)

»Wir entdeckten, daß es möglich war, sich von unseren ›Begleitern‹ zu lösen, und daß man sich ziemlich ungehindert in Saudi-Arabien bewegen konnte«, erklärte Peterzell gegenüber ›Time Insider‹. »Das Poolkonzept ist viel kritisiert worden, und vielfach zu Recht, aber etwas Wesentliches wird dabei übersehen. Zu einer Zeit, in der es keinen anderen Weg gab, nach Saudi-Arabien zu kommen und wenigstens etwas von dem, was dort vor sich ging, zu beobachten, erhielten amerikanische Journalisten diese Möglichkeit durch den Pool. Die Flut der Fernseh-, Zeitungs- und Magazinkorrespondenten, die dann ins Land strömte, hat außerdem in den beiden ersten Wochen keine Story gebracht, die sich nennenswert von dem unterschied, was wir im Pool gemeldet hatten.«

Peterzell befolgte die Maxime, daß man die Hand, die einen füttert, nicht beißen soll. Außerdem war es ihm offenbar lieber, als weniger Reporter da waren und die Dinge deshalb besser liefen: »Als man begann, Korrespondenten hereinzulassen, die nicht zum Pool gehörten, fühlten die Saudis sich gleich überfordert, und sie verfielen auf den Gedanken, entweder alle rauszuwerfen oder alle dem Pool anzuschließen. Das Pentagon bemühte sich sehr, der Presse den Aufenthalt im Lande zu ermöglichen. Schließlich entschied König Fahd persönlich, daß alle Zugang haben sollten, und in wenigen Tagen waren dreihundert Reporter da. Es war chaotisch.« (Nach dem Krieg schien Peterzell bei einem Interview zu erkennen, daß er kühner hätte sein können: »Wir waren irgendwie hündisch; die Türen hatten die ganze Zeit offengestanden, aber wir glaubten, nicht hindurchgehen zu dürfen. Erst als wir hindurchgegangen waren und uns nicht im Gefängnis wiederfanden, kamen wir auf die Idee, daß wir vielleicht auch noch andere Ziele erreichen könnten.«)

›Time‹ machte Fortschritte: Hatte sich das Magazin im Oktober noch für das Poolsystem entschuldigt, so gab die Muttergesellschaft im März schon damit an, daß die Reporter aus dem Pool ausbrachen. In ›FYI‹, einem firmeninternen Mitteilungsblatt, wurde die »kurze«, aber »ruhmreiche« Geschichte der wöchentlichen Sonderausgabe ›Life: In Time of War‹ mit ihren »großen Knüllern« gefeiert. Der Reporter Ed Barnes und der freie Fotograf Tony O'Brien waren es gewesen, die diese journalistischen Großtaten vollbracht hatten. Daß seine Aufnahmen, die man bestenfalls als mittelmäßige und nichtssagende Kriegsfotografie bezeichnen kann, in dieser Weise angepriesen wurden, dürfte O'Brien einige Verlegenheit bereitet haben. Daß zwischen den Bildern, die er vom Wüstensturm für die wöchentliche Ausgabe von ›Life‹ machte, und den Arbeiten großer Kriegsfotografen wie Larry Burrows, Horst Faas, Robert Capa und Carl Mydans, die vor 1972 in ›Life‹ erschienen waren, ein Unterschied bestand, dürfte ihm als einem tüchtigen und mutigen Fotojournalisten nicht entgangen sein. Die angeblichen »Knüller« von Barnes und O'Brien bestanden laut ›FYI‹ in folgendem: »In der ersten Woche half das ›Life‹-Team, das sich vom Pressepool des Pentagon fernhielt, dabei, vier irakische Soldaten, die sich ergaben, ›gefangenzunehmen‹. Sodann entdeckten unsere Leute fünfzigtausend frisch ausgehobene Gräber für potentielle alliierte Opfer der Bodenoffensive.* Für die dritte Ausgabe eilten sie den Alliierten nach Kuwait-Stadt voraus – obwohl der Chef vom Dienst ihnen das vorsichtshalber verboten hatte ... Und in der letzten Ausgabe schilderte das Team das Leben in einer irakischen Stadt, die in der Hand von Aufständischen war – der erste öffentliche Beweis im Westen, daß die Aufständischen überhaupt ein Territorium unter Kontrolle hatten.«

Bei der ersten angeblichen Großtat handelt es sich nicht

---

* In der März-Ausgabe von ›Life‹ berichtete Barnes sogar von der Entdeckung von sechsundneunzig Gräbern. Eine »Quelle« habe ihm verraten, daß fünfzigtausend Gräber ausgehoben werden sollten. Dazu ist es jedenfalls nicht gekommen.

um eine Sensation, sondern um eine zum Spaß nachgestellte Szene. Die zweite ist zwar interessant, verblaßt aber angesichts der Tatsache, daß es keine Bilder vom eigentlichen Kampfgeschehen und keine Fotos von verwundeten oder toten Soldaten und Zivilisten gab; hier wird das Fotografieren eines leeren Militärfriedhofs quasi als Sensation hingestellt. Vor den Truppen in Kuwait-Stadt anzukommen macht vielleicht Spaß, aber gern hätte man etwas über Kämpfe vor dem Eintreffen erfahren. Der vierte »Knüller« stammt aus der Zeit nach Beendigung des Krieges.

Jeff Klein von der ›Village Voice‹ brachte es nach dem Krieg auf die Formel: »Aber wo bleiben die Leichen?« Die grauenhaftesten Bilder in den vier Sonderausgaben von ›Life‹ waren denn auch Bilder von Leichen aus dem iranisch-irakischen Krieg, und die waren von unabhängigen Fotografen aufgenommen worden. In der glorreichen Wiederauferstehung des Wochenmagazins ›Life‹ kam nur ein einziger getöteter Iraker vor. (Es hat in diesem Krieg ein paar Fotos gegeben, die besser waren, und sie stammten von einer unabhängigen Gruppe französischer Fotografen, die sich selbst als »Scheiß auf den Pool«-Pool bezeichneten. Diese Außenseiter gaben sich zwar die größte Mühe, doch stimmt die Einschätzung von Robert Schnitzlein, einem Bildredakteur bei Reuter, der gegenüber ›American Photo‹ äußerte: »Es gibt im Grunde kein fotografisches Dokument von Kämpfen am Golf.«[*])

Time Warners Selbstbeweihräucherung nach dem Krieg war kläglich und zugleich gefährlich. Die Stimme der Institution maßte sich an, das schreckliche Versagen der Presse – sie hatte das wirkliche Geschehen am Golf nicht zu dokumentieren vermocht – in einen Erfolg umzubiegen, und übertönte dabei die ehrliche Stimme. Und dennoch kam in derselben Ausgabe von ›FYI‹, in der die vermeintlichen Erfolge von Barnes und O'Brien angepriesen wurden,

[*] Das entsetzlichste Leichenfoto aus dem Golfkrieg zeigte den gespenstisch verkohlten Kopf eines irakischen Soldaten, der noch im Tod aufrecht in seinem zerstörten Fahrzeug saß, und es erschien lange nach dem Krieg in einem Sonderband von Time Warner. Das Bild – es stammte von dem Fotografen Kenneth Jarecke – wurde allerdings am 3. März im Londoner ›Observer‹ veröffentlicht, als es noch aktuell war.

auch die Stimme des ehrlichen Journalismus zu Wort. In einem Artikel mit der Überschrift ›Wir werden an keinem Pool mehr teilnehmen‹ wurde Stanley Cloud mit den folgenden Äußerungen zitiert: »Sie (das Pentagon) fanden eine Möglichkeit, unsere Berichterstattung bis aufs I-Tüpfelchen zu kontrollieren. Sie beschränkten unseren Zugang in einer Weise, daß eigene Reportagen nicht mehr möglich waren. Sie fütterten uns mit ständigen Pressekonferenzen, bei denen sie den Inhalt der Meldungen bestimmten. Und wenn es uns trotz alledem irgendwie gelang, etwas zu berichten, was ihnen nicht gefiel, konnten sie es per Zensur streichen ... Praktisch lief es darauf hinaus, die Presse fürs Militär zu rekrutieren.«

Das mittlere Management des Medienunternehmens hatte sich im Herbst des Vorjahres natürlich nur zu gern rekrutieren lassen, als es die Restriktionen des Pentagon widerstandslos hinnahm. Korrespondenten wie Peterzell waren ganz auf dieser Linie. Dennoch müssen wir uns aus institutionsbedingten Gründen sagen lassen, daß Time Warner sich gegen die Pools wehrte. Michele Stephenson, Bildredakteurin bei ›Time‹, erklärte gegenüber ›FYI‹: »Wir haben uns verbissen dagegen gewehrt, aber am Ende haben wir doch gemacht, was sie wollten ... Das Verteidigungsministerium hat dieses System so ausgefeilt, daß die öffentliche Darstellung des Krieges vollkommen von der Regierung kontrolliert wurde, und im Sinne der Regierung hat es hundertprozentig funktioniert.« Wie kommt es dann aber, daß die Fotografen Tony O'Brien, Dennis Brack und Cynthia Johnson auf ihren *après-guerre*-Fotos so fröhlich lächeln?

Cory Johnson, der nach dem Krieg für ›FYI‹ das Resümee zog, gebührt das Verdienst an dem eigentlichen Knüller: der widersprüchlichen Haltung von Time Warner gegenüber der Regierung. Das Problem an seiner Story ist nur, daß sie so begrenzte Verbreitung fand. Offenbar wurden die Angestellten von Time Warner über das Zensurproblem und den Krieg sehr viel umfassender informiert als die Leser der Magazine ›Time‹ oder ›Life‹. Beispielsweise übte ›Life‹-Reporter Ed Barnes an seinen angeblich zaghafteren Kollegen eine überaus unkollegiale Kritik: »Es ist mir peinlich, wie die amerikanische Presse die Restriktionen schluckte. Die britischen und französischen Medien verließen den Pool. Warum konnten das die Amerikaner nicht? Sie haben es nicht einmal versucht.«

Über die angebliche militärische Perfektion der Operation Wüstensturm äußerte sich Barnes noch unverblümter: »Diese ganzen Loblieder auf die Präzision der amerikanischen Bombenangriffe sind idiotisch. Das war überhaupt nicht die Strategie der Amerikaner. Sie bestand im Einsatz von B-52 und Flächenbombardements. Es gab Berichte über Spannungen zwischen den Koalitionsstreitkräften, über US-Truppen, die monatelang keinen Nachschub erhielten, über Soldaten, die durch Beschuß von der eigenen Seite getötet wurden, aber darüber kam nie eine Meldung. Viele Journalisten drüben, denen die Berichte von den Militärs zusammengestrichen wurden, meinten, dann würden sie eben nach dem Krieg darüber berichten, aber das ist blauäugig. Wenn der Krieg vorbei ist, interessiert sich keiner mehr dafür.«

Im Hausorgan von ›Time‹ klingt Barnes ein wenig wie Seymour Hersh und Harrison Salisbury in einer Person. Von dem unerschrockenen Johnson befragt, ob »die Presse, während die Regierung ihre Kriege gewinnt, Schlachten schlagen wird, die sie verliert«, antwortet Barnes einfach und treffend: »Einfluß in Washington haben diejenigen, denen die Medien gehören, und sie werden wegen dieser Sache Stunk machen müssen, damit sie sich nicht wiederholt.« Cloud äußert sich im gleichen Sinne und erklärt drohend: »Wir können dieses Poolsystem nicht noch einmal akzeptieren. Wir müssen den Einfluß, den wir ja besitzen, geltend machen. Um die Unterstützung der Öffentlichkeit müssen wir uns keine Sorgen machen. Denken Sie an meine Worte: So etwas ist nicht länger auf den Krieg oder das Verteidigungsministerium beschränkt. Dies war Anschauungsunterricht für alle Bürokraten, wo sie auch sind. Sie sind in der Lage, die Presse zu kontrollieren ...«

Es war nicht damit zu rechnen, daß vor dem Krieg oder während des Krieges in einer Time Warner-Publikation irgend etwas von dem laut wurde, was Barnes gegenüber

›FYI‹ erklärte. Der interne Held von ›Time‹ entpuppt sich so als der strengste Kritiker des institutionellen Journalismus, allerdings erst, nachdem er sich sein bestes Zeug für das Hausblatt der Firma aufgespart hat, das herauskommt, als der Krieg vorbei ist.

Nicht alle Redaktionsmitarbeiter von Time Warner waren so ehrlich und offen wie Barnes und Cloud, und der kriecherische Artikel, den Chefkorrespondent Bruce van Voorst unter dem Titel ›Erkenntnisse aus dem Wüstensturm‹ im ›Time Insider‹ abdruckte, fand nach dem Krieg einen sehr viel breiteren Leserkreis. Eine der Perlen der Insiderinformationen van Voorsts besagte, daß Verteidigungsminister Cheney und Colin Powell, der Vorsitzende der Vereinigten Stabschefs, persönlich keine engen Freunde sind, sich aber dennoch täglich um fünf Uhr nachmittags in Washington treffen, woraufhin Powell »sich zurückzieht, um Volvos zu reparieren, und Cheney Bücher über das Angeln mit Fliegen liest«.

»Volvos?« fragt der namenlose Frageller für ›Time Insider‹.

»Ja«, erwidert van Voorst. »Powell liebt Volvos.«

Aus seiner »hohen« Position als Korrespondent der ›Time‹ für Fragen der »nationalen Sicherheit« konnte van Voorst die Zensurpolitik des Pentagon hervorragend beobachten. Befragt, was er von der Nachrichtensperre hielte, die während der ersten zwölf Stunden der von den Amerikanern angeführten Bodenoffensive zur Rückeroberung Kuwaits verhängt wurde, sagte van Voorst: »Ich konnte ehrlich nichts dagegen tun. So sehr es meinem beruflichen Interesse zuwiderläuft, finde ich es doch durchaus berechtigt, daß man während der ersten Phase keine Briefings geben wollte.« Van Voorst sagte, er habe etwas gegen das Poolsystem und es habe »nicht sehr gut funktioniert«. Trotzdem ließ er ›Time‹-Insider wissen: »Ich werde viel Nettes über Pete Williams sagen« – obwohl der doch einer der Architekten der Zensurpolitik war. Doch diese Politik hat der Berichterstattung von ›Time‹ laut van Voorst nicht »geschadet«. Er meinte: »Unser Problem war eigentlich nicht, daß wir zuwenig Information gehabt hätten. Was unsere Leser wollten, waren Urteile, gestützt auf die Information, die wir hatten, um das Geschehen irgendwie einordnen zu können.«

Time Warner war nicht das einzige Unternehmen, das in seiner Einstellung zur Zensur keine klare Linie fand. Als der Krieg vorbei war, versuchte man bei allen Medien, das Gesicht zu wahren. Bei der ›Washington Post‹ war es beispielsweise Auslandsredakteur Michael Getler, der in einem Interview mit großem Nachdruck sein Mißfallen über die Zensur äußerte, doch zugleich bestanden er und Pentagon-Korrespondentin Molly Moore darauf, daß die Kriegsberichterstattung der ›Washington Post‹ trotzdem gut war. Getler, der während des Krieges in Washington geblieben war, äußerte sich mit der Stimme des ehrlichen Journalisten: »In diesem Krieg gab es den größten Einsatz gepanzerter Fahrzeuge, der jemals stattgefunden hat, und im Grunde hat niemand etwas davon gesehen ... Es gibt keine Bilder davon. Es gibt nichts. Vermutlich war ohnehin alles mit Staub bedeckt, aber nirgendwo wurde es dokumentiert.« Des weiteren sagte Getler: »Wir wissen nicht, was uns entgangen ist. Es ist möglich, obwohl ich hoffe, daß es nicht der Fall war, daß ein Kommandeur einen wirklich schlimmen taktischen Fehler begangen hat ..., davon wissen wir nichts. Wir wissen nicht, ob der M1-Panzer und der Bradley-Panzerwagen wirklich so gut waren, wie es den Anschein hatte. Wir wissen es einfach nicht. Es gab große Einheiten, bei denen kein einziger Reporter zugegen war. Wenn es schwere Pannen gegeben hat, so wissen wir nichts davon.«

Moore, die innerhalb der Poolorganisation tätig war, unterstützte zunächst Getlers Einschätzung: »In den ersten zwei Wochen nach dem Krieg erfuhr ich mehr als während des ganzen Krieges ... Ich hatte keine Ahnung, was los war, und dabei war ich mitten drin. Sicher werden wir unsere Recherchen fortsetzen und das eine oder andere noch herauskriegen, wovon damals niemand etwas wußte ... Der amerikanischen Öffentlichkeit wurde dieser Krieg praktisch nur aus militärischer Sicht gezeigt. An unabhängige Informationen war nicht heranzukommen ...«

Ungeachtet solcher Ansichten fielen Getler und Moore leicht wieder auf den Standpunkt der höheren Institution Medien zurück, und es war nicht zu erkennen, daß sie in ihren Aussagen einen Widerspruch bemerkt hätten. Im selben Interview sagte Getler mir, daß die »Berichterstattung (der ›Washington Post‹) trotz der Restriktionen des Pentagon im wesentlichen gut war«. Mehr noch, die Öffentlichkeit »glaubte, daß die Presseberichterstattung wirklich sehr gut war, in dem Sinne, daß sie letzten Endes ziemlich sorgfältige Berichte erhielt; zumindest glaubte sie, ziemlich sorgfältige Berichte über das, was dort vor sich ging, zu erhalten. Ob sie einen oder zwei oder drei oder vier Tage später eintrafen, darauf kam es offenbar nicht an.«

Noch beunruhigender war, was Moore darüber äußerte. »Nach meiner Ansicht war nicht die Zensur das Problem«, sagte sie, »das Problem war der Zugang ... Zensur liegt meiner Meinung nach dann vor, wenn man mir sagt, ich darf nicht über das berichten, was ich herausbekommen habe ... Es ist doch nur eine Frage der Semantik, was wir unter ›Zensur‹ und was wir unter ›Zugang‹ verstehen.« Getler wollte das, was das Pentagon praktizierte, ebenfalls nicht als »Zensur« bezeichnen, sondern akzeptierte die beschönigende »Sicherheitsüberprüfung« der Regierung. Die folgende Abschrift der Tonbandaufzeichnung zeigt, daß in diesem Interview noch weitere widersprüchliche Aussagen fielen:

MacArthur: Nach Ihrer Meinung konnten Sie also frei berichten?

Moore: Ja, ich denke, ich konnte vollkommen frei berichten.

MacArthur: Auch mit der Eskorte?

Moore: Ja, durchaus.

MacArthur: Das bringt uns wieder zu der Frage, was uns entgangen ist und warum es ein so großes Problem ist.

Getler: Es war nicht möglich, einfach dorthin zu fahren, wo sie hinwollte.

Moore: Man konnte nur bestimmte Orte anfahren.

Getler: Von wo aus sie frei berichten konnte.

MacArthur: Haben Sie den Eindruck, daß Sie an den Orten, die Sie anfahren mußten, gesteuert wurden?

Moore: Man fand schon Möglichkeiten, sie zu umgehen … Wenn Sie mit den Pentagon-Reportern sprechen, die draußen waren – die fanden Wege (die Restriktionen zu umgehen) … Ich kannte den Kommandeur einer Einheit, und er ließ mich an Informationen heran, an die er einen Reporter, der sechs Wochen bei ihm war, nicht herangelassen hatte. So funktioniert das System …

So spricht dieselbe Moore, die gesagt hatte: »Ich hatte keine Ahnung, was los war, und dabei war ich mitten drin.«

Das ganze läuft darauf hinaus, daß der Außenseiter Barnes vom ›Life‹-Magazin die Regeln brach und dann nichts von den interessanten Informationen, die er kannte, berichtete – außer in ›FYI‹ – und daß die Insiderin Moore die Regeln befolgte und praktisch nichts herausbekam als das, was sie nach dem Wunsch der Militärs erfahren sollte.

Getler von der ›Washington Post‹ ist anderer Meinung als Barnes, was die wichtigste Neuigkeit dieses Krieges betrifft: »Die eigentliche Story des Krieges war die ›intelligente‹ Munition und die Tatsache, daß sie sehr gut funktionierte.« So gut, daß unbeabsichtigt zweitausendfünfhundert bis dreitausendfünfhundert irakische Zivilisten durch alliierte Bomben getötet wurden, wie William M. Arkin, der Leiter der Militärforschung bei der Umweltschutzorganisation Greenpeace, schätzt. Barnes hatte wohl mit Recht den Rummel um die »intelligente« Bombe als »idiotisch« bezeichnet. Wie die Air Force nach dem Krieg bekanntgab, bestanden nur sieben Prozent aller amerikanischen Sprengsätze, die über dem Irak und Kuwait abgeworfen wurden, aus laser- und radargesteuerten Bomben und Raketen. Die übrigen dreiundneunzig Prozent waren konventionelle »dumme« Bomben, die größtenteils von hochfliegenden B-52 aus der Vietnamzeit abgeworfen wurden. Von den »intelligenten« Bomben verfehlten nach Angaben der Air Force zehn Prozent ihr Ziel, während von den »dummen« Bomben fünfundsiebzig Prozent danebenfielen. Insgesamt verfehlten sechsundfünfzigtausend Tonnen Sprengstoff –

oder siebzig Prozent – ihr Ziel. Es wäre sicher nicht leicht gewesen, die Story über den relativen Anteil von intelligenten und dummen Bomben – eine der bedeutendsten unerzählt gebliebenen Stories des Golfkrieges – genau zu ermitteln, doch einige Informationen hätte man wohl mit ein paar nichtüberwachten Interviews auf Luftstützpunkten oder ein wenig Schürfarbeit in Washington herausbekommen können.

Getler und Moore versuchten, in den Grenzen, die die Institution setzt, ehrlich zu sein. Es ist keine besonders gute Reklame für die ›Washington Post‹, wenn der Auslandsredakteur und die Pentagon-Korrespondentin zugeben müssen, daß sie völlig ausgesperrt waren. Dabei dürfte es Moore mit ihren hochrangigen Quellen im Pentagon am ehesten gelingen, einen Sachverhalt aufzuklären, der mit der wichtigsten Schlachtfeld-Story in ihrem eigenen Buch sehr eng zusammenhängt. Allerdings hat sie mir erzählt, daß »ich hinterher den Eindruck hatte, daß sie mich bei der Bezifferung der Bombenschäden belogen haben«. Das Wort »Lüge« kommt einem Reporter heutzutage nicht so ohne weiteres über die Lippen, selbst wenn mit Händen zu greifen ist, daß die Regierung lügt.

Andere amerikanische Nachrichtenorganisationen waren vermutlich schlimmer, was die Verbreitung des Mythos von der hundertprozentigen Treffsicherheit der Bomben und den Wundern der Patriot-Rakete angeht. So sprach Peter Jennings von ABC beispielsweise von der »verblüffenden Präzision« des in einem Pentagon-Video gezeigten US-Angriffs auf das irakische Verteidigungsministerium; über denselben Angriff hieß es in ›Time‹: »Es war erstaunlich, wie haargenau die Angriffe trafen.« Noch größere Begeisterung legte ABC-Korrespondent Sam Donaldson an den Tag, als er den Einsatz einer Patriot-Rakete beschrieb und ausrief: »Volltreffer! Die Scud ist futsch.« Nach dem Krieg büßten die Patriots und die lasergesteuerten Marschflugkörper einen Großteil ihres Glanzes ein. Vor einem Unterausschuß des Streitkräfteausschusses des Repräsentantenhauses erklärte Theodore Postol, ein Wissenschaftler am Massachusetts Institute of Technology: »Der Schaden, den ein Scud-

Angriff anrichtete, war beim Einsatz der Patriot-Abwehr offenbar größer als zuvor ohne diese Abwehr.« Postol stellte fest, daß nach dem Einsatz der Patriots die Anzahl der durch Scuds beschädigten israelischen Wohnungen auf das Dreifache stieg und die Anzahl der Verletzungen um die Hälfte zunahm. Allem Anschein nach waren die Schäden, die durch die Trümmer der zerstörten Scuds verursacht wurden, breiter gestreut, aber leichter als ein direkter Treffer. Später erklärte die Armee, ein Computerfehler habe das Patriot-System in Dhahran vorübergehend lahmgelegt, so daß eine Scud-Rakete in eine Kaserne der US-Armee einschlug und achtundzwanzig Reservisten tötete sowie siebenundneunzig verletzte.

Die Treffsicherheit des vielgerühmten Tomahawk-Marschflugkörpers ist ebenfalls in Zweifel gezogen worden. Ein Tomahawk, den die Marine nach dem Krieg versuchsweise aus dem Golf von Mexiko abfeuerte, verfehlte sein Ziel auf der Eglin Air Force Base in dem schmalen Küstenstreifen Floridas um beinahe hundert Meilen und landete im Süden Alabamas. Nach Angaben der Marine war es der vierte derartige Fehlschuß seit Beginn der Tests im Jahre 1985.

Selbstverständlich waren einige der hochmodernen amerikanischen Waffen durchaus wirksam gegen eine irakische Armee, die ohne Luftunterstützung und fast ohne Nachtsichtgeräte operierte und die aus demoralisierten, schlecht ausgebildeten Bodentruppen bestand, deren zweitklassige Panzer sowjetischer Bauart hervorragende stationäre Ziele abgaben. John Balzar von der ›Los Angeles Times‹ durfte zufällig – man kann es nur als ein Stück »Postmoderne« im Journalismus bezeichnen – ein Videoband anschauen, das von der Zielkamera eines Apache-Hubschraubers aufgezeichnet worden war, während er irakische Bunker zerstörte und die panikartig flüchtenden Soldaten bei einem nächtlichen Angriff verfolgte. Es ist eine Ironie, daß der altmodische Frontbericht, den er danach verfaßte, ein wahres Bild von der Gewalt im Golfkrieg zeigte: Die irakischen Soldaten »wurden einer nach dem anderen von Angreifern, die sie weder sehen noch verstehen konnten, niedergemäht.

Einige wurden von der Gewalt explodierender Dreißig-Millimeter-Granaten in Stücke gerissen. Ein Mann stürzte hin, wand sich am Boden, kam dann wieder auf die Füße – ein weiterer Feuerstoß zerriß ihn.« Die Story entging der Schere des Zensors, doch nachdem sie am 24. Februar erschienen war, zeigten sich die Militärs gegenüber Balzar nicht mehr so kooperativ. Im Fernsehen wurde dieses Video nicht gezeigt, und Balzar vermutet, daß es vernichtet wurde. Wenn man es gesendet hätte, wäre die amerikanische Öffentlichkeit, wie er in einem Interview nach dem Krieg erklärte, entsetzt gewesen: »Der Krieg wäre augenblicklich zu Ende gewesen.«

Die Nachkriegsdebatte um die Zensur ist verworren, weil sie teils in der Sprache des ehrlichen Journalismus, teils in der Sprache der Institution geführt wird, und es wird nicht einmal deutlich, ob es den Medien überhaupt etwas ausgemacht hat, daß sie zensiert wurden.

Reichlich spät bemühte sich die ›Washington Post‹, zu den Tatsachen über den Bombenkrieg vorzustoßen; eine Story von Barton Gellman enthüllte am 23. Juni 1991, daß mit der Bombardierung sehr viel allgemeinere Ziele verfolgt wurden, als das Pentagon zuvor angegeben hatte. Gestützt auf Quellen der Air Force, kam Gellman zu dem Schluß, daß die von Amerika angeführten Streitkräfte »einige ihrer militärischen Ziele dadurch zu erreichen suchten, daß die gesamte Bevölkerung des Irak außer Gefecht gesetzt wurde«. Eine nette Umschreibung dafür, daß die Kampagne darauf abzielte, die irakische Zivilbevölkerung zu terrorisieren, was Gellman nur andeutet: »Wegen dieser Zielsetzung waren Schäden an zivilen Gebäuden und Einrichtungen, von denen die Presseoffiziere während des Krieges unermüdlich behaupteten, sie seien ›nebensächlich‹ und unbeabsichtigt, in manchen Fällen in Wahrheit weder das eine noch das andere.«

War Saddam vor dem Krieg von der Regierung als ein grausamer totalitärer Herrscher hingestellt worden, der sein Volk vollständig in der Gewalt hatte, so hieß es nach dem Krieg bei einigen US-Militärs, die irakische Zivilbevölkerung müsse zusammen mit ihrem Diktator einen Teil der Verantwortung auf sich nehmen. Gellman zitiert eine sehr aufschlußreiche Äußerung eines höheren Luftwaffenoffiziers: »Es wird langsam ein bißchen unklar, was unter ›Unschuldigen‹ zu verstehen ist ... Sie leben doch dort, und letzten Endes haben die Leute auch einen gewissen Einfluß auf das, was in ihrem Land passiert.« Ein anderer Offizier wird von Gellman mit der Bemerkung zitiert, das »strategische« Bombardement ziele auf »all die Dinge, die die Selbsterhaltung eines Landes gewährleisten«.

Als ich andeutete, daß die Verhältnisse in dem saudischen Dhahran International Hotel mit seinen hunderteinundneunzig Zimmern ein wenig an ein Ferienlager erinnerten, erwiderte CBS-Produzentin Lucy Spiegel: »Es war ein Ferienlager.« Es war freilich ein Lager für Hunderte von Erwachsenen – Reportern, Fotografen und Technikern – in einem Land, das auch in Ausländerhotels keine alkoholischen Getränke zuläßt. Für Journalisten ist dieses Verbot beschwerlicher, als es dem normalen Bürger vorkommen mag. »Lebenslustige Medientypen, die in Saigon oder Beirut den ganzen Tag arbeiten und die ganze Nacht saufen konnten, würden Saudi-Arabien bestimmt ein bißchen einengend finden«, schrieb Andrew Glass von Cox Newspapers. »Soweit ich sehe, gibt es im ganzen Königreich nicht eine Flasche Bier, von stärkerem Stoff ganz zu schweigen.« Die Lage wurde, wie Spiegel erklärte, noch dadurch verschlimmert, daß es ohne die durch den Alkohol geförderte Geselligkeit nicht so häufig zu den sonst üblichen Affären kam, die sich während eines Auslandsauftrags zwischen gelangweilten und ruhelosen Reportern normalerweise anbahnen.

Nach allem, was man hören konnte, war die aktuelle Arbeit insbesondere vor Ausbruch des Krieges ziemlich langweilig. Wer in das Pressecorps in Saudi-Arabien hinein wollte, mußte ein langes Dokument unterschreiben, in dem er versprach, sich an die militärischen Regeln zu halten, die die Bewegungsfreiheit außerhalb des Hotels stark einschränkten. Im Spätsommer und Herbst waren die Regeln noch ziemlich einfach. Untersagt waren beispielsweise inoffizielle und »hinterhältige« Interviews. Zu beidem bestand ohnehin kaum Gelegenheit, da die Regeln unzweideutig eine ständige militärische Begleitung vorschrieben.

Bei soviel Überwachung und so wenigen berichtenswerten Nachrichten während des Aufmarsches der US-Truppen wandten die Journalisten ihre Aufmerksamkeit dem persönlichen Erscheinungsbild zu. Unter Anspielung auf die Ferienlager-Metapher sagte Spiegel, die Presseleute hätten »alle eine außergewöhnliche Lagerversorgung erhalten« und darum gewetteifert, wer von ihnen die beste Ausstattung hatte, beispielsweise »wer die bessere Kantine hatte«. Als wären sie direkt einem Doonesbury-Comic entsprungen, »erschienen Kerle, die von Kopf bis Fuß in einer Ausrüstung steckten, wie ich sie noch nicht gesehen habe«. Wegen der Gefahr eines Angriffs mit chemischen Waffen waren spezielle Schutzanzüge ein Muß, und so fragte Spiegel: »Wer, glauben Sie, hatte die elegantesten Chemieschutzanzüge?« Die Franzosen natürlich! »Deren Anzüge waren schön geschnitten«, sagte Spiegel. »Man konnte diese Jacketts ohne weiteres auch draußen auf der Straße tragen. Wir anderen mühten uns mit Chemieschutzanzügen ab, die man über den Kopf ziehen mußte. Die der Franzosen waren modisch und machten großen Eindruck. Sie hatten Schlitze und Reißverschlüsse und Druckknöpfe, und sie hatten die tollen Kordeldurchzüge, die dieses Jahr natürlich der letzte Schrei sind. Die französischen Journalisten waren très élégants.« Einige Mediengesellschaften, darunter CBS, hatten ihre chemischen Schutzanzüge bei British Aerospace gekauft, die im Dhahran International Hotel einen eigenen Vertreter hatte.

Ständig einen der hundertfünfzig Presseoffiziere auf dem Hals zu haben konnte wirklich störend sein, denn natürlich wurden die Soldaten und Offiziere, die man interviewte, dadurch eingeschüchtert. Einige waren besonders aufdringlich. Viele Reporter beugten sich den Regeln jedoch gern, denn das erleichterte das Leben zu Beginn der Intervention. Lucy Spiegel schilderte den Alltag während der Wüstenschild-Phase der US-Intervention, als das Joint Information

Bureau (JIB) des Pentagon in Dhahran von »Hollywood« Mike Sherman geleitet wurde. Normalerweise diente Kapitän z. See Sherman beim Marinestandort West Los Angeles als Verbindungsoffizier zur Filmindustrie. Von Anfang August 1990 bis zum Dezember 1990 organisierte er jedoch Aktivitäten für die Journalisten in Saudi-Arabien, Aktivitäten, die laut Spiegel »natürlich perfekt waren«, denn »er hat ja mit dem Film zu tun«.

Damals »wurden Anmeldeformulare ausgegeben ... Es hieß: ›Wir veranstalten einen Ausflug zu den Flugzeugträgern‹, und sofort meldeten sich alle an; oder es hieß: ›Wir fahren hinaus zur 24. Panzergrenadierdivision‹ oder zur ›7. Infanterie‹ ... Wenn man Glück hatte und bei einem Ausflug dabei war, mußte man natürlich früh raus – alles lief nach militärischen Zeitvorgaben. Als TV-Team hoffte man, nicht den Militärbus nehmen zu müssen, sondern das eigene Fahrzeug benutzen zu können, denn dann konnte man, wann immer man Lust hatte, die Sache abbrechen und zurückfahren. Man wurde auf Schritt und Tritt begleitet, und man hoffte, daß sie eine Karte hatten, man hoffte, daß sie Benzin im Tank hatten, man hoffte, daß sie wußten, wo sie hinfuhren, denn das war nicht immer der Fall. Es gab nichts, und die Verkehrsschilder waren nicht ausreichend ... Es gibt dort natürlich nichts anderes als Sanddünen. So etwas hatte bis dahin noch keiner gesehen. Deshalb verirrte man sich häufig ... mit den Militärs.« Die Militärs überließen kaum etwas dem Zufall: »Sie waren immer schon im voraus informiert und hatten alles geklärt. Man konnte sie nie wirklich überraschen ... Man hatte, wie beim Militär üblich, einen Auftrag auszuführen, und der bestand beispielsweise darin, einen Luftstützpunkt zu besuchen. Man schaute zu, wie sie starteten, und man schaute zu, wie sie landeten. Man sprach mit der Besatzung, und dann ging man hin und sah zu, wie sie ihre Mahlzeit verzehrten, und man sprach mit dem Kommandeur, und man kam nach Hause ... Dafür wird bestimmt kein Journalistenpreis verliehen werden. Es gab keine große Enthüllungsstories. Das war gar nicht möglich. Man wurde zu stark kontrolliert. Wenn man die Straße verließ, und sie bekamen es heraus, oder wenn man an jemanden geriet, der einen anzeigte, wurde man zurückgeholt und bekam einen Anschiß... Man wurde angeschrien: ›Sie hatten kein Recht, sich ohne Begleitung dort aufzuhalten. Das wissen Sie doch!‹«

Das Ergebnis war, wie Spiegel sagte, ein Dutzend Standardstories, die sich ständig wiederholten: »Ankunft der Truppen; nicht genügend Post; das Wetter: es ist zu heiß, es ist zu kalt; Leerzeile bitte ausfüllen: der Hubschrauber funktioniert nicht, die Waffe will nicht funktionieren, zuviel Sand, zuviel Dreck, zuviel von allem möglichen; Frauen ziehen in den Krieg; verheiratete Frauen und Männer ziehen in den Krieg; sollten Frauen in den Krieg ziehen?; die Männer treffen sich mit ihren Ehefrauen oder die Ehefrauen mit ihren Männern – vielleicht gibt es noch ein oder zwei weitere Themen.«

Es gab eine Story, die von Spiegel nicht erwähnt wurde: Soldaten bekamen Zweifel an ihrer Mission; daß sie es nicht erwähnt, ist angesichts der fast ununterbrochenen Überwachung durch Presseoffiziere ohne weiteres verständlich. Wie ein Soldat, der kein Blatt vor den Mund nahm, feststellte, zielte die Zensurpolitik ebensosehr darauf, den Truppen das Maul zu stopfen wie den Reportern das Handwerk zu erschweren. Die militärische Führung erinnerte sich nur zu gut daran, daß es während der letzten Jahre des Vietnamkriegs zu Disziplinverstößen gekommen war, und wollte es deshalb nicht dulden, daß die Mannschaften sich über Politik äußerten oder Zweifel an der Kompetenz ihrer Offiziere anmeldeten. Einer, der es dennoch tat, war Luftwaffenreservist Dick Runels, der seiner Heimatzeitung ›The Voice‹ in New Baltimore, Michigan, sehr aufschlußreiche Briefe schickte. Nach der Veröffentlichung des zweiten Briefes wurde Runels befohlen, alle künftigen Briefe seinem Stützpunktkommandeur zur Genehmigung vorzulegen; er setzte sich über den Befehl hinweg. Hier einige Auszüge aus seinen Berichten, die gerade das schildern, was das Pentagon während der Operation Wüstenschild vermeiden wollte.

11. Oktober – Wir auf (dem Luftstützpunkt) Mirage haben es besser als wahrscheinlich neunzig Prozent der Truppen auf der Halbinsel, aber das liegt nur daran, daß unsere Flugzeuge viel Platz in Anspruch nehmen... Das vorausgeschickt, sitzen wir hier in einer mit Sand bedeckten, von Flöhen befallenen, heißen, stinkigen, überfüllten – erwähnte ich heiß? – sehr einfachen Zelt- beziehungsweise Hüttenstadt, die man in aller Eile aus dem Boden gestampft hat, um sich mit einer Situation auseinanderzusetzen, die eigentlich keiner durchschaut und von der niemand weiß, wie sie sich entwickeln wird.

In Interviews wird viel geredet, aber wir sind nicht alle froh, hier zu sein, und wir haben auch nicht damit gerechnet, hier zu sein. Wir möchten so schnell wie möglich wieder nach Hause.

Laßt also alle zu Hause wissen, daß wir von der 927. hier sind, aber euch nicht sagen können, wo; daß wir zurückkommen werden, aber euch nicht sagen können, wann; daß wir unsere Pflicht erfüllen, aber euch nicht sagen können, warum...

27. Oktober – Erklären Sie Ihren Lesern, daß mit den Briefen, die sie lesen werden und die voll sind von Verzweiflung und Klagen, wir unserer Frustration über ein System Luft machen, das uns *vollständig* unter Kontrolle hat. Die Leser sollten für diese Beschwerden und Klagen Verständnis aufbringen. Wir werden nicht gefoltert, man läßt uns nicht hungern, wir werden nicht geschlagen oder beschimpft; wir sind nur Teil einer Maschine, die sich unaufhaltsam auf ein verschwommenes Ziel zubewegt. Wenn klarer wäre, warum wir hier sind, wäre die Situation leichter zu ertragen.

4. November – Wie man hört, wird den Angehörigen auf Info-Abenden erzählt, wir wären hier zu einer Art Ferienzeltlager, einem Ausflugstag oder sonst einem netten Späßchen. Das ist totaler Quatsch...

Dies ist kein, ich wiederhole: *kein* Picknick...

22. November – Auf Mirage ist die Moral praktisch am Nullpunkt. Die Verlängerung auf neunzig Tage hat alle vollkommen fertiggemacht...

Es gärt auf diesem Stützpunkt. Viele regen sich darüber auf, daß ich zensiert worden bin; über die Verlängerung regt sich auch jeder auf; bei den Mechanikern herrscht ein kleiner Aufstand, weil man uns *befohlen* hat, ohne Bezahlung und ohne ausreichende Überlebensausrüstung zu fliegen, obwohl es auf unserem Befehl heißt, daß der Flugbetrieb *nicht* zu unserer Aufgabe gehört.

... Die Unruhe, das Unglück, das Elend und der Lagerfrust hier – das ist es, was mich beschäftigt. Der Kampfauftrag hat mit dem, was sich hier abspielt, kaum etwas zu tun.

Daß man mich zensiert hat, ist ein Sturm im Wasserglas. Ich habe bloß über unsere Leute geschrieben, was sie hier erlebt haben und wie sie damit fertigwerden, daß sie wie Kinder behandelt und von ihrer eigenen Regierung betrogen werden, während man ihnen gleichzeitig sagt, sie seien hier, um »die Demokratie zu schützen« – die Demokratie zu schützen in Ländern, die Scheichtümer haben und von absoluten Despoten regiert werden. In diesen Ländern werden Frauen verurteilt, weil sie für das Recht zum *Autofahren* demonstrieren!

... Bei all der Scheiße, die wir uns gefallen lassen müssen, wünschen sie, daß wir über unser Thanksgiving-Essen (das wirklich nett war) und das Pflanzen von Blumen schreiben. Das kann ich nicht...

Die Stimmungsmache, zu der Runels nicht fähig war, war natürlich genau das, worauf die Publicitymaschine des Pentagon hinaus wollte. Um sie zu verstärken, erfand Williams' Dienststelle das Hometown Media Program: Reporter von Kleinstadt-Zeitungen und -Fernsehstationen, besonders solchen, die in der Nähe von militärischen Standorten lagen, wurden zu einer kostenlosen Rundreise an Bord von Militärflugzeugen nach Saudi-Arabien eingeladen. Dadurch erhielten Reporter wie David Garcia von KTSM-TV in El Paso die (ansonsten unbezahlbare) Möglichkeit, die militärischen Helden aus ihrer Heimatstadt zwei bis vier

Tage lang zu besuchen, und sie wurden ermuntert, für die Leute zu Hause positive Stimmungsberichte zu schreiben.

Im Zweiten Weltkrieg, in dem eine strenge Zensur galt, hätte ein Ernie Pyle vermutlich einiges von dem berichtet, was Runels zu sagen hatte (außer dem Politischen), doch diesmal stellte das Pentagon sicher, daß keiner, der wirklich gründlich über das Ringen am Golf berichten wollte, dazu in der Lage war. Ein Ernie Pyle von heute hätte vermutlich auch, was das Leben der Soldaten in der Wüste betraf, ein wichtiges Detail herausgebracht, das Andy Glass und der ›Los Angeles Times‹, die angeblich über die Beschwerden und Alltagsprobleme der Soldaten berichtet hatten, entgangen war. »In den Zeitungen stand, daß es keinen Alkohol gab«, sagte Runels nach dem Krieg. »Für uns sah das ganz anders aus. Es war einiges zu haben, und fast jeder bekam was.« Leider ist es nicht vorgesehen, daß Soldaten mit journalistischen Auszeichnungen bedacht werden.

Nach Darstellung von Lucy Spiegel schwankte die Aufgeschlossenheit der Presseoffiziere von einer Waffengattung zur anderen. Am wenigsten entgegenkommend waren, wie sie sagte, »die Jungs von der Armee, die noch einmal den Vietnamkrieg ausfochten«. Die Presseoffiziere der Luftwaffe »waren alle aalglatte, lächelnde Typen, wenn Sie wissen, was ich meine. Die Jungs von der Navy brachten nichts zuwege, weil immer irgendeiner oben nein sagte. Am besten waren die Marines, und zwar nicht, weil sie eine besondere Ausbildung haben, sondern weil bei ihnen die letzte Tragödie (der Sprengstoffanschlag auf die Beiruter Kaserne 1983) noch nicht lange zurücklag.«

Aber die Marines konnten auch ekelhaft werden. Vor dem Beginn der Kampfhandlungen wurden Susan Sachs von ›Newsday‹ und Carol Rosenberg vom ›Miami Herald‹ als Berichterstatter von der First Marine Division ausgeschlossen, weil sie Fragen gestellt hatten, die ein Kommandeur als »unverschämt« empfand. Die Reporterinnen sagten, sie seien bloß hartnäckig gewesen.

NBC-Korrespondent Gary Matsumoto hatte Ärger mit verschiedenen Presseoffizieren der Army. Als im Januar die First Infantry Division aus Fort Riley, Kansas, in Saudi-

Arabien eintraf, fragte er einen Militärgeistlichen nach der Stimmung der Truppe. Nach den Verhaltensregeln war ein Interview mit einem Geistlichen durchaus zulässig. Doch während Matsumoto und der Geistliche bei laufender Kamera miteinander sprachen, stellte sich Becky Kolaw, Presseoffizierin im Hauptmannsrang, vor die Kamera und machte damit dem Interview ein Ende. »Sie pochte darauf«, so Matsumoto, »daß General Schwarzkopf persönlich Interviews mit Geistlichen verboten habe.« Ebenfalls im Januar interviewte Matsumoto Soldaten von einem Patriot-Raketenregiment aus Fort Bliss, Texas. Er beschreibt das so: »Sobald ich begann, einen Soldaten zu interviewen, nahm dieser Presseoffizier direkt hinter mir Aufstellung, starrte ihm in die Augen, hielt deutlich sichtbar einen Kassettenrekorder in die Höhe und schaltete ihn an. Das war eine offenkundige Einschüchterung..., wie sich an den Reaktionen der Soldaten zeigte. Fast alle atmeten nach einem Interview tief auf, wandten sich an den Presseoffizier und fragten ihn etwa: ›Werde ich meinen Job behalten?‹«

Andererseits konnten Presseoffiziere auch sehr hilfreich sein, je nachdem, was für Nachrichten sie loswerden wollten. Reporter Bob Simon von CBS, der dadurch berühmt werden sollte, daß die Iraker ihn wegen seiner Kühnheit, sich während des Krieges von den Pools zu lösen, festnahmen, erklärte mir das System der Presseoffiziere während der Operation Wüstenschild folgendermaßen: »Es war von Anfang an nicht möglich, mir nichts dir nichts zu einer Einheit der Marines in die Wüste zu fahren und ›Hallo‹ zu sagen. Vielleicht wäre es schon gegangen, aber normalerweise mußte das von den PR-Leuten im Hotel organisiert werden. Für uns war das durchaus akzeptabel... Wir hätten uns in der Wüste ohnehin nicht zurecht gefunden.«

Simon kam später zu dem Schluß, daß die Militärs im August und September ziemlich kooperativ waren, weil »sie glaubten, sehr verwundbar zu sein, und deshalb wollten sie, daß wir in unseren Berichten schrieben oder doch zu verstehen gaben, daß sich mehr Amerikaner im Lande befanden, als es tatsächlich der Fall war... Sie wollten Hussein mit unserer Hilfe zu verstehen geben, daß es für ihn nicht ganz einfach werden würde, falls er sich entschließen sollte, über die Grenze zu kommen.« Gleichzeitig wollte das Pentagon aber, daß die Amerikaner glaubten, es seien mehr Iraker in Kuwait, als es tatsächlich der Fall war: »Sie haben uns verdammt wenig erzählt«, sagte Simon im Hinblick auf die offiziellen Informationen über die Truppenstärke der Iraker. In Washington wurden zwar Zahlen genannt, doch wie sich nach dem Krieg herausstellte, waren sie stark übertrieben, möglicherweise aus Unkenntnis, vielleicht aber auch aus Gründen der Propaganda. Die unsichtbaren feindlichen Scharen waren – neben dem Verhältnis zwischen »intelligenten« und »dummen« Bomben – die größte Enthüllung des Golfkriegs.

Mitte September behauptete die US-Regierung, in Kuwait stünden zweihundertfünfzigtausend Iraker bereit, Saudi-Arabien anzugreifen. Anfang Januar war ihre angebliche Zahl auf fünfhundertvierzigtausend in und um Kuwait angewachsen, und sie waren allesamt bis an die Zähne bewaffnet und scharf darauf, angreifende amerikanische Truppen niederzumetzeln. Wenn man den Presseverlautbarungen der Regierung glaubte, gab es an der Südgrenze Kuwaits eine moderne irakische Maginot-Linie, hinter der die Republikanische Garde stand, die immer als »Elite« bezeichnet wurde. Auch wenn man vielleicht nie genau erfahren wird, wie stark die irakischen Truppen im Kampfgebiet waren, so zeigte sich doch, daß es in Wirklichkeit weit weniger waren. (Das Pentagon hielt auch nach dem Krieg an seiner Behauptung fest, dort hätten fünfhundertvierzigtausend kampfeslustige irakische Soldaten gestanden, und führte den ausgebliebenen Widerstand im Bodenkrieg auf Desertionen und Todesfälle infolge alliierter Bombenangriffe zurück.)

Indem sie allein die Anzahl der irakischen Truppen in den Vordergrund stellten, verschleierten die Regierung – und die gefügigen Medien – die jämmerliche Kampfqualität der eingezogenen Infanteristen, aus denen die feindlichen Streitkräfte zum größten Teil bestanden. Wie mir Chuck Akers von der 503 MP Company der Third Armored Division erzählte, waren viele Kriegsgefangene ungenügend ausgerüstet, ausgehungert und demoralisiert, kurz, nicht gerade das, was man sich unter einem Kämpfer vorstellt. Unter ihnen waren ein elfjähriger Junge, mehrere Soldaten, deren Füße so geschwollen waren, daß man ihnen die Stiefel aufschneiden mußte, und viele, die nur Übungsmunition bei sich hatten.[*]

Wie schon im Fall der Brutkasten-Story wurden auch die Behauptungen von dem riesigen Menschenpotential, das hinter Saddams Gebietsanspruch stand, von den Medien fast einhellig akzeptiert. Einzig die ›St. Petersburg Times‹, eine angesehene unabhängige Tageszeitung aus Florida, stellte die offiziellen Angaben in Zweifel. In einem Aufmacher, der am Sonntag, dem 6. Januar 1991, erschien, berichtete Jean Heller, Reporterin vom Washingtoner Büro der Zeitung, daß Satellitenfotos, die eine sowjetische Firma am 11. und 13. September 1990 vom Grenzgebiet zwischen Kuwait und Saudi-Arabien gemacht hatte, »keine Anhaltspunkte für eine massive irakische Präsenz in Kuwait im September« zu erkennen gaben. Peter Zimmerman, ein Experte für Satellitenbilder von der George Washington University, ging in diesem Artikel einen Schritt weiter als die relativ zurückhaltende Heller und erklärte: »Das Pentagon hat immer wieder behauptet, die bösen Kerle seien dort, aber wir sehen nichts, woraus man entnehmen könnte, daß die irakische Streitmacht in Kuwait auch nur zwanzig Prozent des Umfangs hat, den die Regierung verbreitet.« Das Pentagon bezifferte zu diesem Zeitpunkt die irakischen Truppen in Kuwait auf bis zu zweihundertfünfzigtausend und die Zahl der Panzer auf tausendfünfhundert. »Während von irakischen Truppen nichts zu sehen ist«, hieß es in dem Artikel weiter, »ist die umfangreiche militärische Präsenz Amerikas auf dem Flughafen Dhahran unschwer auszumachen ...«

Zimmerman, Mitarbeiter des während der Reagan-Ära geschaffenen Amtes für Rüstungskontrolle und Abrüstung, hatte im August 1990 von der Sache Wind gekriegt, als eine

[*] Nach Angaben des Verteidigungsministeriums gerieten insgesamt zweiundsiebzigtausend irakische Soldaten in alliierte Kriegsgefangenschaft. Die meisten wurden in den drei Tagen des Bodenkampfes gefangengenommen.

japanische Zeitung ihn bat, Bilder von »mittelmäßiger Auflösung« zu analysieren, die das kommerzielle sowjetische Satellitenunternehmen Sojus-Karta um den 8. August herum von der Region gemacht hatte. In einem späteren Interview sagte Zimmerman, die Bilder seien hinreichend gut gewesen, um Rückschlüsse auf die Schwäche der militärischen Stellung des Irak zuzulassen. Einige amerikanische Nachrichtenorganisationen hatten diese Bilder ebenfalls erworben und verschiedenen Experten vorgelegt, und, so sagte Zimmerman, »wir waren uns alle einig, daß wir auf den Bildern nichts erkennen konnten, was auf militärische Aktivitäten hindeutete«.

Doch ein weiteres Mal siegte bei den Medien die Zurückhaltung über die Neugier. »Mit einigen Nachrichtenorganisationen gab es einen großen Kampf«, erinnert sich Zimmerman. »Irgend jemand entschied, die Sowjets hätten gemogelt und diese Bilder seien nicht vom angegebenen Datum und Zeitpunkt.« In den Medien wurde nichts berichtet. Im Oktober kam dann Mark Brender von ABC News mit neuen, am 15. September aufgenommenen Satellitenfotos zu Zimmerman, und diese Bilder, laut Zimmerman »von erstaunlicher Qualität«, zeigten wiederum keine irakischen Anlagen an der Grenze. »Wieder sahen wir nichts – und dabei waren wir imstande, jede Gruppierung von mehreren Fahrzeugen zu erkennen«, sagte er. Auf die Möglichkeit einer Datumsfälschung angesprochen, verwies Zimmerman auf das Fehlen der Boote in den Yachthäfen an der kuwaitischen Küste, was die Echtheit bestätige.

»Innerhalb von zwei Wochen wußten alle, daß ein hervorragendes Satellitenbild von Kuwait untersucht worden war und man nichts darauf entdeckt hatte«, sagte Zimmerman.

Es vergingen jedoch zwei Monate, ohne daß die Bilder von irgendeiner Nachrichtenorganisation gedruckt oder gesendet worden wären. ›Newsweek‹ brachte zwar am 3. Dezember unter der Rubrik ›Periscope‹ eine Notiz über die Fotos, wollte die Sache aber nicht weiterverfolgen. ABC hatte die Bilder ebenfalls erworben, aber es fehlte, wie sich herausstellte, ein Dreißig-Kilometer-Streifen von Kuwait, wo sich möglicherweise das Gros der irakischen Truppen hätte aufhalten können. Es ist merkwürdig, daß der Sender nicht nachhakte und das fehlende Bild erwarb. Mark Brender versuchte zu erklären, warum man die Story fallenließ, und man sieht an diesem Versuch, wie die Stimme des ehrlichen Journalismus von der verlogenen Haltung der Institution übertönt wird: »Wir waren nicht absolut sicher, daß die Bilder, die sie uns schickten, wirklich vom 13. September 1990 waren ... Sie (die Bilder) verrieten uns nicht, was darauf zu sehen war..., eigentlich warfen die Bilder mehr Fragen auf, als sie beantworteten ... Außerdem hatte man das Gefühl, daß man sich gegen den Trend stellen würde. Wenn man sich aber gegen den Trend stellen wollte, mußte man seiner Sache schon sicher sein. Wenn man den Mund voll nimmt und behauptet, die Stärke der irakischen Streitkräfte sei vielleicht nicht so hoch, wie die Regierung angibt, dann sollte man doch sagen können, wie viele es sind.«

Um sich nicht gegen den Trend zu stellen, übernahm ABC also die Regierungslinie von dem wie immer hilfreichen Pete Williams vom Pentagon. Dazu Brender: »Er kam zu mir zurück und sagte: ›Mark, glaub mir, sie sind da.‹« Williams' Worte wogen tatsächlich schwerer als die Fotos, und so beschloß Brender zusammen mit Sam Donaldson, dem aufwendig angepriesenen Bilderstürmer, die Story fallenzulassen. Donaldson war verstimmt, als ich ihn nach dem Krieg auf seine Entscheidung ansprach; er verteidigte sie nach dem Motto, daß die Mehrheit bestimmt, was guter Journalismus ist. »Sie zitieren ständig die ›St. Petersburg Times‹«, sagte er verärgert. »Gewiß eine ganz gute Zeitung, aber gibt es hierzulande nicht noch andere Zeitungen und Magazine? Gegen meine Beurteilung und die meiner Kollegen bei ABC führen Sie als einzigen Zeugen die ›St. Petersburg Times‹ an. Wo bleiben die anderen? Sie sind alle auf meiner Seite.«

Auch andere Nachrichtenorganisationen fragten bei Zimmerman an, und er forderte deren Reporter auf, das fehlende Foto zu kaufen; ihre Namen wollte er allerdings aus

Freundlichkeit nicht verraten:[*] »Diese Leute haben eine Riesenstory verpennt, aus Dummheit oder weil sie nicht mit dem Geld rausrücken wollten (rund 1500 Dollar für dieses fehlende Satellitenbild) ... große Magazine, bedeutende Zeitungen ...« Einzig die ›St. Petersburg Times‹ war so von der Story überzeugt, daß sie das fehlende Foto von Sojus-Karta erwarb. Aber auch dieses Bild zeigte keine irakischen Truppen.

Zimmerman und ein weiterer Experte, den die Zeitung bemühte, kamen auf zwei denkbare Erklärungen dafür, daß der Feind nicht zu sehen war: »Erstens, die Truppen waren (weiträumig verteilt und) nicht im Biwak oder in ortsfesten Befestigungsanlagen, und in diesem Fall würde es äußerst schwierig sein, sie zu finden. Oder zweitens, es waren nicht so viele im Lande wie behauptet, oder eine Mischung aus beidem.« – »Wir sind bereit«, erklärte Zimmerman gegenüber Heller, »zumindest theoretisch die Möglichkeit nicht auszuschließen, daß die Aktivitäten der Iraker sich auf einem so niedrigen Niveau abspielten, daß bei der gegebenen Auflösung nichts davon zu sehen war. Falls es dort aber wirklich Zeltstädte gab, falls es Bunker gab, falls es dort Bereitstellungsräume, Versorgungs- und Instandhaltungsbasen gab, fällt es uns wirklich schwer zu glauben, daß sie uns entgangen sein könnten.« Zimmerman sagte nach dem Krieg, die Stärke der irakischen Truppen in Kuwait habe »etwa die Hälfte oder ein Viertel« der vom Pentagon behaupteten Stärke betragen, und »wir wissen inzwischen, daß das Pentagon eingeräumt hat, die Stärke der Divisionen überschätzt zu haben«.

Was den Artikel in der ›St. Petersburg Times‹ angeht, so »ging er spurlos unter«. Zimmerman sagte, er habe einige Anrufe wegen der Story erhalten, aber dann sei sie nirgendwo mehr erwähnt worden. Weder Associated Press noch United Press International noch der Scripps Howard News Service berichteten davon. (Ich las ihn erst im März 1991 als Nachdruck in dem linken Nachrichtenmagazin ›In These Times‹.)

[*] Pete Williams äußerte gegenüber der ›Washington Journalism Review‹, er habe ABC, CBS und der ›Chicago Tribune‹ davon abgeraten, die Satellitengeschichte weiterzuverfolgen.

Vermutlich gibt es während der Wüstenschild-Phase keine wichtigere Story als den unsichtbaren Feind. In Bob Woodwards Buch ›The Commanders‹ erfahren wir, daß Präsident Bush schon im August 1990 Krieg gegen Saddam Hussein führen wollte, und so erscheint die Information, ob er die irakische Bedrohung für Saudi-Arabien übertrieben hat, um eine amerikanische Intervention zu rechtfertigen, äußerst bedeutsam. Da die Vereinigten Staaten am Persischen Golf intervenierten, um, wie es hieß, einen Angriff des Irak auf Saudi-Arabien zu unterbinden, war es für eine demokratische Auseinandersetzung natürlich eine sehr bedeutsame Frage, ob ein derart massiver Einsatz notwendig war und ob eine derartige Aktion überhaupt defensiven Charakter hatte. Man könnte außerdem fragen, ob es selbst unter der Voraussetzung, daß Bush letztlich eine offensive Militärstrategie verfolgte, gerechtfertigt war, so viele Truppen zu entsenden.

Wollte eigentlich niemand wissen, so Zimmermans Frage an Jean Heller, ob »dort (im September) zweihundertfünfzigtausend oder zehntausend (irakische) Soldaten standen?« Es blieb Zimmerman überlassen, den wohlbegründeten Zweifel zu äußern, den man eigentlich von einem Journalisten erwartet: »Die Grenze zwischen Kuwait und Saudi-Arabien ist nicht sehr lang. Es wären nicht mehr als zehntausend irakische Soldaten erforderlich, um das Grenzgebiet so zu überwachen, daß Leute, die fliehen wollen, ihnen direkt in die Arme laufen würden. In Kuwait-Stadt hätten zweitausend ekelhafte Militärpolizisten genügt, um die Stadt in Angst und Schrecken zu versetzen. Um all das anzurichten, was wir gesehen und wovon wir gehört haben, genügte ein kleines irakisches Kontingent, das zwei Divisionen der Marines vermutlich relativ schnell und mit relativ wenig Blutvergießen in den Irak zurückgejagt hätte.«

John Simpson, der geachtete Auslandsredakteur der BBC, berichtete in seinem Buch ›From the House of War‹, daß die irakische Armee im Kriegsgebiet Anfang Januar 1991, als sie ihre maximale Stärke erreicht hatte, etwa zweihundertsechzigtausend Mann zählte. »Nachdem die Bombardierung begonnen hatte«, schrieb er, »setzten die Desertionen richtig ein. Zehntausende liefen einfach nach Hause. An der vordersten Front desertierten laut General Schwarzkopf manchmal über dreißig Prozent von den Eingezogenen.« Als die Bodenoffensive begann, war die Zahl der irakischen Verteidiger Simpson zufolge möglicherweise unter zweihunderttausend gesunken. Die alliierte Invasion war, wie er schrieb, »ein Aufräumen mit Illusionen«.[2]

Unmittelbar nach dem Krieg bestätigte die »unverschämte« Susan Sachs von ›Newsday‹ kurz und bündig, daß die Aussage der sowjetischen Satellitenfotos im wesentlichen zutraf. Sie zog das beste und ehrlichste Resümee des »Krieges« und der mit ihm verbundenen Desinformationskampagne der Regierung, das je in amerikanischen Tageszeitungen erschien. Unbestreitbar eine Meldung für die Titelseite, wurde es von ›Newsday‹ am 1. März auf Seite 21 veröffentlicht:

»Die kampfbereiten alliierten Soldaten, die mit Hubschraubern auf dem Schlachtfeld niedergingen, in kanonenbewehrten Panzern durch den Sand rasten und aus hochmodernen Kampfflugzeugen Bomben abwarfen, bekämpften am Ende einen Phantomfeind. Der größte Teil der mächtigen irakischen Armee, der in Kuwait und im südlichen Irak angeblich über fünfhunderttausend Mann zählte, war nicht zu finden. Saddam Husseins angebliche Fähigkeit zur chemischen Kriegführung bewahrheitete sich nicht. Mit chemischen Sprengköpfen ausgerüstete Artillerie wurde nicht entdeckt.

Die Verteidigungsgräben und Bunker des Irak, nach Angaben von Militärexperten massiv befestigt, waren, wie sich herausstellte, bestenfalls mit zerbröckelnden Ziegelsteinen verstärkt und schon Tage, vielleicht sogar Wochen vor Beginn der alliierten Bodenoffensive verlassen worden.

Und nachdem man monatelang gehört hatte, die irakischen Linien im südlichen Kuwait bestünden aus Gürteln von vier Meter hohen Sandwällen, meilenweiten tödlichen Minenfeldern und tückischen, mit Öl gefüllten Gräben, standen die US-Marinesoldaten vor einer flachen Landschaft, in der hier und da eine oberirdische Mine lag, die sie praktisch unversehrt passierten...

Vor Beginn der Bodenoffensive erzeugten Informationen ... von amerikanischen und alliierten Behörden ... den Eindruck, der Feind besitze hervorragende Verteidigungsanlagen, und warnten während des massiven militärischen Aufmarsches in Saudi-Arabien immer wieder davor, daß den alliierten Truppen bei einem frontalen Zusammenstoß schwere Verluste drohten.

Doch die vordringenden Soldaten und Einheiten der Marines fanden kaum etwas, das die früheren Behauptungen gestützt hätte. Und ein höherer Offizier bestätigte, daß die vor dem Krieg ausgestreute Information über irakische Verteidigungsanlagen stark übertrieben war. ›Es gab im Zusammenhang mit diesem Krieg eine große Desinformationskampagne‹, sagte er diese Woche mit einer gewissen Befriedigung.«

Es waren somit die großen Medien, die an George Bushs politischer und militärischer Strategie mitwirkten, möglicherweise ohne es zu wissen. Es gab ehrenwerte Ausnahmen. Mit Zustimmung seiner Vorgesetzten hatten sich Bob Simon von CBS und sein Team offiziell aus einem Pool zurückgezogen, der sie auf einen Luftwaffenstützpunkt verlegt hätte, als das Schießen begann. Simon hatte schon über die letzten Etappen des Vietnamkrieges berichtet und ärgerte sich über die Restriktionen. So stahl sich an dem Freitagmorgen nach Beginn der Bombardierung die CBS-Mannschaft – in Army-Tarnanzügen steckend, um leichter an den Kontrollpunkten vorbeizukommen – in ihrem Land Rover davon und drehte den vermutlich ersten Exklusivbericht dieses Krieges: Bei Chafdschi filmten sie eine brennende saudische Ölraffinerie, von der Simon glaubte, sie sei durch irakischen Beschuß in Brand geraten, und begegneten einem Spähtrupp der Marines, der nach irakischen Artilleriebeobachtern Ausschau hielt und erklärte, unter Beschuß geraten zu sein. Der die Kompanie befehligende Oberstleutnant erklärte sich zu einem Interview bereit, und außerdem konnte das Team in aufgegebenen saudischen Stellungen

drehen. Das Ergebnis war ein guter, unzensierter Exklusivbericht für die CBS Evening News dieses Abends, bei dem
Simon allerdings die Verhaltensregeln aus Gründen der Sicherheit beachtete und über den speziellen Auftrag der Marines nichts sagte.

Diese kleine Eigeninitiative löste bei den Presseoffizieren
in Dhahran »feindselige Sticheleien« aus, und Oberst William Mulvey, der »Hollywood« Mike Sherman an der Spitze des Zentralen Informationsbüros ersetzte, bat Simon
höflich, bei Gelegenheit doch einmal auf eine Tasse Kaffee
vorbeizukommen. Sie sind nicht zusammengekommen. Am
Sonntag darauf probierte das Team etwas Ehrgeizigeres und
fuhr auf der Autobahn rund dreihundert Meilen in Richtung Hafar al-Batin, »um eine andere Gegend auszukund-
schaften«. Am Montag wurde ihnen von einem saudischen
Zollbeamten an der Grenze zu Kuwait versichert, auf der
anderen Seite seien keine irakischen Truppen, und so
wanderten sie hinüber und trafen auf einen vereinzelten
irakischen Jeep, in dem drei Soldaten saßen. Die nächsten
vierzig Tage verbrachten Simon, Produzent Peter Bluff, Kameramann Roberto Alvarez und Tonmeister Juan Caldera
wegen Spionageverdacht in einem Bagdader Gefängnis,
und über die Hälfte dieser Zeit saßen sie in Einzelhaft.
Während der Verhöre, bei denen ihnen die Augen verbunden waren, wurden sie geschlagen und beschimpft – Simon
auch deshalb, weil er Jude ist. Immer wieder mußten sie an
das Schicksal des hingerichteten Reporters Farzad Bazoft
denken.

Ironischerweise waren es gerade ihr Bravourstück und
die anschließende Gefangenschaft, die dem CBS-Team die
Gelegenheit bescherten, direkt etwas zu beobachten, was
sonst kaum ein Journalist während des Krieges erlebte: die
Bombardierung Bagdads durch die Alliierten. (Nach ihrer
Freilassung nutzte Korrespondent Ed Bradley ein Interview
in der Sendung ›60 Minutes‹, um noch einmal die Präzision
der amerikanischen Bomber zu rühmen: »Was den vier
Männern aber mehr angst machte, war die Präzision der
alliierten Bomber, die die Zentrale des militärischen Nachrichtendienstes trafen, wo sie festgehalten wurden.« Woher

in aller Welt wollte Bradley wissen, welche dieser Bomben ihr Ziel getroffen und welche danebengegangen waren?)

Alvarez bezeichnete die Bombardierung als den »schrecklichsten Moment, den ich durchgemacht habe«; sie habe bei ihm einen »Schock« zurückgelassen. Caldera beschrieb den Angriff folgendermaßen: »Ich hörte das Flugzeug, dann hörte ich die Bombe kommen. Ich sagte: ›O mein Gott!‹ Es war ein unheimliches Geräusch, und ich wußte, es kam direkt auf mich zu. Also kauerte ich mich in eine Ecke, und dort war eine große Tür, und Trümmer fielen herab ... Trümmer fielen auf meinen Arm und bedeckten mich ... Die Hälfte des Raums ist einfach verschwunden. Als ich in den Raum zurückkam, sah ich in den Himmel ... Es war dunkel, dunkel, und das ganze Gebäude, alles voller Trümmer, und von dem Raum, in dem ich gesessen hatte, war die Hälfte einfach weg.«

Das Schicksal Simons und seiner Kollegen hatte für das übrige Pressecorps in Saudi-Arabien unbeabsichtigt ein schlechtes Beispiel gegeben – für die Presseoffiziere im Zentralen Informationsbüro war es ein Geschenk des Himmels. Das passive Verhalten der übrigen Reporter war in der »wohlwollendsten Deutung«, wie Simon sagte, mit ihrer Furcht zu erklären, das gleiche Schicksal zu erleiden. Tom Brokaw erzählte mir, einer der NBC-Korrespondenten am Persischen Golf sei durch das Verschwinden Simons »in panische Angst versetzt« worden.

Doch wenn einige Poolreporter es ablehnten, Simons Beispiel zu folgen, so hatten sie weniger ehrenhafte Motive als die Furcht. Einer von ihnen war »Scud Stud« Arthur Kent von NBC, der, wie Brokaw sagte, von dem Poolsystem ganz begeistert war: »Sie (Kent und andere) sagten: ›Wir sind überzeugt, daß wir uns diesen Pool zunutze machen können, daß wir gute Poolaufträge bekommen und alles in Ordnung geht.‹« Rückblickend gestand Brokaw, daß NBC im Pool »untergegangen« sei.

Molly Moore von der ›Washington Post‹ hatte mit Simons eigenwilligem Verhalten ein anderes Problem; sie und andere hätten sich daran gestört, sagte sie mir, daß Simon sich als Soldat verkleidete, denn dadurch hätten sich die Reporter den Verdacht der Spionage zugezogen. Allerdings hörte ich bei Moore den Groll einer Mannschaftsspielerin heraus, die sich an die Regeln hält, während andere sich durch Mogeln einen ungerechten Vorteil verschaffen. Für Pete Williams und seine Propagandagehilfen waren derartige Seitenhiebe zwischen Unabhängigen und Poolmitgliedern zweifellos ein gefundenes Fressen.

Das größte Aufsehen erregte folgender Fall interner Kämpfe zwischen den Medien. Ein Poolmitglied, Brad Willis von NBC, zeigte einen Unabhängigen, Robert Fisk vom Londoner ›Independent‹, bei einem Presseoffizier der Marines an, als beide Reporter sich bemühten, über die Schlacht von Chafdschi am 31. Januar zu berichten. Die menschenleere saudische Grenzstadt war für kurze Zeit von irakischen Truppen eingenommen worden, und Willis, der Marines-Sondereinheit Taro zugeordnet, hatte Schwierigkeiten, mit seinem Team an saudischen Kontrollpunkten durchgelassen zu werden, um zum Ort des Geschehens zu gelangen. Wie Fisk im ›Independent‹ schreibt, hatte man die Poolreporter von den Gefechten ferngehalten und dazu verleitet, vorzeitig die Wiedereroberung der Stadt zu melden: »Als sich dann aber der ›Independent‹ auf den Schauplatz begab, um der Sache nachzugehen, reagierte ein amerikanischer NBC-Fernsehreporter (Willis), ein Mitglied des militärischen Pools, wie folgt: ›Du Arschloch, du hinderst uns an der Arbeit. Du hast hier nichts verloren. Hau ab. Geh zurück nach Dhahran.‹ Daraufhin rief er einen Presseoffizier der amerikanischen Marines herbei, der erklärte: ›Sie dürfen nicht mit US-Marines sprechen, und die dürfen nicht mit Ihnen sprechen.‹«

Fisks Darstellung wird von Willis entschieden bestritten. Er habe am Abend vor der Abfahrt nach Chafdschi mit dem Kommandeur einer TOW-Raketeneinheit vereinbart, zusammen mit dieser Einheit zum Schauplatz der Gefechte zu fahren. Die Marines seien am nächsten Tag zur vereinbarten Zeit dagewesen, doch habe der Kommandeur erklärt, daß Willis nicht mitfahren könne, weil bereits ein Poolreporter bei der Einheit sei. Das »Poolmitglied« war, wie sich herausstellte, Fisk, der sich im Fond eines Humvee, der neuesten Version des Jeep aus dem Zweiten Weltkrieg, versteckte. Willis sagte, er sei wütend geworden, weil Fisk versuchte, klammheimlich auf seine Kosten und auf Kosten der Reporter in Dhahran nach Chafdschi zu gelangen. (Die Videoaufzeichnungen und schriftlichen Berichte der Poolreporter am Persischen Golf wurden als Gemeinbesitz verstanden und – nach der Zensurprüfung durch die Militärs – dem übrigen Pressecorps in Dhahran zugänglich gemacht.) Willis sagte, er habe daraufhin Fisks Betrugsmanöver aufgedeckt, und die Marines hätten ihn »fortgejagt«, während er, Willis, mit ihnen nach Chafdschi fuhr.

Es war dies ein Musterbeispiel für die vermutlich wohlüberlegte Teile-und-herrsche-Strategie der US-Militärs. Fisk hatte es natürlich auf einen unzensierten Exklusivbericht abgesehen und wollte alles dafür tun; er wollte nicht mit anderen teilen. Willis, der sich an die Regeln des Pentagon hielt, wurde wütend bei dem Gedanken, daß ein anderer Reporter, der gegen die Regeln verstieß, ihm zuvorkommen könnte. Während ich für Fisks Initiative mehr Bewunderung empfinde als für Willis' Bemühungen, sich in das System einzufügen, muß ich andererseits doch sagen, daß Willis nicht schlimmer war als die übrigen Poolreporter, die bei dem Programm mitmachten. Ihm blieb jedenfalls kaum etwas anderes übrig als zu kämpfen, um seinen Poolplatz zu behalten. Auch ein gefesselter Reporter muß sein Revier verteidigen.

Die Konkurrenz zwischen den Reportern in Dhahran wurde durch einen geschickten Schachzug der US-Militärs institutionalisiert. Die Entscheidung, wer in welchem Pool mitfahren sollte, wurde Journalisten übertragen, eine Situation, die an ein Gefängnis erinnert, wo Insassen von Insassen bewacht werden. Im Laufe der Golfkrise übernahmen nacheinander Laurence Jolidon von ›USA Today‹, John Fialka von ›Wall Street Journal‹, Joe Albright von Cox Newspapers und Nicholas Horrock von der ›Chicago Tribune‹ die »Führung« und schafften es, sich die Feindschaft einiger Reporter zuzuziehen, unter ihnen Carl Nolte vom ›San Francisco Chronicle‹. Nolte, der sich schließlich unabhängig machte, stimmt in Fisks Klage ein: »Die Art, wie diese Poolkoordinatoren ... das System betrieben, beruhte auf Begünstigung und versteckten Andeutungen; wie ein Großwesir am Hof des osmanischen Reiches flüsterten sie einem etwas ins Ohr ... Sie sorgten für ihre Kumpel und ließen diejenigen, die sie nicht mochten, leer ausgehen, besonders diejenigen, die Unternehmungsgeist zeigten ... Wenn jemand etwas auf eigene Faust unternahm, legten sie ihm Fesseln an. Man brauchte nicht darauf zu warten, daß die Militärs einem Fesseln anlegten, das besorgten die Medien selbst.«

Noltes letzter Satz könnte als Motto für das Verhalten fast aller amerikanischen Medien während des Golfkriegs dienen.

Ob es Willis gefällt oder nicht – wir müssen Robert Fisk dafür dankbar sein, daß er einige der plumpesten Zensurmaßnahmen des Krieges aufgedeckt und angeprangert hat. Es war Fisk, der, während Willis in Chafdschi tätig war, beobachtete, wie einer Gruppe unabhängiger französischer Reporter, die dort ebenfalls Aufnahmen machen wollten, von den Militärs das Videoband abgenommen wurde. Es war ebenfalls Fisk, der einige ziemlich dumme Eingriffe der Zensur in Poolmeldungen aufdeckte: Aus den in einem Bericht zitierten Äußerungen von Marinepiloten auf dem Flugzeugträger ›Saratoga‹ wurden beispielsweise die Flüche herausgestrichen; Reporter, die von dem Träger ›Kennedy‹ berichtet hatten, daß Jagdbomberpiloten sich vor ihrem Einsatz zur Entspannung Pornovideos anschauten, fanden dieses »unamerikanische« Detail aus ihren Berichten getilgt.

Den größten Beitrag zur Bloßstellung der Zensurpraxis leistete Fisk jedoch dadurch, daß er die Kollaborationsbereitschaft seiner amerikanischen Kollegen mit unverhüllter Verachtung beschrieb: »Auf einem amerikanischen Luftstützpunkt entdeckte ich ein riesiges Transparent ... Es zeigte einen amerikanischen ›Superman‹, der einen schlappen, verängstigten Araber mit Hakennase in seinen Armen hält. Die Existenz dieses Transparents mit seinen rassistischen Anspielungen wurde von den Pooljournalisten auf diesem Stützpunkt in ihren Berichten unterschlagen.« Fisk machte sich lustig über die superpatriotische und süßlich-kitschige Berichterstattung mancher Poolreporter, denen er »Spuren von Selbstgerechtigkeit und sogar romantischer Verklärtheit« bescheinigte. Er zitierte die ungeheure schriftstellerische Leistung eines Reporters vom ›Philadelphia Inquirer‹, in dessen Poolmeldung es hieß: »Donnerstagmorgen war einer der Augenblicke, in denen die Zeit stillsteht ... und die einem Hoffnungsschimmer den Weg ebnen.«

»Die Journalisten«, schrieb Fisk, »sprechen inzwischen vom Irak als ›dem Feind‹, so als führten sie selber Krieg, was in einem gewissen Sinne der Fall ist.

Die Sprache ist die der frühen vierziger Jahre, als Hitlers Armeen an der Kanalküste standen und im Begriff waren, nach England einzufallen. Journalisten in Uniformen und Helmen versuchen, den beschwörenden Ton von Edward R. Murrow und Richard Dimbleby nachzuahmen. Man bereitet uns vor auf ›die größte Panzerschlacht seit dem Zweiten Weltkrieg‹ und ›die größte amphibische Operation (das war ein Täuschungsmanöver) seit der Landung in der Normandie‹.«

Die Vergleiche mit dem Zweiten Weltkrieg, vom Weißen Haus eifrig gefördert, waren ebenso grotesk wie die aufgeblasenen Posen der Poolreporter. »Wäre Ed Murrow am Leben«, schrieb Fisk, »dann wäre er wohl bei den Reportern in Bagdad und würde die Wirkung der alliierten Luftangriffe beschreiben.«

Doch amerikanische Ed Murrows waren gegen Ende des Winters 1990/91 schwer aufzutreiben. Allerdings gab das Fernsehen sich größere Mühe, den Krieg von der anderen Seite her darzustellen. Nachdem die Bombardierung am 17. Januar (Ortszeit Bagdad) begonnen hatte, versuchten NBC und CNN so lange wie möglich einen Korrespondenten in Bagdad zu halten; mit Ausnahme des CNN-Teams und eines Reporters der spanischen Zeitung ›El Mundo‹, Alfonso Rojo, wurden alle ausländischen Korrespondenten zwei Tage später aufgefordert, das Land zu verlassen.

Doch die vier bedeutendsten amerikanischen Blätter taten sich besonders dadurch hervor, daß sie *vor Beginn* der

Bombardierung ihre Korrespondenten aus Bagdad abzogen. Dan Williams zum Beispiel, der Korrespondent der ›Los Angeles Times‹, hatte vor, über das von den Vereinten Nationen auf den 15. Januar festgesetzte Ultimatum für den Rückzug der Iraker aus Kuwait hinaus in der irakischen Hauptstadt zu bleiben. Er war um der Vollständigkeit der Berichterstattung willen bereit, das Risiko einzugehen und den Krieg von der irakischen Seite aus zu beobachten. Er hatte für sein Bleiben ein zusätzliches Motiv: Seine Frau, Lucia Annunziata, wollte für ihre Zeitung, ›La Repubblica‹, in Bagdad bleiben. Williams' Redaktion wollte ihn jedoch heraus haben. Unter Berufung auf die Sorge um seine Sicherheit bestand sie darauf, daß er die irakische Hauptstadt verließ.

In den letzten Tagen vor Beginn der Bombardierung hatte der Pressechef des Präsidenten, Marlin Fitzwater, die Korrespondenten dringend aufgefordert, Bagdad zu verlassen. In einem Telefongespräch mit Tom Johnson von CNN hatte Bush persönlich angedeutet, daß ein Angriff unmittelbar bevorstehe, indem er seiner Hoffnung Ausdruck gab, daß es dem Moderator Bernard Shaw gelingen möge, »rasch hinein und wieder heraus zu kommen«. Joseph Wilson, der amerikanische Geschäftsträger in Bagdad, drängte die Reporter besonders aggressiv zur Abreise. Wie John Simpson von der BBC berichtet, ging Wilson »am Tag vor der Abreise im Al Raschid herum und führte ein elektronisches Spielzeug vor, das mit piepsender Stimme die Leute beschimpfte: ›*Fuck you!* Du bist ein Arschloch!‹ Denjenigen, die in Bagdad zu bleiben gedachten, erklärte er außerdem, sie würden sterben.«

Ob das Weiße Haus wirklich um die Reporter besorgt war, darf man füglich bezweifeln. Man kann sich genausogut vorstellen, daß die propagandakundigen Kriegsmanager den glühenden Wunsch hatten, eine Nachrichtensperre über den Irak zu verhängen, damit nicht häßliche Bilder von toten Zivilisten mit ihren eigenen Fertigbildern von den stets treffsicheren Marschflugkörpern konkurrierten. Jedenfalls beschlossen Shelby Coffey, der Herausgeber der ›Los Angeles Times‹, und Alvin Shuster, der Ressortleiter Ausland, Williams abzuziehen. Shuster erzählte mir, er und Coffey hätten nicht nur wegen der Bombardierung um Williams gefürchtet, sondern auch wegen der Gefahr, daß empörte Iraker sich an den Reportern vergreifen könnten. Unangenehm war nur, daß Williams' Frau dort war; er konnte sie nicht gut zurücklassen und dem alliierten Bombardement aussetzen. Deshalb telefonierte Shuster, wie er mir erzählte, mit dem Ressortleiter Ausland von ›La Repubblica‹, um sich nach ihrer »Linie« zu erkundigen, und man sagte ihm, daß sie Annunziata abzuziehen gedächten; er bestritt, irgendeinen Druck ausgeübt zu haben. Auch hätten Vertreter der US-Regierung keinen Druck auf ihn ausgeübt, damit er seinen Mann in Bagdad zurückziehe. Shuster, der einmal das Saigoner Büro der ›New York Times‹ geleitet hatte, sagte, der Tod zweier ehemaliger Korrespondenten der ›Los Angeles Times‹ habe ihn zu seinem Entschluß bewogen: Joe Alex Morris war während der iranischen Revolution in Teheran umgekommen, und Dial Torgerson hatte 1983 im Grenzgebiet von Honduras und Nicaragua sein Leben gelassen.

Shuster und Coffey blieben mit ihrer Vorsicht nicht allein. Patrick Tyler von der ›New York Times‹ wurde ebenso abberufen wie Tod Robberson von der ›Washington Post‹ und Geraldine Brooks vom ›Wall Street Journal‹. Aber gerade der Rückzug der ›Los Angeles Times‹ aus Bagdad, die damit gegen die energischen Einwände ihres eigenen, erfahrenen Korrespondenten von ihrer seit jeher wahrgenommenen Verantwortung für die Kriegsberichterstattung abrückte, verkörperte unübersehbar die Abdankung der amerikanischen Presse im Golfkrieg.

Hier bestand eine Gelegenheit, außerhalb des Zugriffs von Pete Williams' Sicherheitsapparat zu berichten, und die vier großen amerikanischen Blätter paßten. Gewiß betrieb auch Saddam Hussein eine scharfe, an seinen eigenen Interessen ausgerichtete Zensur, und entsprechend gering dürften die Auslandsredakteure die Chance eingeschätzt haben, aus dem zerbombten Bagdad zuverlässige Berichte zu erhalten. Es gab jedoch einige, die bereit waren, diese Chance zu ergreifen: Don Kirk von ›USA Today‹, die amerikanische Fotografin Jana Schneider und mehrere britische Korrespondenten, darunter Patrick Cockburn vom ›Independent‹ und John Simpson von der BBC, nicht zu vergessen zwei amerikanische Fernsehsender. Simpson schätzt, daß insgesamt dreiunddreißig Journalisten blieben. Pressereporter sind, nebenbei gesagt, in einem Krieg, der scharfer Zensur unterliegt, gegenüber ihren Konkurrenten vom Fernsehen klar im Vorteil: Sie können sich sehr viel freier bewegen, weil sie keine sperrige Ausrüstung mitschleppen müssen, an der die Behörden leicht erkennen können, wo sich Fernsehreporter aufhalten.

»Ich war bestürzt über den Abzug der Korrespondenten dieser führenden amerikanischen Zeitungen«, erklärte Kirk von ›USA Today‹ in einem Interview nach dem Krieg. »Ich finde es schockierend, daß man der Propaganda des Weißen Hauses Glauben schenkt, besonders nach dem, was die Vereinigten Staaten in Vietnam und seitdem bei vielen weiteren Gelegenheiten erlebt haben. Ich hatte diesen Blättern eine skeptischere Haltung unterstellt.« Tony Horwitz, Reporter des ›Wall Street Journal‹ und verheiratet mit Geraldine Brooks, kam zu dem Schluß, daß die vier Blätter ihr Vorgehen untereinander abgestimmt hatten: »Später hörten wir, daß es zwischen der ›New York Times‹, der ›Washington Post‹, der ›Los Angeles Times‹ und dem ›Wall Street Journal‹ so etwas wie ein Gentleman's Agreement gab, gemeinsam die Korrespondenten abzuziehen, damit keiner sich durch die Konkurrenz zum Dableiben genötigt fühlte. Folglich sind wir alle, wenn auch widerstrebend, abgereist.« Shuster von der ›Los Angeles Times‹ bestreitet, eine derartige Verabredung getroffen zu haben.

Ben Bradlee von der ›Washington Post‹ stellt die Sache ein wenig anders dar. Er räumte ein, daß die ›Post‹ Robberson zurückbeordert habe, weil »es sich nicht lohnt«, für »zwei glorreiche Minuten« zu sterben, sagte aber, dies habe auch dem Wunsch Robbersons entsprochen. Allerdings legte Bradlee eine ungewöhnliche Doppelmoral an den Tag, als er sagte: »Ich glaube, wenn ich achtundzwanzig Jahre alt und unverheiratet wäre, wäre ich geblieben. Ohne Frage.« Er äußerte Verständnis für die Lage von Patrick Tyler, dem

Reporter der ›New York Times‹, der Vater von zwei Kindern ist. (Robberson, der vierunddreißig und unverheiratet war, erklärte mir, er habe bleiben wollen.)

Ironischerweise erkundigte sich die Redaktion des ›Wall Street Journal‹ anschließend nach dem besten britischen Korrespondenten, der noch in Bagdad war, um sich von ihm mit Material versorgen zu lassen. »Wir waren darüber stocksauer«, gestand ein Reporter später. »Wenn sie so dachten, hätten sie uns dort lassen sollen.«

Die Korrespondenten der großen amerikanischen Zeitungen waren kaum aus Bagdad abgezogen, als John Simpson von der BBC, der geblieben war, von irakischen Beamten in einen regelrechten Kampf um sein Material verwickelt wurde – in unübersehbarem Gegensatz zu seinen amerikanischen Konkurrenten: »Wir wurden festgenommen, während wir das Feuer filmten, das der Marschflugkörper (in einem Konferenzzentrum) ausgelöst hatte. Und nach einem Kampf, bei dem sie uns zahlenmäßig überlegen waren, holten sich die Sicherheitsbeamten das Band, auf dem der Flugkörper vor dem Fenster vorbeifliegt, während ich in die Kamera spreche.« Das Band bekam Simpson nicht zurück, doch bald darauf gelang es ihm, teilweise über den Vorgang zu berichten.

Kirk von ›USA Today‹ war während der Bombenangriffe in den Straßen von Bagdad unterwegs: Er wurde über das, was er dort sah, live von CNN interviewt und konnte noch drei Berichte an seine Zeitung schicken, bevor man ihn am 19. Januar zum Verlassen des Landes aufforderte. »Unbestreitbar sind dabei auch Menschen getötet worden«, sagte er, »doch das Al Raschid-Hotel blieb völlig verschont.«

Die Reporter, die geblieben waren, konnten zwei Tage lang über die Bombardierung Bagdads berichten, bevor sie des Landes verwiesen wurden. Einige kehrten nach dem 31. Januar zurück, als der Irak erneut Visa ausstellte.

In den Worten von Alvin Shuster, Ressortleiter Ausland bei der ›Los Angeles Times‹, begegnete ich erneut der Stimme des institutionellen Journalismus: »Wir sind stolz auf unsere gesamte Berichterstattung, ich denke, wir haben Phantastisches geleistet.« Dabei waren Shusters Korrespondenten überwiegend in den Pools tätig. Und Jack Nelson, Washingtoner Redaktionschef der ›Los Angeles Times‹, erklärte auf einem Forum der Gannett Foundation, daß »die Presse in diesem Krieg, genaugenommen, ein Gefangener war«. Dennoch besaß seine Zeitung die Frechheit, nach der Niederlage des Irak eine Zusammenstellung ihrer eigenen Titelseiten aus der zurückliegenden Zeit zu veröffentlichen – unter der anmaßenden Überschrift ›Zeuge des Krieges‹.

Von den großen Nachrichtenorganisationen stellte sich nur CNN offen gegen die Wünsche der Regierung; Tom Johnson, der bei CNN die Nachrichtenabteilung unter sich hatte, war interessanterweise Präsident der ›Los Angeles Times‹, als Morris getötet wurde, und Herausgeber, als Torgerson umkam. Er sagte, er und Ted Turner hätten Peter Arnett und Produzent Robert Weiner die Entscheidung überlassen, ob sie bleiben wollten oder nicht. (Moderator Bernard Shaw hatte vorgehabt, unmittelbar nach dem UN-Ultimatum Bagdad zu verlassen, wurde aber durch den überraschenden Beginn des von den USA angeführten Angriffs dort festgehalten.)

Kann man sagen, daß Turner und Johnson sich verantwortungslos verhalten haben, als sie ihrem Korrespondenten erlaubten, als Kriegsberichterstatter in Bagdad zu bleiben? Haben sie sich nicht vielmehr sehr, sehr verantwortungsbewußt verhalten, angesichts der Bedeutung und der Tatsachentreue der Berichte Harrison Salisburys aus Hanoi?

Nachdem am Abend des 23. Februar in Washington die Bodeninvasion angekündigt worden war, verhängte das Pentagon eine zwölfstündige Nachrichtensperre. Pentagon-Sprecher Pete Williams weigert sich bis heute, von einer »Sperre« zu sprechen, und beharrt darauf, daß es sich lediglich um eine »Verzögerung« handelte. Die Reporter rechneten wohl damit, in der seit langem erwarteten Phase III (unabhängige Berichterstattung) loslegen zu können, als die ersten Panzer nach Kuwait hineinrollten. Doch entpuppte sich diese Phase III, wie ich schon sagte, als nur eine weitere Variation über das gleiche alte Thema der Vernebelung durch das Pentagon. Es gab durchaus Reporter bei einigen Vorausabteilungen, doch dauerte es so lange, bis ihre Berichte und Filme nach Dhahran geschafft wurden, daß diese zum größten Teil nicht verwendet werden konnten, weil sie überholt waren. Für das Pentagon bedeutete Phase III in Wirklichkeit Zensur durch Verzögerung.

Gary Matsumoto, Korrespondent von NBC News, charakterisierte nach dem Krieg das militärische Kuriersystem in einem Memo für den Washingtoner Redaktionschef Tim Russert folgendermaßen: »(Der Karikaturist) Rube Goldberg hätte es nicht besser erfinden können.«

Matsumoto war vom 1. Januar bis zum 2. März dem Pool 5 zugeteilt, den man spöttisch als Pool der »schnellen Reaktion« bezeichnete. In den ersten sieben Wochen »bekam ich vom Zentralen Informationsbüro sogenannte Schnellaufträge«, erinnerte er sich. Es galten die üblichen Zensurbestimmungen, aber zu Verzögerungen kam es nicht, denn normalerweise konnte sein Team einen Bericht innerhalb eines Tages abdrehen und das Band selbst zum Hotel in Dhahran bringen, ohne daß die Militärs beteiligt waren. Dann entstand eine neue Situation: »Anders lief es in der achten und neunten Woche. Das Zentrale Informationsbüro wies den Pool 5 den ›Army-Bodenkämpfen‹ zu. Unsere Einheit war die 24. Panzergrenadierdivision. Die Frage war jetzt nicht mehr, *wann* es Verzögerungen gab, sondern wann es *keine* gab.«

In diesen beiden entscheidenden Wochen, in denen Matsumoto für die Ablieferung der »Poolprodukte« auf die militärischen Kuriere angewiesen war, betrugen die Verzögerungen nie weniger als vierundzwanzig Stunden und gelegentlich sogar drei Tage.

»Vom Hauptquartier der 24. Division mußten die Poolbänder nach King Khalid Military City (KKMC), dreieinhalb Stunden Fahrt in östlicher Richtung, gebracht werden, von wo sie nach Dhahran geflogen wurden. Nur mußten die Bänder zunächst zum Hauptquartier des 18. Luftlandecorps gebracht werden, das anderthalb Fahrstunden in Richtung Westen, also in *entgegengesetzter* Richtung lag.

Die Bänder mußten also, um nach KKMC zu kommen, über die gleiche Strecke von rund hundertfünfzig Kilometern nochmals in Richtung Osten befördert werden, am Hauptquartier der 24. Division vorbei. Um die Bänder zum Flugplatz zu bringen, waren daher statt dreieinhalb mindestens fünf Stunden erforderlich. Oft dauerte es länger. Wenn ein Kurier der Division seinen Ablieferungstermin nicht einhielt, verpaßte er oft den Kurier des Corps, der nach KKMC fuhr. Vom Corps aus wurde KKMC nur einmal täglich angefahren. Fünf Minuten Verspätung konnten für das Band vierundzwanzig Stunden Verzögerung bedeuten, und das war oft der Fall.«

Nicht, daß die Journalisten das nicht hätten kommen sehen. »Wir machten Eingaben. Wir trugen Begründungen vor. Wir baten inständig um Gehör – in dieser Reihenfolge«, schrieb Matsumoto an Russert. »Unsere Forderungen blieben sämtlich folgenlos.« Russert hätte aufgrund seiner eigenen Erfahrung im Herbst seinem Korrespondenten den Tip geben können, daß es nutzlos war, mit dem Pentagon zu verhandeln. Nur so hätte Matsumoto erfahren können, daß die Sache von vornherein ein ausgemachter Schwindel war.

Am Ende, so erklärte Matsumoto, »war unsere Anwesenheit an der Front ziemlich ›akademisch‹, wirkungslos. Wir machten zwar unsere Aufnahmen, konnten aber das Videoband nicht fortschaffen. Alles ganz gut und schön, wenn wir für das Archiv gedreht hätten, aber eine Katastrophe für die Abendnachrichten.« Doch selbst wenn die Kuriere schnell und verläßlich gewesen wären – bei dem Poolsystem wären doch nur dürftige Meldungen herausgekommen. »Wir waren zwar in der Nähe«, sagte Matsumoto, »aber wir kamen nicht direkt an das Geschehen heran, und das beruhte teils auf Zufall, teils auf Unfähigkeit und – auf Absicht.«

Am 18. Februar, sagte Matsumoto, fiel der Besuch einer Aufklärungseinheit im Irak »ins Wasser, weil der Presseoffizier, Major Tom O'Brien, sich mit uns in der Wüste verirrte. Fast fünf Stunden lang saßen wir auf der Ladefläche eines Humvee, der kreuz und quer durch die Wüste fuhr, und fragten jeden Wachtposten, auf den wir trafen, nach der Richtung ... Wir waren überzeugt, dies war die ›Endlösung‹ des Pentagon für die Presse ..., auf einem Transporter ab in die Wildnis und in vollen Zügen Mondstaub einatmen ..., die zweitbeste Lösung nach Zyklon B.« Zu der Aufklärungseinheit gelangten sie nie.

Am 19. Februar war für Matsumotos Pool ein weiterer grenzüberschreitender Aufklärungseinsatz vorgesehen, der aber von General Schwarzkopf gestrichen wurde. Weil ein anderer Presseoffizier, Hauptmann Steve Taylor, tags darauf nicht die Apache-Staffel der 18. Luftlandedivision finden konnte, verpaßten die Poolreporter einen geplanten Hubschrauberangriff auf irakischem Gebiet. Es gab weitere verpaßte Verbindungen und ausgefallene Missionen vor und nach dem »G Day«, dem offiziellen Beginn der Bodenoffensive am 24. Februar. Der G Day selbst war indes Bestandteil der Desinformationskampagne der Regierung. Wie Matsumoto nachträglich erfuhr, hatten alliierte Divisionen schon vor dem 24. die saudisch-irakische Grenze überquert und im Irak Stützpunkte errichtet: »Das geschah in derselben Woche, in der unsere Presseoffiziere sich bequemerweise mit uns in der Wüste verirrten oder unsere Missionen von Schwarzkopf gestrichen wurden.«

Matsumotos Team, durch einen Sandsturm ebenso aufgehalten wie durch seine militärischen Aufpasser, gelangte erst am 27. Februar zu einer Kampfeinheit im Irak, als der »Kampf« praktisch vorüber war. Der Pool der »schnellen Reaktion«, der nach der Einnahme des Flugplatzes Dschalibah durch die Alliierten eintraf, durfte zwar ein Interview mit dem befehlshabenden Offizier machen, doch kapitulierende irakische Soldaten hundert Meter weiter durfte er nicht filmen. Nach Angaben der Offiziere gab es auf dem Flugplatz keine amerikanischen Verluste; die Reporter fanden später heraus, daß durch einen Irrtum der eigenen Seite mindestens ein US-Soldat getötet und mehrere andere verwundet worden waren: Ein M1-Abrams-Panzer hatte durch die hintere Rampe in ein Bradley-Kampffahrzeug hineingefeuert und den Fahrer getötet sowie mehrere Infanteristen verletzt.

Bei derart begrenztem Zugang zu den Soldaten und zum eigentlichen Geschehen brachten die Poolreporter nicht viel zustande, was das Zentrale Informationsbüro in Dhahran für streichenswert befunden hätte. Dennoch waren die Zensoren weiterhin fleißig. Frank Bruni von der ›Detroit Free Press‹ wurde zu einem Luftstützpunkt geschickt und bezeichnete die Stimmung von Piloten, die von ihrem Einsatz zurückkamen, als »unbekümmert«. Sein militärischer Textbearbeiter machte daraus »stolz«, und schließlich einigten sie sich auf »aufgedreht«. Wie es in einer Bürokratie nun einmal ist, gab es im Zensursystem eine Menge Doppelarbeit. Matsumoto von NBC sagte, seine Bänder hätten von drei verschiedenen Zensoren geprüft werden müssen, bevor sie für die gelangweilten Reporter im Dhahran International Hotel freigegeben werden konnten: Erst mußte sie sich der Presseoffizier der 24. Panzergrenadierdivision ansehen, danach jemand im Hauptquartier des 18. Luftlandecorps, und schließlich prüfte sie ein Zensor im Zentralen Informationsbüro in Dhahran für die Freigabe. Vielleicht wurde in das Material, das ohnehin schon ziemlich entschärft war, letzten Endes gar nicht eingegriffen, doch wurde es durch die zusätzliche Verzögerung noch wertloser.

Nach dem Krieg wies Pete Williams gern darauf hin, daß das Zentrale Informationsbüro in Dhahran lediglich fünf Berichte zur Prüfung ihrer Unbedenklichkeit nach Washington überwiesen habe und daß davon nur einer der Öffentlichkeit vorenthalten worden sei, und zwar durch eine Nachrichtenorganisation selbst – ein Fall von Selbstzensur. Nach Williams' Ansicht hat daher im Golfkrieg keine staatliche Zensur stattgefunden. Sollte die Zensur, die von der Bush-Administration in verschiedenen Formen ausgeübt wurde – durch Verzögerung, durch offene Einschüchterung von Soldaten und Belästigung von Poolreportern, die Interviews durchführten, durch Festnahme von unabhängigen Reportern, durch Behinderung der Reporter dergestalt, daß ihnen wirklich interessante Dinge nicht zugänglich gemacht wurden, und schließlich durch die Bearbeitung von Poolmeldungen wie im Falle Brunis –, sollte diese Zensur zum Maßstab der Beziehungen zur Presse werden, dann schweben wir wahrlich in großer Gefahr.

Der unterdrückte Bericht, von dem Williams sprach, verrät etwas über die Mentalität der Zensoren. Am 11. Februar schickte Reporter Michael Hedges von der ›Washington Times‹ einen Bericht aus dem Kriegsberichterstatterpool 1, der die Tätigkeit eines Nachrichtenoffiziers der 1. Infanteriedivision namens Oberstleutnant Bill Moore schilderte. Hedges erläuterte darin, daß Moores Soldaten in Ausführung ihres Auftrags in feindliches Territorium fuhren, irakische Rundfunksendungen »abhörten« und übersetzten, vor geplanten Angriffen den Feind mit elektronischen Signalen über den Ort des Angriffs täuschten und zur Irreführung irakischer Piloten mit Sperrholz- und Segeltuchmodellen von Fahrzeugen und Generatoren die Stellungen amerikanischer Kampfverbände verschleierten. Was Hedges geschrieben hatte, gefiel den Zensoren in Dhahran nicht, und sie schickten den Bericht nach Washington. Erst fünf Tage später, am 16. Februar, kam Pete Williams dazu, dem damaligen Chefredakteur der ›Washington Times‹, Arnaud de Borchgrave, einen kurzen Brief zu schreiben, in dem er zunächst sein Bedauern wegen der Verzögerung aussprach, um ihn dann zu bitten, die rasch alternde Story nicht zu veröffentlichen.

»Nach Ansicht unserer Nachrichtenoffiziere handelt es sich hier um eine überaus heikle Information«, schrieb Williams. »Ihre Veröffentlichung könnte Nachrichtenoffiziere im Feldeinsatz gefährden.« Beigefügt war eine Kopie des Berichts, in der neun Abschnitte, die nach den Vorstellungen des Pentagon gestrichen werden sollten, eingeklammert waren. Williams versicherte de Borchgrave, daß »die endgültige Entscheidung bei der Zeitung liegt, nicht beim Pentagon«. Irgend jemand in Williams' Presseamt muß verwirrt oder über die Bedeutung dieses Satzes im unklaren gewesen sein, denn am Fuß des Briefentwurfs (der aufgrund des Gesetzes über die Informationsfreiheit auf Antrag herausgegeben wurde) findet sich die von unbekannter Hand angemerkte Frage: »Heißt das, daß es auch dann gedruckt werden darf, wenn sie (die Zeitung) auf den eingeklammerten

Passagen bestehen?« De Borchgrave war ohne weiteres bereit, den Bericht in der vom Pentagon bearbeiteten Fassung zu bringen.

Dieses Beispiel einer Zensur durch Verzögerung, die Selbstzensur nach sich zieht, ist auch deshalb bedeutsam, weil es an den Krieg in Vietnam erinnert. Während der Operation Wüstensturm wurde der Öffentlichkeit von seiten Pete Williams' und anderen Vertretern der Regierung immer wieder versichert, eine Zensur werde nur deshalb ausgeübt, um militärische Geheimnisse und damit das Leben von Amerikanern zu schützen. Wenn man dieses Argument böswillig auslegt, waren es rücksichtslose und unwissende Reporter, die durch Enthüllung militärischer Geheimnisse dazu beigetragen haben, daß Soldaten in Indochina getötet wurden. Auch in diesem Punkt stimmt die politische Rhetorik nicht mit den Tatsachen überein. Barry Zorthian, der viereinhalb Jahre als Sprecher der US-Mission in Saigon diente, gab an, daß es während des Vietnamkrieges praktisch zu keiner Verletzung der Grundregeln durch die Medien gekommen sei. In einer eidlichen Aussage für das Center for Constitutional Rights erklärte Zorthian, er wisse von »höchstens fünf oder sechs Fällen«, in denen Reporter wegen Verstoßes gegen die militärischen Grundregeln ihre Akkreditierung verloren hätten. »In fast all diesen Fällen waren die Verstöße unbeabsichtigt oder beruhten auf einem Mißverständnis.« In keinem dieser Fälle wurde das Leben amerikanischer Soldaten oder die Sicherheit militärischer Operationen nach seinen Worten »gefährdet«. In einer Anhörung des Senatsausschusses für Regierungsangelegenheiten, die am 20. Februar 1991 unter Vorsitz von John Glenn und Herbert Kohl stattfand, warf Zorthian den Architekten der Pressepolitik des Pentagon im Golfkrieg in scharfer Form vor, die Auswirkungen der Medien auf den Vietnamkrieg zu mißdeuten.

»Die Lehre aus Vietnam«, sagte er, »ist folgende: Regierung und Medien müssen wahrhaftig und glaubwürdig berichten, damit sich für die Öffentlichkeit ein vollständiges Bild ergibt; auf die Darstellung nur einer Seite darf man sich nicht verlassen.«

Es versteht sich von selbst, daß die Reporter am Golf nicht wirklich gegen die Sicherheitsregeln verstoßen haben. Colin Powell behauptete zwar, daß Meldungen über die taktischen Mittel, mit deren Hilfe die Luftwaffe irakische Panzer aufspürte und vernichtete, gegen die Grundregeln verstoßen hätten. Aber dies ist ein unverständlicher Vorwurf angesichts der Tatsache, daß auf der anderen Seite (nach Angaben des Pentagon) dreitausendsiebenhundert irakische Panzer praktisch unbehindert zerstört werden konnten.[*]

Außerdem erzählten mir mehrere Journalisten, darunter de Borchgrave und Andrew Glass von der Cox-Kette, sie hätten erfahren, daß die gefährdete amphibische Landung an der kuwaitischen Küste ein Scheinmanöver war, das von der geplanten Bodenoffensive ablenken sollte. NBC-Korrespondent Mike Boettcher, der der 1. Division der Marines zugeteilt war, sagte, er habe über den alliierten Schlachtplan – einschließlich der vorgetäuschten amphibischen Landung – nicht berichtet, obwohl ihn vier Tage vor Beginn der Bodenoffensive ein Einheitsführer vollständig über die Strategie unterrichtet habe.

Auch Reporter, die die gewaltige Panzerkolonne westlich von Kuwait – den »linken Haken« Schwarzkopfs, der tatsächlich in den Irak einmarschieren sollte – begleiteten, wahrten Stillschweigen über den Plan der Militärs. Pete Williams, der es nicht lassen kann, Verwirrung zu stiften, erzählte mir, er habe von einem Reporter gehört, der das Überraschungsmanöver beinahe preisgegeben hätte, doch den Namen des Journalisten kannte er angeblich nicht. Nach Ansicht der beiden Ex-Militärpolizisten Michael Strozier und Chuck Akers war es jedenfalls unwahrscheinlich, daß die Iraker nicht gewußt haben sollten, was auf sie zukam, wenn man bedenkt, allein wieviel Staub und Lärm entsteht, wenn eine Panzertruppe von hunderttausend Mann am hellichten Tag in dichter Kolonne verlegt wird. Sollte das ihrem Nachrichtendienst entgangen sein?

Dennoch wurde nach dem Krieg von einigen Leuten im

[*] John Simpson schreibt, die Iraker hätten nur zweitausend Panzer eingesetzt.

Verteidigungsministerium und in der Presse, darunter Williams und de Borchgrave, behauptet, Schwarzkopfs »Ave Maria«-Spiel habe die Iraker völlig überrascht. Wieso hat es dann aber die Militärkommandeure nicht in hellen Aufruhr versetzt, daß ›Newsweek‹ am 11. Februar, mindestens zwei Wochen vor der Bodenoffensive, eine Karte veröffentlichte und Spekulationen über den Angriffsplan der Alliierten anstellte? Die Karte zeigte das »mehrzackige Flankenmanöver«, mit dem das 18. und das 7. Corps der US-Army in den Westen des Irak eindringen und den Irakern die Fluchtwege aus Kuwait abschneiden wollten. Der offenbar auf gut unterrichteten Quellen beruhende Sicherheitsverstoß von ›Newsweek‹ hat demnach, falls wir Williams und de Borchgrave Glauben schenken wollen, für den Ausgang des Krieges nicht die geringste Rolle gespielt. Möglich, daß das Pentagon dankbar war für den rückhaltlosen Patriotismus des Magazins und für seine Ahnungslosigkeit, was die Kampffähigkeit der Iraker betrifft. In der genannten Ausgabe wurden nämlich die Leser von ›Newsweek‹ darüber informiert, daß »Saddam Husseins Soldaten ... zu den besten in der Welt gehören. Und sie konnten sich sechs Monate lang auf diese Schlacht vorbereiten. Es ist damit zu rechnen, daß sie verbissen kämpfen ... und ihre Feinde zu einem blutigen Stellungskrieg zwingen werden ...«

Unmittelbar nach dem Krieg befaßte sich Andrew Glass in einem Artikel mit dem Mythos vom unpatriotischen Reporter. Glass hatte beim letzten Treffen zwischen Pete Williams und den Washingtoner Medienvertretern, auf dem der Zensurplan besiegelt worden war, die berühmte »Vertraut-uns«-Rede gehalten. Auch jetzt gab er sich große Mühe, seinen Lesern ins Bewußtsein zu rufen, daß auch Reporter Patrioten sind: »Bald erreichten wir das Hauptquartier des 7. Corps. Dort erfuhren wir, daß die Führung hunderttausend Mann, die Elite der Army, weit westlich von Kuwait zusammengezogen hatte. Der kühne Plan sah vor, von hinten über die hochgerühmte Republikanische Garde herzufallen. Nach Riad zurückgekehrt, erzählten wir einem Offizier, der für Schwarzkopf tätig war, was wir gesehen hatten. ›Dann werdet ihr Burschen also die ganze Sache verpfeifen‹, sagte der Offizier. ›Werdet ihr auch schreiben, daß die Sache mit den Marines (die amphibische Landung) ein Täuschungsmanöver ist?‹ fragte er sarkastisch.« Natürlich stellte Glass sich als den Helden dieser Geschichte dar. Schließlich war er einer, auf den man vertrauen konnte: »Es stimmt, daß Reporter zu fast allem bereit sind, um an eine Story zu kommen. Aber es stimmt auch, daß die meisten in Kriegszeiten Patrioten sind.«

Man wünschte, sie wären im gleichen Maße Reporter wie Patrioten gewesen. Doch am Golf blieben die Journalisten praktisch auf die Rolle von Stenographen beschränkt. Als am 1. März der Waffenstillstand in Kraft trat, schienen manche Poolreporter es sich abgewöhnt zu haben, ohne die Hilfe ihrer militärischen Aufpasser zu arbeiten. Während des Vormarsches hatten sich mehrere TV-Teams und Reporter, unter ihnen Bob McKeown von CBS und Forrest Sawyer von ABC, von den Pools gelöst und unzensierte Berichte aus der Wüste geschickt; McKeown erwarb sich das Verdienst, als erster Fernsehreporter aus dem befreiten Kuwait-Stadt zu senden, wo er und andere Korrespondenten kurz vor dem Gros der alliierten Truppen eintrafen. Dennoch ließen viele am Tag der Befreiung Kuwaits Eigeninitiative vermissen. Tony Horwitz, der als Unabhängiger für das ›Wall Street Journal‹ berichtete, hatte den Eindruck, daß die Poolreporter mit ihrer neuen Freiheit nichts anzufangen wußten. Er erinnert sich an die Situation vor den Toren von Kuwait-Stadt: »Wir warteten auf die Kuwaiter, um über ihre jubelnde Rückkehr nach Kuwait zu berichten, und dort standen einige Poolreporter herum, die gleichzeitig angekommen waren, und schauten uns an. ›Wer seid ihr?‹ fragten sie. ›Wo ist euer Pool? Wo ist eure Eskorte?‹«

Wieder in ihr natürliches Biotop, eine Hotelhalle in Kuwait-Stadt, zurückversetzt, fiel es den Poolmitgliedern schwer, die Erstarrung abzuschütteln, in die sie das ständige Einsagen versetzt hatte. Während einige Reporter in die Stadt zogen, um Material für Berichte zu sammeln, hingen, wie Horwitz sagte, »die meisten herum, schrieben irgend etwas über das Hotel und warteten auf ein Briefing.«

Am klarsten sichtbar wird das Rollenmißverständnis der

Medien durch einen Zwischenfall, an dem Tom Brokaw beteiligt war. Der NBC-Moderator, der sich am Tag nach der Befreiung in der Hauptstadt umtat, erlebte einen Zusammenstoß mit den Militärs, der durchaus als Symbol für die knieweiche Haltung der Medien im Golfkrieg gelten kann.

»Ich war auf der Rückfahrt zum Hotel, und sie (die Marines) hatten die Kreuzung abgeriegelt... Sie hatten ein Fünfziger-Kaliber (Maschinengewehr) auf uns gerichtet und riefen: ›Halten Sie dort an!‹ Das taten wir, und ich stieg aus... Ich war ein bißchen ungehalten und sagte: ›Wir sind hier länger als Sie‹, worauf der Kerl (ein Feldwebel der Marines) entsicherte und auf mich zielte...«

Gerettet wurde Brokaw von einem medienkundigen Hauptmann, der in ihm den berühmten Moderator erkannte. Die Gewehrläufe wurden gesenkt, und kurz darauf kehrte ein dankbarer Brokaw zurück und verteilte kubanische Zigarren an die Marines, die ihn eben noch bedroht hatten.

Ich drückte mein Erstaunen darüber aus, daß Brokaw beinahe unter den Beschuß der eigenen Seite geraten war, und fragte ihn, ob er über den Vorfall berichtet habe. US-Marines, die einen unbewaffneten Fernsehmoderator mit vorgehaltener Waffe bedrohen, das war doch eine ganz tolle Story in einem Krieg, in dem es sonst kaum echte Nachrichten gab. Außerdem kam darin sehr schön die Spannung zwischen Militär und Medien zum Ausdruck.

»Nein«, erwiderte Brokaw. »Das war doch nur einer von tausend Zwischenfällen, zu denen es an diesem Tag in Kuwait- Stadt kam.«[3]

Sechstes Kapitel
Das Versagen der Presse

> Die Presse besitzt ihre Zuhälter und ihre Polizei.
> Der Zuhälter erniedrigt sie, der Polizist knebelt
> sie, und jeder beruft sich auf den anderen, um
> seine Machtübergriffe zu rechtfertigen. Diese
> Herren sind wetteifernd bemüht, die Waise zu be-
> schützen und ihr Obdach zu gewähren, mag die-
> ses Obdach nun Gefängnis oder Bordell heißen.
> Die Waise ist durchaus berechtigt, eine zu zu-
> dringliche Dienstfertigkeit abzulehnen und zu be-
> schließen, allein zu kämpfen, allein über ihr
> Schicksal zu entscheiden ... Aber in anderer Hin-
> sicht ist die Presse mehr als Geist oder Fortschritt;
> sie birgt diese Möglichkeiten neben zahlreichen
> anderen. Die freie Presse kann sicherlich gut oder
> schlecht sein, aber ohne die Freiheit wird sie ganz
> gewiß nie anders als schlecht sein können.
>
> Albert Camus: Ehrung eines Verbannten

Während ich der Tatsache nachging, wie die Medien sich im Golfkrieg von der Regierung hatten zwangsverpflichten lassen, hielt ich zugleich Ausschau nach Journalisten und Mediengewaltigen, die sich mit ihrer schmählichen Nieder- lage nicht abfinden wollten. Sie waren allerdings nicht leicht zu finden. Einige hatten sich zwar öffentlich darüber geäußert, doch kam ich immer mehr zu der Überzeugung, daß die ungeheure Einbuße an verbrieften Rechten die Me- dien im großen und ganzen ziemlich kalt ließ.

Sicherlich hatte man ein neues Komitee gegründet, das gegen die Einschränkungen des Pentagons protestieren sollte, und tatsächlich gehörten ihm nunmehr auch zwei Eigentümer an, Katharine Graham, die Vorsitzende der Washington Post Company, und Donald Newhouse von der einflußreichen Verlegerfamilie Newhouse, und dane- ben zwei bedeutende Geschäftsführer, Louis Boccardi von Associated Press und James K. Batten von Knight-Ridder. Vertreter dieses schnell zusammengetrommelten Vereins trafen am 12. September 1991 mit Verteidigungsminister

Dick Cheney zusammen, um über das Verhalten des Pentagon gegenüber den Reportern am Persischen Golf Beschwerde zu führen. Allerdings blieb der formelle Ausdruck ihres Protests ziemlich zurückhaltend; in einem Brief an Cheney vom 24. Juni, in dem sie ihre Beschwerden vortrugen, bedienten sich die siebzehn Unterzeichner der verbindlichen, indirekten Ausdrucksweise, die wir schon vom Herbst des Vorjahres kennen. Die beigefügte »Grundsatzerklärung« hatte mit den Prinzipien der Pressefreiheit kaum etwas zu tun. Das Komitee war im Gegensatz zu Stanley Clouds Empfehlung bereit, den Fortbestand des Poolsystems beim Verteidigungsministerium zu akzeptieren, und es bat darum, den Vorschlag der Sidle-Kommission zu befolgen, die zeitlich befristete Pools empfohlen hatte – das Komitee wünschte eine Auflösung der Pools innerhalb von vierundzwanzig bis sechsunddreißig Stunden nach Kriegsbeginn.

Gestützt auf die Bereitschaft der Medien, in der Anfangsphase einen Pool in Kauf zu nehmen, konnten Pete Williams und seine Freunde sich immer auf Notwendigkeiten des Kampfgeschehens berufen, um eine Verlängerung des Poolsystems zu rechtfertigen. Sollten die Kriege der Vereinigten Staaten künftig die Form von Polizeiaktionen annehmen, würden sich die wichtigen Ereignisse überwiegend während der beiden ersten Tage abspielen, an denen die Poolreporter unter der Aufsicht des Pentagon stünden. Nach den Vorstellungen des Komitees sollte es unter bestimmten Bedingungen sogar ständige Pools geben: »Bei Vorgängen oder an Orten, wo eine uneingeschränkte Berichterstattung ganz und gar ausgeschlossen ist, könnten Pools zweckmäßig sein. Das Prinzip der unabhängigen Berichterstattung wird aber durch die Existenz solcher Pools für besondere Zwecke nicht aufgehoben. Falls Nachrichtenorganisationen in der Lage sind, über Vorgänge, zu denen ein Pool gebildet wurde, unabhängig zu berichten, sind sie dazu berechtigt.«

Was die Zensur von Berichten, Fotos und Filmen betrifft, übernahm das Komitee vom Pentagon den Orwellschen Ausdruck »Sicherheitsüberprüfung«, den es – so sein Hinweis – nicht länger benutzt wissen wollte. Waren sie demnach mit dem Ausdruck »Zensur« einverstanden?

Wie zu erwarten, ließ Cheney sich von den Argumenten der Medienbosse nicht beeindrucken. Lou Boccardi, vom Komitee als Verbindungsmann zum Pentagon ausersehen, berichtete seinen Kollegen, der Verteidigungsminister habe, auch wenn sie selbst das Gegenteil behaupteten, »darauf bestanden, daß es ›in der ganzen Geschichte noch keinen Krieg gab, über den besser berichtet wurde‹«. Das äußerste, zu dem Cheney sich Boccardi zufolge herbeiließ, war, daß er »nicht darauf festgelegt« sei, künftig »die Vorgehensweise am Golf zu wiederholen«.

Cheney »weiß, daß er die Öffentlichkeit derzeit auf seiner Seite hat«, schrieb Boccardi. »Anzunehmen, daß wir es in den nächsten Monaten leicht haben werden, wäre von einer Naivität, die keiner von uns besitzt.« Doch gerade Naivität (oder abgrundtiefer Zynismus) war – wie schon im Herbst des Vorjahres – das Problem. Boccardi, inzwischen skeptisch geworden, erklärte, daß die »Bemühungen nunmehr in der Weise weitergehen werden, daß unsere Washingtoner Redaktionschefs sich mit Pete Williams & Co. anlegen«. Das klang ein bißchen so, als würde Saddams Republikanische Garde, die vermeintliche »Elite«, gegen die 3. US-Panzerdivision in die Schlacht geschickt. Das Medienestablishment war wieder an dem gleichen Punkt angelangt, von dem es im August 1990 ausgegangen war. Wieder einmal blieb es der mittleren Führungsebene überlassen, die Kastanien aus dem Feuer zu holen.

Wie um zu unterstreichen, daß die Regierung log, wenn sie behauptete, das Pentagon enthalte der Öffentlichkeit keine Informationen vor, auf die diese Anspruch habe, brachte ›Newsday‹ am Tage des Zusammentreffens mit Cheney erstmals folgende Meldung: Drei Brigaden der 1. Infanteriedivision hatten – im Widerspruch zu den taktischen Grundsätzen des Heeres – beim Überqueren der Grenze zwischen Saudi-Arabien und Irak mit Hilfe von Räumschilden und Erdbewegungsmaschinen Hunderte und möglicherweise über tausend irakische Soldaten buchstäblich bei lebendigem Leibe begraben. Wie Offiziere dieser

Brigaden dem Reporter Patrick Sloyan berichteten, hatten die unglücklichen irakischen Wehrpflichtigen kaum Widerstand geleistet. Poolreporter waren, wie Sloyan schrieb, vom Schauplatz des Tötens »verbannt« worden, und Cheney hatte es nicht für opportun erachtet, diese neuartige Kampfform in seinem Zwischenbericht an den Kongreß zu erwähnen. Bis zu der Enthüllung von ›Newsday‹ hatte ein selbstgefälliger Pete Williams an seiner lächerlichen Zahl von vierhundertsiebenundfünfzig irakischen Gefallenen festgehalten, mit dem Hinweis, von dieser Anzahl wisse man, daß sie von amerikanischen Militärs begraben wurden.[1] (Beim Interview hatte Williams mir versichert, daß »es in diesem Krieg keine Nahkämpfe gegeben hat«.)

Der Knüller von ›Newsday‹ schien – wie schon die Story der ›St. Petersburg Times‹ über den unsichtbaren Feind – wirkungslos zu verpuffen. Die ›New York Times‹ zum Beispiel griff die Sache erst drei Tage später auf und verbannte sie auf die Innenseiten ihrer Sonntagsausgabe. Die Army mußte den ›Newsday‹-Bericht über die von den Erdbewegungsmaschinen begrabenen Soldaten bestätigen, doch ein Sprecher, Major Peter Keating, spielte die Zahl derer, die erstickt waren, herunter und sprach von »Einzelfällen«. Williams verteidigte das Töten und Beerdigen in einem Aufwasch in bester PR-Manier mit der Bemerkung: »Ich möchte nicht respektlos erscheinen, aber es gibt nun einmal im Krieg keine nette Art, jemanden umzubringen.«

An der Reaktion der ›New York Times‹ auf den ›Newsday‹-Bericht zeigte sich ihre ambivalente Einstellung zur Zensur während des Krieges. Im Herbst des Vorjahres hatte sich das Blatt an den lauen Protesten beteiligt, und unmittelbar nach Einstellung der Kämpfe erschien im Sonntagsmagazin ein kritischer Artikel von Malcolm Browne über die Zensur. Ansonsten war es jedoch beunruhigend, was das Vorzeigeblatt zu diesem Problem brachte. Den Prozeß der ›Nation‹ gegen das Pentagon erwähnte die ›New York Times‹ – genau wie die meisten übrigen Medien – kaum, und als sie es doch tat, stellte sie seine Zielrichtung in mindestens zwei Fällen falsch dar. (Der Auslandsredakteur lehnte es anschließend ab, eine Richtigstellung zu bringen.)

Als der einzige wirklich unabhängige Reporter der ›New York Times‹, Chris Hedges, von US-Militärs sechs Stunden lang festgehalten wurde, als man ihm seine Papiere abnahm und ihn in sein Hotel in Dhahran zurückverfrachtete, nahm die ›Washington Post‹ die Sache seltsamerweise ernster als die ›Times‹ und brachte sie auf Seite 1. (Hedges' Übertretung hatte darin bestanden, daß er ohne militärische Eskorte ermittelt hatte, wie amerikanische GIs von saudischen Ladenbesitzern übers Ohr gehauen wurden.)* Es ist gleichermaßen bezeichnend, daß Katharine Graham im Juni den Protestbrief an Cheney für die ›Washington Post‹ unterzeichnete, während für das führende Blatt Amerikas nicht der Vorsitzende und seinerzeitige Herausgeber Arthur O. Sulzberger unterschrieb, sondern ›Times‹-Chefredakteur Max Frankel.

Wegen ihres Einflusses und ihres Anspruchs auf vollständige Berichterstattung erfährt die ›New York Times‹ ungebührliche Aufmerksamkeit von rechten wie linken Ideologen und Pressekritikern, die praktisch alles, was sie an den Medien schlecht finden, dem Einfluß und Wirken der sogenannten »ergrauten Dame« zuschreiben. Es gibt sogar ein linkes Mitteilungsblatt namens ›Lies of Our Times‹, das sich ausschließlich der Aufgabe widmet, die angebliche Perfidie des Blattes anzuprangern. Manches an dieser Kritik ist zweifellos gerechtfertigt, doch sollte man genauer auf die übrigen Medienkonzerne und die bekannten Journalisten achten, die vorgeben, die Öffentlichkeit aktuell zu informieren, und es doch nicht tun, sei es wegen der Zensur, sei es wegen der Selbstzensur.

Nehmen wir zum Beispiel Bob Woodward von der ›Washington Post‹, der geradezu der Inbegriff des aggressiven Enthüllungsreporters ist. Einen großen Knüller erzielte Woodward nach dem Krieg mit seinem Buch ›The Commanders‹, wo er enthüllte, daß Präsident Bush schon im August gewillt war, Krieg gegen den Irak zu führen, wäh-

---

* Hedges war einer von mindestens vierundzwanzig Journalisten, die während der Operation Wüstensturm von den Militärs widerrechtlich festgehalten wurden. Der New Yorker Photograph Wesley Boxce wurde von der Nationalgarde von Alabama mit verbundenen Augen dreißig Stunden lang festgehalten.

rend General Colin Powell persönlich bis in den Spätsommer und Herbst hinein für fortgesetzte Wirtschaftssanktionen war. Woodwards Bericht zufolge warb Powell innerhalb der Regierung lautstark für eine »Eindämmung« des Irak, während er sich stillschweigend dagegen stemmte, den Irak mit Gewalt aus Kuwait zu vertreiben. In seiner Darstellung der Vorgänge, die in den Krieg mündeten, wartet Woodward mit der interessanten Information auf, daß Amerikas oberster Militär eine Taube und als einziger unter den Beratern Bushs gegenüber dem Einsatz militärischer Gewalt am Golf äußerst skeptisch war. »Die Idee der Eindämmung«, schreibt Woodward, »machte sich niemand zu eigen, auch nicht der Präsident. Hätte auch nur einer von ihnen diesen Gedanken aufgegriffen, Powell hätte ihn bereitwillig unterstützt.«

Warum, könnte man fragen, rückte Woodward damit nicht in der ›Washington Post‹ heraus, als er es im Herbst erfuhr? Möglicherweise hatte Powell sich gegenüber Woodward nur unter der Bedingung geäußert, daß seine Auffassung erst nach Beendigung des Krieges enthüllt werde, doch war das nicht Woodwards Erklärung, als Bob Edwards vom National Public Radio ihn wegen der Verzögerung zur Rede stellte. Edwards, der vielleicht das Gegenteil des aggressiven Enthüllungsreporters ist, hatte wissen wollen, ob es Woodward nicht zu schaffen machte, so lange »auf einer Information zu sitzen«, wo es doch seine Hauptaufgabe war, für eine Tageszeitung zu berichten. Darauf Woodward: »Der Krieg endete erst vor zwei Monaten, und wenn es etwas gegeben hätte, das so wichtig war, daß es nach meiner Meinung sofort in die Zeitung gehörte, hätte ich mich an meine Gewährsleute gewandt und das gesagt. Zum Glück war das nicht der Fall.« Edwards fuhr dem journalistischen Idol in die Parade und brachte die Angelegenheit auf den Punkt: »Aber wenn Sie diese Sache gebracht hätten, als Sie davon erfuhren, wäre es sehr viel wirkungsvoller gewesen – in Ihrer Berichterstattung über Watergate hat jedes neue Element, das Sie veröffentlichten, die Sache in ein neues Licht gerückt.« Worauf Woodward entgegnete: »Bei Watergate ging es um Verbrechen. In diesem Fall geht es nicht um Verbrechen. Hier ist niemand, der auf frischer Tat ertappt wurde oder etwas Illegales getan hat. Hier gab es statt dessen große Aufregung, große Auseinandersetzungen und ... Angst, Unsicherheit ...«

Es klingt wirklich wie eine wichtige Meldung: Meinungsverschiedenheiten über die Kriegspolitik auf höchster Ebene der Bush-Administration; ein besorgter Vorsitzender der Vereinigten Stabschefs, der im Grunde nicht kämpfen möchte; ein Präsident, der scharf darauf ist, einen Krieg zu beginnen, bevor er die Folgen durchdacht hat. Politische Auseinandersetzungen innerhalb der Regierung erscheinen seit jeher auf der Titelseite der ›Washington Post‹. Wenn unser führender Enthüllungsreporter nicht bereit war, uns von Dingen, die ihm bekannt geworden waren, unzensiert und so rechtzeitig zu informieren, daß wir noch über die Kriegspolitik mitdiskutieren konnten, erhebt sich doch die Frage, was von dem erklärten Willen der Medien zu halten ist, die staatliche Zensur zu überwinden und uns über die wirklichen Vorgänge zu informieren.

Bei ABC zeigte der für die Golfkriegsberichterstattung verantwortliche Produktionsleiter Jeff Gralnick eine nicht minder beunruhigende Gleichgültigkeit gegenüber dem Recht der Allgemeinheit, unverzüglich informiert zu werden. Fast mit den gleichen Worten wie Pete Williams erklärte er gegenüber der ›New York Times‹, ABC habe über diesen Krieg, der einer starken Zensur unterlag, »so vollständig wie nur möglich« informiert. Wie konnte er so etwas behaupten, wo doch die Reporter zum Kampfgeschehen praktisch keinen Zugang hatten und die Videobänder der Pools mit einer so unerhörten Verzögerung weitergeleitet wurden? Entsprechende Zweifel tat Gralnick später in einem Interview mit der arroganten Bemerkung ab: »Solche Kritik kommt von Leuten, die erstens nichts von Live-Berichterstattung, zweitens nichts vom Krieg und drittens nichts von Kampfgebieten verstehen.«

Andere Medienstars waren sich im unklaren über die Wirkung der Zensur und über die Notwendigkeit, den Eingriff der Regierung in die Pressefreiheit zurückzuweisen. Der berühmteste amerikanische Zeitungsredakteur, Ben

Bradlee (von Jason Robards in ›Die Unbestechlichen‹ verkörpert und dadurch unsterblich gemacht), der im Juli 1991 aus Altersgründen bei der ›Washington Post‹ ausscheiden sollte, spielte die Bedeutung der Operation Wüstenmaulkorb herunter; er schien tatsächlich die Zuversicht von Pete Williams zu teilen, daß die Wahrheit schon herauskommen werde – am Ende: »Sie werden ihr Ziel, die Information zu kontrollieren, letztlich nicht erreichen, denn es gibt in dieser Branche eine grundlegende Erkenntnis: daß die Wahrheit herauskommt. Da beißt die Maus keinen Faden ab.«

Als ich Bradlee fragte, was er von einer aktiven Opposition der Presse gegen die Politik halte, schien er in Zynismus zu verfallen: »Nachdem diese Arschlöcher das gemacht hatten, fand ich es sinnlos, wenn die Redakteure sich hinstellen, jammern und stöhnen und erklären, wie schrecklich es ist, daß sie das großartige First Amendment, die Freiheit der Presse und das Recht der Öffentlichkeit auf Information, untergraben. Geschwafel. Man muß Leute rüberbringen, damit sie dort arbeiten, und wenn es vorbei ist, alle Schwächen des Systems aufdecken.«

Warum hatte Bradlee mit seinem großen Einfluß dann nicht im Spätsommer 1990 protestiert, gerade acht Monate nachdem die Schwächen des Systems bei der Panama-Invasion aufgedeckt worden waren? Bradlee erwiderte, er stehe »zu sehr im Vordergrund« und sei »nicht der richtige, dafür einzutreten«. Er war wie Evan Thomas von ›Newsweek‹ (das Magazin gehört zur ›Washington Post‹) der Ansicht, mit Protesten sei ohnehin nichts zu erreichen. »Sie wollten ein Poolsystem haben, und sie wollten Aufpasser haben«, sagte Bradlee. »Dagegen konnten wir nichts machen, nichts.« Er fand es nutzlos, daß Institutionen wie die American Society of Newspaper Editors sich gegen die Politik wehrten: »Entschuldigung, aber ich glaube nicht, daß das eine sehr einflußreiche Organisation ist. Sie können schreien, so laut sie wollen, doch erreichen werden sie nichts.«

Insgesamt schien Bradlee die Gefährdung der Pressefreiheit durch die Zensur im Golfkrieg gering einzuschätzen. Die Militärs, sagte er, »können die Sache höchstens um ein paar Tage verzögern. Jetzt sagen Sie mir bitte, ob der Gesellschaft etwas abgegangen ist, weil die Berichte zwei oder drei Tage später herausgekommen sind.« – Plötzlich bemerkte Bradlee, daß er im Begriff war, die Taktik des Pentagon, durch Verzögerung Zensur auszuüben, zu entschuldigen, und fiel in eine institutionelle Rolle zurück: »Ich möchte dieses Argument nicht vertiefen, denn das könnte sich am Ende gegen meine eigene Partei richten. Ich bin überzeugt, daß es ihnen nichts nützt, die Sache um zwei Tage zu verzögern. Ich meine, Sie sollten diese verdammte Sache herauslassen.«

Bradlee betrachtet sich vor allem als Pragmatiker: »In meiner Zeit als Auslandskorrespondent sagte man mir immer wieder: Wenn du in eine andere Stadt versetzt wirst, mußt du als erstes herausfinden, wo und wie du deine Berichte loswirst. Wann macht die Post zu? ... Das ist für mich das oberste Ziel. Das oberste Ziel ist nicht, sich hinter die Verfassung zu stecken und hinzutreten und eine Rede zu halten. Wen wollen Sie denn verklagen?« (Ich wies Bradlee darauf hin, daß eine Reihe von Magazinen, Schriftstellern und Journalisten tatsächlich unter Berufung auf den ersten und den fünften Zusatzartikel zur Verfassung das Pentagon wegen seiner Politik verklagt hatte; er schien wirklich überrascht zu sein, daß die ›Washington Post‹ die Sache nicht zumindest durch einen positiven Artikel unterstützt hatte.)

Ich fragte ihn, ob man etwas hätte erreichen können, wenn man die hohen Tiere vom Management beteiligt hätte, sei es den Verleger Donald Graham oder seine Mutter Katharine Graham, die damals gleichzeitig Geschäftsführerin und Vorstandsvorsitzende war. Bradlee lehnte es ganz entschieden ab, die Eigentümer in die Politik zu verwickeln: »Moderne Redakteure, die besten von uns, haben ihre Verleger bedrängt und bekniet, diesen Scheiß sein zu lassen ... Weil wir nicht wollen, daß sie mit den Mächtigen etwas auskungeln, daß sie über Aufstieg oder Abstieg von einzelnen mitentscheiden. Wir glauben, daß beide, die Verleger und die Redakteure, sich möglichst heraushalten sollten ... Die Vorstellung, daß wir in der einen oder anderen Sache als Aktivisten auftreten, gefällt mir nicht.«

Als Verlegerin ist Katharine Graham nun tatsächlich aktiv für die Verteidigung der Pressefreiheit eingetreten, und so fragte ich sie ohne Umschweife, warum sie nicht vor oder während des Krieges privat oder öffentlich gegen die Zensur protestiert habe. (Als ich mich um dieses Interview bemühte, stieß ich wieder einmal auf die Tatsache, daß in großen Medienorganisationen die Verantwortung nirgends festzumachen ist. Donald Graham, Verleger und frisch ernannter Geschäftsführer, lehnte es ab, mit mir zu sprechen, und Mrs. Graham war nur zögernd bereit, meiner Bitte zu entsprechen, wies aber ständig darauf hin, daß ich eigentlich besser mit ihrem Sohn und mit Auslandsredakteur Michael Getler sprechen sollte.) Sie sei nicht gefragt worden, antwortete sie: »Ich rechne doch damit, daß die Leute zu mir kommen und sagen: ›Hey, wir brauchen Sie‹ . . . Ich wußte davon überhaupt nichts. Und zweitens war mir wirklich nicht bewußt, daß die Situation so schlimm war, wie es sich dann offenbar herausgestellt hat . . ., über Grenada und Panama hatte ich gelesen, jeder wußte Bescheid. Ich glaubte aber, daß die Dinge, die dort falsch gelaufen waren, inzwischen geändert wurden . . . Ich muß gestehen, daß mir dieses Problem nicht bewußt war. Es hätte mir vielleicht bewußt sein sollen, aber das war es nicht.«

Der Sieg des Pentagon über die Medien schien Katharine Graham sehr viel stärker aufzuregen als Bradlee. Sie bezeichnete die Zensurpolitik als »antidemokratisch« und meinte, die Öffentlichkeit täusche sich in dem Eindruck, sorgfältig über den Krieg informiert worden zu sein. »Ich fand die Berichterstattung sehr schlecht«, sagte sie. »Sehr gute Berichte über den Krieg wurden praktisch blockiert, und der Krieg war populär. Das Problem ist für die Öffentlichkeit vollkommen undurchschaubar geworden, denn sie haben gesagt: ›Wir sind doch informiert worden‹. Sie sahen diese Bilder von den Scuds . . . und CNN auf dem Dach des Hotels, und sie haben gesagt: ›Okay, wir wissen, was los ist; warum also die Aufregung?‹ Ihnen ist nicht klar, daß sie ihre Informationen trotz der Versuche der Regierung bekommen haben, die Berichterstattung zu verschleppen und zu stören.«

Grahams altmodisches Engagement für die Pressefreiheit war ermutigend, doch schwang in ihrer Stimme eine gewisse Unsicherheit mit. Vielleicht hatten all die Ratschläge von Leuten wie Bradlee, sich aus der Politik und den »Problemen« herauszuhalten, ihr Selbstvertrauen geschwächt, vielleicht versuchte sie aber auch nur, sich zurückzuziehen und die Dinge ihrem Sohn zu überlassen. (Ich brachte es nicht über mich, ihr zu sagen, daß er ein Interview abgelehnt hatte.) Ich trug ihr vor, was Bradlee darüber gesagt hatte, daß er zu prominent sei, um Stunk zu machen, worauf sie erwiderte: »Ach, wissen Sie, Ben hat eigentlich immer nur mit speziellen Fragen zu tun gehabt, aber nicht mit den wirklichen Problemen.« Anschließend versuchte Graham, diese Äußerung abzuschwächen, weil ihr klar wurde, daß man daraus doch eine gewisse Kritik herauslesen konnte.

Am Ende zog Katharine Graham sich wie so viele andere auf die Haltung der höheren Institution zurück und erteilte mir zweifelhafte Ratschläge zu diesem Buch. Ich solle doch fair zu den Militärs sein, meinte sie, denn diese machten sich »berechtigte Sorgen über die Sicherheit«.

»Sie dürfen in dieser Sache nicht als voreingenommener Anhänger einer Seite erscheinen«, gab sie mir, Bradlees apolitische Haltung aufgreifend, zu bedenken. »Sie müssen als ein Amerikaner auftreten, der sich Sorgen um die Pressefreiheit macht.«

Katharine Graham war nicht die einzige, die sich vor einer eindeutigen Stellungnahme drückte. Auch Kritiker der richtungweisenden Medien redeten um das Problem der Zensur herum. Ein Angestellter von Graham, Jonathan Alter von ›Newsweek‹, vertrat während des Krieges im großen und ganzen eine zensurfeindliche Position, doch auch er ging letztlich auf Nummer Sicher. In der Ausgabe vom 14. Januar schrieb Alter: »Entgegen dem verbreiteten Eindruck sind die meisten Reporter mit bestimmten kriegsbedingten Beschränkungen durchaus einverstanden ... Natürlich gibt es gewisse Sorgen, was die Rolle der Nachrichtenmedien während des Kampfgeschehens betrifft, und sie sind berechtigt. Wenn Vietnam der erste Fernsehkrieg war, dann könnte dies dank der Satellitentechnik der erste Live-

Krieg sein. Live meint eine Berichterstattung, in die niemand eingreift, die auch unbedachte Äußerungen enthalten kann. In Kriegszeiten ist die Präsenz weltweiter Sendernetze wie CNN eine heikle Angelegenheit ...«

Ich habe mich gefragt, mit *welchen* Beschränkungen die meisten Reporter einverstanden waren. Mit *staatlichen* Beschränkungen war ich auf keinen Fall einverstanden; ich war vielmehr für die in Vietnam geltenden Grundregeln – allgemeine Richtlinien, die von den akkreditierten Journalisten einen vernünftigen Umgang mit den Informationen verlangten. Da Alter und die ›Newsweek‹-Korrespondenten Tony Clifton und Ray Wilkinson es offenbar nicht fertigbrachten, das Wort »Zensur« in den Mund zu nehmen, ist nicht ganz klar, was sie meinten. War Alter etwa der Ansicht, Edward R. Murrow habe sich in seinen live übertragenen Rundfunkberichten über die deutschen Luftangriffe auf London »unbedacht« geäußert? In den Sendungen wurden auch die angerichteten Schäden erwähnt, und ich könnte mir vorstellen, daß Nazi-Agenten in Amerika das mitgehört und nach Berlin gemeldet haben; sollte man Murrow deswegen vielleicht den Mund verbieten? Was bedeutete im Kontext des Golfkriegs das Wort »heikel«, und was ist das »Heikle« daran, daß ein Sender »weltweit« arbeitet? Hat der Feind durch Peter Arnetts zensierte Berichte aus Bagdad Hilfe und Zuspruch erfahren?* War CNN schuld am Tod alliierter Soldaten, und wir haben es bloß nicht mitgekriegt? Aber Pete Williams hätte es bestimmt nicht zugelassen, daß ein solcher Vorgang unbemerkt bleibt.

Nach dem Krieg zeigte sich ›Washington Post‹-Kolumnist David Broder ganz und gar nicht begeistert von dem Wunsch der Reporter, sich ungehindert auf dem Schlachtfeld zu bewegen; er stellte regelrecht in Frage, daß die Presse Bewegungsfreiheit braucht. Ohne ein Wort der Kritik am

---

* Die Live-Berichterstattung von CNN aus dem vom Krieg heimgesuchten Bagdad bestand während der ersten vierzehn Tage ironischerweise aus gesprochenen Berichten ohne live übertragene Bilder. Die Sendungen von CNN kamen in dieser Zeit vom Band, so daß die Zuschauer gewissermaßen »Radio schauten«. Die Satellitenübertragung von Live-Aufnahmen begann erst am Abend des 29. Januar.

Poolsystem geißelte er Reporter, die sich darüber beschwerten, daß man sie im Hotel festgehalten hatte: »Ihr Gemekker ist überzogen.« Vermutlich hatte Broder nichts davon mitbekommen, daß die Pools Berichte über das Kampfgeschehen unterbunden hatten; das ist die einzig denkbare Erklärung für die sonderbaren Äußerungen, die dann folgten: »Falls die hundertsechzig Poolreporter bei den Kampfeinheiten nicht imstande waren, einen konkreten Eindruck vom Kampfgeschehen zu vermitteln, sollten die Nachrichtenorganisationen, für die sie tätig waren, sie ablösen. In Wirklichkeit haben sie ihre Fähigkeit jedoch unter Beweis gestellt.«

Des weiteren schrieb der politische Experte, dessen Beiträge in vielen Zeitungen nachgedruckt werden: »Die Presse wird die Zustimmung der Öffentlichkeit nicht dadurch gewinnen, daß sie sich über Kontrollen des Pentagon beklagt, sondern dadurch, daß sie in ihrer Berichterstattung beharrlich fortfährt, bis die Öffentlichkeit über die wirklichen Vorgänge im Bilde ist – und das ist eine Geschichte, die sehr viel komplexer und widersprüchlicher ist als das, was die Regierung seinerzeit an Berichten gewünscht oder zugelassen hat.« Hätten Katharine Graham und ihre Kollegen den Besuch bei Cheney, wo sie ihren zahmen Protest vortrugen, abblasen und einfach den Mund halten sollen?

Während des Krieges hatte ›Washington Post‹-Ombudsmann Richard Harwood sich über das eingesperrte Pressecorps lustig gemacht und zugleich erklärt, daß man die Vorstellung, das Pentagon übe Zensur aus, unmöglich teilen könne. Mit Harwood kommt der Anti-Skeptiker zu Wort: »Andauernd meckern sie über ihr Schicksal, spinnen sie ihren Verfolgungswahn aus... Immer wieder äußern sie sich mißbilligend über eine ›Zensur‹, doch fehlt es bis zur Stunde an einem Beweis dafür, daß irgend etwas, das für das ›öffentliche Interesse‹ von Bedeutung gewesen wäre, unterdrückt worden ist.«

Nach dem Krieg wandte Harwood sich gegen die Bemühungen einiger Reporter, aus der Pressezensur während des Golfkriegs eine Verfassungsfrage zu machen: »Ihre sattsam bekannten Bemühungen, kleinliche Eifersüchteleien unter

Kollegen und geringfügige Unbequemlichkeiten zu einer großen verfassungsrechtlichen Streitfrage zu erheben, waren lächerlich. Einem skeptischen und nicht gänzlich ignoranten Publikum wird man schwerlich klarmachen können, daß das Überleben der Nation und das ›Recht des Volkes auf Information‹ gefährdet waren, weil Berichte über Frauen am Steuer von Lastwagen oder Messebesatzungen aus Montana achtundvierzig Stunden später veröffentlicht wurden.«

Don Shoemaker, vormals beim ›Miami Herald‹ für die Meinungsseite verantwortlich, fand, daß der Prozeß der ›Nation‹ gegen das Pentagon keine gute Idee war. »Solche Prozesse dienen nicht der Sache«, schrieb er im ›Herald‹. Er lobte die Militärs, die die Presse über die Lage unterrichteten: »Hochrangige Offiziere, die jetzt die Briefings durchführen, und General H. Norman Schwarzkopf, ein verständiger und vernünftiger Kommandeur, verbessern die Situation.« Und er ermahnte die Presse, »sich mehr um Genauigkeit als um moralischen Krampf zu bemühen«. Um dort, wo es keinerlei Informationen gab, genau zu sein, mußte ein Reporter wohl stumm bleiben, doch so konkret wollte Shoemaker nicht werden.

Unter den Fernsehleuten steht Sam Donaldson in dem Ruf, Politiker aggressiv in die Zange zu nehmen. Allerdings hatte Donaldson, wie schon bemerkt, bei der Sache mit den Satellitenfotos und dem unsichtbaren Feind einen Rückzieher gemacht. Im Interview schien er mit dem, was er als ABC-Sonderkorrespondent in Sachen Scud geleistet hatte, zufrieden zu sein, und er verlor kein kritisches Wort über die Militärzensur, bei der es nach seiner Überzeugung bleiben sollte. Pete Williams hatte mir erzählt, daß Donaldson ihn einmal angerufen und seine Arbeit gelobt habe, eine Geste, die nicht zu der streitbaren Reputation des Reporters paßte. Als ich Donaldson darauf ansprach, reagierte er zögernd, zunächst mit der Frage: »Wann soll ich diesen Anruf gemacht haben?«, dann mit dem Eingeständnis: »Ich habe ihm wohl gesagt, daß mir irgend etwas, was er getan hatte, gefiel ... Tatsache ist, daß ich seine kooperative Haltung schätzte, und das habe ich ihm gesagt ...«

Meine Suche nach empörten Journalisten führte mich schließlich in die Büros der Moderatoren der drei großen Fernsehsender. Peter Jennings erklärte mir offenherzig, daß er Presseproblemen keine große Aufmerksamkeit schenke. Der freundliche Tom Brokaw machte den gut gemeinten Vorschlag, Presse und Militärs sollten sich auf einen »gemeinsamen Nenner« einigen. Nur Dan Rather, der während der Operation Wüstensturm als Moderator am wenigsten mit seinem Patriotismus hinter dem Berg gehalten hatte, schien über die Zensur und das ganze Verhalten der Medien während des Konflikts verärgert zu sein. Rather ist – wie Bob Woodward, Ben Bradlee und Sam Donaldson – ein Starjournalist. Er hat sich einen kämpferischen Ruf erworben, weil er zumindest im Vergleich mit seinen Kollegen kämpferisch erscheint; seine publikumswirksamen Konfrontationen mit Richard Nixon in der Watergate-Affäre und mit George Bush wegen dessen Rolle als Vizepräsident im Iran-Contra-Skandal haben zu dem Image beigetragen, daß er nicht so leicht hinters Licht zu führen ist. Von den drei Moderatoren kam Rather mir immer als der intellektuellste vor, ohne daß ich sagen könnte, warum. Vielleicht wirkt er ein bißchen ernster und nachdenklicher als die anderen, und es entspricht nicht seinem Stil, gegenüber Politikern schlapp zu machen.

Rather sagte mir, man habe ihn vor einem Gespräch mit mir gewarnt, weil es hieß, die Medien würden in meinem Buch »kritisch« dargestellt. Zum Glück war auch er an diesem Tag ziemlich kritisch, und zu meiner Erleichterung und Freude beschloß er, die institutionelle Haltung abzulegen. Er erklärte mir unumwunden, daß er sich gegen die Zensurpläne des Pentagon wohl nicht genügend gewehrt habe. »Wir (bei CBS) haben wohl nicht genug getan.« Der Krieg, sagte Rather, »brach ganz plötzlich herein«, und er und andere hätten »nicht richtig wahrgenommen, daß es mit einemmal Regeln und Vorschriften gab«.

Doch, so fuhr er fort, »ich bin nicht der für Entschuldigungen zuständige Vizepräsident … Ich habe es nicht nötig, den Kopf einzuziehen, und den Leuten hier empfehle ich mit sanftem Nachdruck, ebenfalls nicht den Kopf einzuziehen. Aber das, was da passiert ist, lag zum Teil daran, daß es an dem Willen fehlte, an dem Mumm, eine klare Sprache zu sprechen, kein Blatt vor den Mund zu nehmen und mit seiner Meinung herauszurücken. Man sagt mir nach, in diesen Dingen altmodisch zu sein, und dazu stehe ich ... Überlegen Sie doch einmal, ob es nicht so sein könnte, daß das, was da passiert ist, einer allgemeinen Tendenz des amerikanischen Journalismus in den letzten fünf bis zehn Jahren entspricht – einer Tendenz, die sich ablesen läßt an der Berichterstattung über politische Kampagnen und über innenpolitische Fragen wie das Rassenproblem und die Wirtschaft, um nur zwei herauszugreifen, einer Tendenz, die sich dann in der intensiven Berichterstattung manifestiert hat, die zwangsläufig mit einem Krieg verbunden ist. Diese Tendenz geht dahin, die Mitte zu suchen und mit der Masse zu gehen, keinen Ärger zu machen, keine unangenehmen Fragen zu stellen, kein Risiko einzugehen – ich meine damit nicht ein gesundheitliches Risiko ... Es ist in diesem Lande noch nicht allzulange her, daß ein Reporter, um in den Augen seiner Kollegen als dieser Bezeichnung würdig zu gelten, unangenehme Fragen stellen mußte. Es ging dabei nicht um einen Popularitätswettstreit, sondern um eine Aufgabe, eine Verantwortung. Ich wünschte, ich könnte es besser ausdrücken ... Aber es entspricht einer Tendenz. Die Politiker – und ich gehöre zu denen, die in der Politik eine hohe Berufung sehen – haben natürlich gelernt, wie man einzelne Reporter, Nachrichtenorganisationen und die Medien insgesamt einschüchtern kann.«

Ich fand, er hatte es sehr gut ausgedrückt, jedenfalls besser, als es während des letzten Jahres irgendein anderer in den Massenmedien gesagt hatte. Nach all den Phrasen über »Aufgaben« der Presse und »Rechte« der Militärs hatte ich endlich einen Verantwortlichen gefunden, dem die Freiheit der Presse und das Recht der Allgemeinheit auf Informationen wirklich am Herzen zu liegen schien. Und er war noch nicht fertig. Rather schickte sich an, das ehrwürdige Wort »Schande« in den Mund zu nehmen. »Wir sind am Persischen Golf unserer Verantwortung nicht so gerecht geworden, wie ich es gewünscht hätte, und das beginnt bei mir selbst«, sagte er. »Nach Grenada hätten wir wachsamer sein müssen ... Ich habe meine Meinung darüber gesagt, und einige andere haben es auch getan, darunter Jack Nelson von der ›Los Angeles Times‹ ... Aber Grenada war eine Schande. Jeder vernünftige amerikanische Bürger hätte es als eine Schande empfinden müssen ... Für mich war das keine Parteifrage, ob Demokraten, Republikaner oder Unabhängige ... Man muß sich das nur einmal richtig vor Augen halten ... Grenada war wirklich eine Sauerei.«

Allzuoft beriefen sich nach Meinung Rathers die Presse, die Politiker und die Militärs auf die »nationale Sicherheit« und den Schutz der kämpfenden Truppe, während es in Wirklichkeit darum ging, »das Ansehen der für eine Militäroperation Verantwortlichen zu schützen«: »In Grenada ist gepfuscht worden. Inzwischen wissen wir das. Daß wir es damals nicht erfuhren, liegt unter anderem an Admiral Poindexter, der seither in einem anderen Zusammenhang bekannt geworden ist; er bestimmte, daß außer ihm und ein paar anderen Leuten niemand etwas erfahren sollte. Darin hatte er Erfolg. Inzwischen wissen wir aber sehr genau, was passiert ist. Eine Schweinerei war zum Beispiel der Army-Angriff im Westen der Insel, der steckenblieb. Die meisten Gefallenen wurden dort getötet, aber es waren vielleicht zwölf Mann, die man unter falschen Voraussetzungen an der falschen Stelle abgesetzt hat. Um die Sache wieder in Schwung zu bringen, mußten die Marines den langen Weg von der Ostseite der Insel zur Westseite gebracht werden ... Dann war da noch die lachhafte Geschichte mit dem Artilleriebeobachter, der zu einem Münzfernsprecher gehen und seine Kreditkarte benutzen mußte, um beim Pentagon anzurufen und Feuerunterstützung von der Marine anzufordern.«

Was das Mittel betraf, das der Nachrichtensperre von Grenada abhelfen sollte, also den National Media Pool unter Aufsicht des Verteidigungsministeriums, so sprach Rather verächtlich von einer »Gesetzgebung zur Erhaltung der Pentagon-Korrespondenten; man könnte es damit vergleichen, daß der Kongreß Gesetze erläßt, um die Rechtsanwälte zu unterstützen«. Doch »es war das beste, was wir kriegen konnten, und theoretisch war es gar nicht so schlecht. Es kam nur auf die Durchführung an.« Doch die Durchführung des Poolsystems in Panama glich nach Rathers Meinung »den frühen Filmen der Marx Brothers. Es fehlte nur noch, daß eine Ente durchs Zimmer flog, und sie hätten aus der Sache einen echten Marx Brothers-Film machen können. Es war lachhaft.«

Rather war in seiner Kritik an den Medien und den Militärs maßvoll; er fand, daß die Berichterstattung vom Persischen Golf besser war als in Panama (noch schlechter konnte sie ja wohl auch nicht sein), doch als ich ihn auf den mangelnden Zugang und die langen Verzögerungen bei der Rückführung der Pool-Bänder nach Dhahran ansprach, geriet er dennoch in Verlegenheit. Er unterstellte den Generälen Powell und Schwarzkopf lieber gute Absichten, räumte aber ein, daß er sich auch irren könnte. Als wir noch einmal darauf zurückkamen, wie sich die Presse insgesamt verhalten hatte, wurde Rather noch zorniger als vorher: »Wir lassen uns immer weniger von Verantwortung und Anstand leiten, denn damit bringt man sich in Schwierigkeiten..., sondern mehr von Macht und Geld. Ich nehme mich übrigens nicht von dieser Kritik aus... Wer der Meinung ist, daß es nicht darum geht, sich bei den Leuten, über die man schreibt, einzuschmeicheln..., empfindet sich immer häufiger als ein Einzelgänger, der eines von diesen Hemden tragen sollte mit der Aufschrift ›Der letzte Unabhängige‹, und er wird in der Minderheit sein. In den angesehensten Verbänden des amerikanischen Journalismus waren vor noch nicht allzu ferner Zeit diejenigen, die genau dasselbe dachten, was ich Ihnen zuvor beschrieben habe, eindeutig in der Mehrheit. Nur dadurch kam man in den Club hinein, und man mußte es beweisen. Inzwischen ähneln sie den gelbgebänderten Laubenvögeln oder den Vielfraßen oder einer anderen gefährdeten Art, deren Lebensraum immer kleiner wird und die man immer seltener sieht. Und was wohl das wichtigste ist: Ich bin wirklich der Meinung, daß ein Journalismus mit Mumm bei einem Verleger beginnt, der Mumm hat... Heutzutage sagt der Verleger (beziehungsweise sein Gegenstück beim Fernsehen): ›Hört mal, ich brauche Auflage, ich brauche Einschaltquoten, ich brauche Zahlen... Also, ich habe mir einmal den Dingsbums angesehen, ich habe mir den Sender in, na sagen wir mal, Kalifornien angesehen, und ich muß sagen, daß der Dingsbums die Leute einfach in Stimmung bringt. Warum können wir nicht eine solche Sendung machen?‹ Beziehungsweise: Warum können wir nicht eine solche Zeitung machen? Max Frankel ist ein guter alter Freund von mir. Ich schätze ihn nicht nur persönlich sehr, ich achte ihn auch als Journalisten wie sonst kaum einen... Doch wenn ich gelegentlich in die ›New York Times‹ schaue, wenn ich in die ›Washington Post‹ schaue, wenn ich manchmal sehe, was die ›Los Angeles Times‹ auf der Titelseite bringt... Was sie über das Weiße Haus schreiben – in der Zeit, als ich über das Weiße Haus schrieb, erntete man regelmäßig einen wütenden Aufschrei; mit liebedienerischen Artikeln wäre man bei seinen Chefs unten durch gewesen... Jetzt lesen Sie mal, was in den besten Zeitungen des Landes steht... Arschkriecherische Berichterstattung ist angesagt.«

Während unseres Gesprächs bekam ich den Eindruck, daß Rather gern etwas geändert hätte, daß er jedoch glaubte, nichts erreichen zu können. Es mag merkwürdig klingen, daß ein Moderator mit einem Jahreseinkommen von drei Millionen Dollar keinen Einfluß haben soll, aber vermutlich hat er recht. Würde Rather die Dinge in seiner Sendung auch nur annähernd so darstellen, wie er sie mir gegenüber beschrieb, säße er am nächsten Abend nicht mehr vor der Kamera. Er ist selbstverständlich nicht der Eigentümer von CBS, und er vermied es geflissentlich, an Laurence Tisch, dem Vorsitzenden der Gesellschaft (der es ablehnte, sich für dieses Buch interviewen zu lassen), und an CBS News-Präsident Eric Ober Kritik zu üben. Neben Rathers Schreibtisch steht ein kleiner Schminktisch mit einem Spiegel, der ihn daran erinnert, daß er in erster Linie seinem Arbeitgeber verpflichtet ist. Trotzdem fragte ich ihn noch einmal, was er glaubte, gegen die Tendenz zu einer immer unterwürfigeren Berichterstattung tun zu können: »Die Atmosphäre muß sich ändern. Wie man das schaffen kann, weiß ich nicht. Sicher gehört dazu, daß wir selbst etwas mehr innere Stärke und etwas mehr Willenskraft aufbringen.« Aber es würde sich wohl nichts ändern, meinte er, »bevor nicht die Zuschauer und Leser den Leuten, denen die Unternehmen gehören, sagen, daß es so nicht geht«. »Ich will mich da nicht allzusehr hineinsteigern, doch sollte sich die Presse nach meiner Ansicht nicht als Kampfhund verstehen, aber auch nicht als Schoßhund. Wenn man heutzutage hochkommen will, ist doch die verbreitete Ansicht, daß man es schneller schafft, wenn man das Publikum überzeugt, daß man sich mit dem Bürgermeister oder dem Sheriff blendend versteht, sonst hat man trübe Aussichten.«

Dan Rather war also wirklich verärgert über die Zensur und die »arschkriecherische Berichterstattung«, sagte jedoch, daß er nicht die Macht habe, dagegen etwas zu tun, während Katharine Graham die Macht hatte, etwas zu tun, aber die Wünsche ihres Angestellten respektierte, der nicht wollte, daß sie davon Gebrauch machte.

Arthur O. Sulzberger, der Herausgeber der ›New York Times‹, der mittlerweile im Ruhestand lebt, lehnte es ab, sich für dieses Buch interviewen zu lassen, doch Harrison Salisbury, der mit zweiundachtzig noch immer aggressiv und hellwach ist und wahrscheinlich nichts zu verlieren hat, ließ mich gern wissen, was er von der Haltung der ›New York Times‹ gegenüber der Regierung und der allgemeinen Ängstlichkeit der Medien hielt. Er wußte, da er eine Geschichte der ›New York Times‹ verfaßt hatte, bestens über das Blatt Bescheid, und er kannte aus seiner Zeit als Redakteur und Korrespondent alle wichtigen Personen. Auf die Frage, warum die großen Medien sich nicht an dem Prozeß der ›Nation‹ gegen das Pentagon beteiligt hatten, meinte er: »Was die Fernsehsender betrifft, so möchten sie sich beliebt machen. Alles, was sie wollen, sind gute Schnappschüsse. Wenn sie sich beim Pentagon unbeliebt machen, fürchten sie, nicht berücksichtigt zu werden.«

Im großen und ganzen hätten die »Buchhalter und Zahlenhengste« die Kontrolle über die Medien, meinte Salisbury, und er beklagte, daß eine Ära zu Ende gehe, in der Eigentümer und Redakteure sich, wie er glaubte, die Verantwortung für die Pressefreiheit noch zu Herzen nahmen:

»Heutzutage gibt es in diesem Land keinen gewichtigen, angesehen Fürsprecher der Presse. Redakteure und Herausgeber genießen in Washington nicht das Ansehen, das sie zu meiner Zeit als aktiver Journalist besaßen. Sie wollen es auch gar nicht. Wenn so etwas passiert wie dies (die staatliche Zensur), und die American Society of Newspaper Editors kommt zusammen und unternimmt irgendwelche Schritte oder beschließt eine Resolution, dann weiß keiner, wer diese Leute sind ..., abgesehen von Ben Bradlee, der sich nicht engagiert, wenn es um ernste Probleme geht. Max Frankel von der ›Times‹ hat zwar einen großen Ruf, aber man hat noch nie gehört, daß er sich für irgend etwas einsetzt; nicht einmal in den Berufsorganisationen macht er mit ... Nehmen wir Abe Rosenthal, der ein ganz hinreißender Redakteur ist – er hat eine Menge gute Sachen und eine Menge schlechte Sachen gemacht –, aber zu diesen Problemen der Presse hat er sich nicht klar geäußert.« Salisbury meinte, die heutigen Redakteure reichten einfach nicht heran an Leute wie den ehemaligen Chefredakteur der ›Times‹, Turner Catledge, und seinen Stellvertreter Clifton Daniel, »die ständig in Washington waren und immer deutlich ihre Meinung gesagt haben und Kollegen dazu brachten, sich zu diesen grundlegenden Problemen unzweideutig zu äußern ...«

Was die alten Kämpen unter den Verlegern betrifft, so bewunderte Salisbury den verstorbenen John S. Knight und den »absoluten Neanderthaler«, Oberst Robert McCormick, der bis zu seinem Tode im Jahre 1955 die ›Chicago Tribune‹ herausgab. »Jack Knight war sowohl Journalist als auch Verleger«, sagte Salisbury. »Vom Zweiten Weltkrieg an bezog er immer Position; man wußte, er war da, und er brachte andere Geschäftsleute, Unternehmensleiter, mit. Doch der Kerl (James Batten), der heute das Knight-Ridder-Team leitet, befaßt sich nicht mit Pressefragen.« Der bigotte McCormick unterstützte den Prozeß des bigotten Verlegers Jay M. Near aus Minneapolis um das First Amendment zur Verfassung, der 1931 zu dem bahnbrechenden Urteil des Obersten Gerichtshofs führte, das eine vorausgehende Beschränkung von Publikationen durch die Regierung für ungesetzlich erklärte. Sarkastisch bemerkte der Schriftsteller und ehemalige ›Washington Post‹-Kolumnist Nicholas von Hoffman mir gegenüber: »McCormick kämpfte wie ein Tiger für die Pressefreiheit, weil er im Unterschied zu den meisten Leuten damit etwas anfangen konnte.«[2]

Salisbury beurteilt den Einsatz von »Punch« Sulzberger für die Pressefreiheit gemischt: »Punch war nie ein Mann der vordersten Linie. Wenn man ihn kannte, wußte man, daß mit ihm nicht zu rechnen war. Er hat in prinzipiellen Dingen ziemlich gute Standpunkte vertreten, und er hat Dinge unterstützt, die seine Redakteure gemacht haben, aber er selbst hält sich gern im Hintergrund.«

Daß die Verantwortlichen der Zeitungen sich nicht äußerten, wenn es um die Pressefreiheit ging, fand Salisbury bestürzend. »Ich verstehe nicht, warum sie nicht protestieren. Wer sagt denn endlich ein klares Wort zum Problem der Presse?« fragte er mich. »Nennen Sie mir einen.«

Bis zum Golfkrieg war ich teilweise der Meinung, daß die Medien auch ohne prinzipielle Einwände, allein durch ihr wirtschaftliches Eigeninteresse genötigt seien, die Pressefreiheit kämpferisch zu verteidigen. Wenn Nachrichten ein Produkt waren, mit dem sich Geld verdienen ließ, mußten Geschäftsleute, deren Motiv der Profit war, selbstverständlich mit allen Mitteln für ihr verfassungsmäßiges Recht kämpfen, die interessantesten Nachrichten, die sie finden konnten, zu verkaufen. Harrison Salisbury und Nicholas Horrock sind der entgegengesetzten Meinung, daß es gerade das Interesse am Profit war, das einige Mediengesellschaften daran hinderte, Probleme der Pressefreiheit gebührend zu beachten, und das sie in einigen Fällen dazu veranlaßte, ihre Unabhängigkeit an die Regierung zu verkaufen. Tatsache ist, daß die drei großen Fernsehsender bei ihrem vergeblichen Bemühen, über den Golfkrieg zu »berichten«, insgesamt zig Millionen Dollar einbüßten, und trotzdem haben sie nur lau und verspätet bei Pete Williams protestiert. Wahrscheinlich wäre eine unzensierte Berichterstattung eine bessere Berichterstattung gewesen, und eine bessere Berichterstattung hätte mehr Zuschauer angelockt und mehr Werbeeinnahmen gebracht. In gleichem Sinne, wenn auch in kleinerem Maßstab, hätten vom Profit motivierte Zeitungen und Magazine aus rationalen Erwägungen wünschen müssen, unabhängig vom Poolsystem interessante Informationen zu sammeln, um ihre Auflage zu steigern. Wieso haben Fernsehen und Presse, wenn sie schon nicht aus Freiheitsliebe gegen das Pentagon angingen, nicht um des lieben Geldes willen gegen die Regierung gekämpft?

Das Bemühen, dieses Rätsel zu lösen, führte mich zu NBC-Präsident Robert Wright im Rockefeller Center. Es hieß, daß NBC von den vier großen Nachrichtensendern am anfälligsten für staatliche Einschüchterung sei, weil das Pentagon ein Großkunde von General Electric, der Muttergesellschaft des Senders, ist. Michael Gartner, Präsident der Nachrichtenabteilung, hatte die Behauptung, General Electric habe sich in die Berichterstattung oder die Politik eingemischt, energisch von sich gewiesen, doch letzten Endes konnte ich mich nicht von der Vorstellung lösen, daß eine unnachsichtige Konzernleitung ihren Nachrichtenverantwortlichen über Gartner zumindest zarte Winke zukommen ließ.

Von diesen Vorstellungen ausgehend, erwartete ich, daß Wright sich abwehrend verhalten würde, mußte aber feststellen, daß er über die Zensur, die Werbebranche und, so vermutete ich, seine eigenen Journalisten frustriert und verärgert war. Je länger ich ihm zuhörte, desto zweifelhafter erschien es mir, daß er ein willfähriges Werkzeug von Konzerninteressen sein könnte, und statt dessen kam in mir die Vermutung auf, daß er vielleicht nur ein ehrlicher Geschäftsmann war. Er brauchte eine Weile, um warm zu werden, doch war er offensichtlich anders als Katharine Graham nicht darum besorgt, daß ich die PR-Leute des Militärs auch fair behandelte. Wright hatte keine Schwierigkeiten, das Debakel der Poolberichterstattung überwiegend der Regierung anzulasten: »Das haben das Pentagon beziehungsweise die Streitkräfte zu verantworten.« Er sagte außerdem, daß er nichts von der Zensur halte, und er fand es »ungehörig«, daß die Israelis Martin Fletcher von NBC an seiner Tätigkeit gehindert hatten.

Wright schreckte auch nicht davor zurück, seine Stellung mit der eines Zeitungsverlegers zu vergleichen; bedauerlicherweise stellte er sich auf den gleichen Standpunkt wie Katharine Graham und erklärte, daß er davon ausgehe, seine leitenden Angestellten würden sich schon an ihn wenden, wenn sie in den Verhandlungen mit dem Pentagon Hilfe benötigten: »Es kam aber keiner und sagte: ›Könnten wir nicht NBC oder eine Tochter von NBC mobilisieren, damit sich an der Situation etwas ändert?‹ ... Ich sehe mich nicht veranlaßt, etwas zu unternehmen, bevor nicht die Nachrichtenabteilung von solchen empörenden Vorgängen berichtet und ich mich aus unabhängigen Quellen überzeugt habe, daß sie tatsächlich Grund haben, sich aufzuregen, was aber nicht der Fall war ...«

Angesichts der Bewunderung, die Michael Gartner für Pete Williams empfand, ist es ohne weiteres verständlich, daß niemand in der Nachrichtenabteilung Wright um Schützenhilfe bat. Dabei hatte Gartners Chef allen Grund, mit dem Ergebnis dessen, was Gartner und Tim Russert mit dem Pentagon ausgehandelt hatten, unzufrieden zu sein. NBC machte durch den Krieg einen Verlust von fünfundfünfzig Millionen Dollar: etwa fünfunddreißig Millionen an zusätzlichen Produktionskosten und zwanzig Millionen an ausgefallenen Werbeeinnahmen. Wright hatte angenommen, daß die Journalisten im dritten Stock des Gebäudes Nr. 30 an der Rockefeller Plaza schon wußten, auf was sie sich einließen; er glaubte, daß es zumindest ein paar anständige Bilder einbringen würde, wenn sie sich an die Pentagon-Regeln hielten. Man kann sich vorstellen, wie erstaunt und entsetzt er war, als er am Sonntag, dem 24. Februar, als die Bodenoffensive begann, bei sich zu Hause in Connecticut den Fernseher anmachte und feststellen mußte, daß die massive Investition von NBC in den Sand gesetzt war: »Das erste, was ich damals sah, war Forrest Sawyer (von ABC), der irgendwo in der Nähe der Front, aber doch in sicherer Entfernung neben einem Sandhügel stand, unabhängig vom Pool, und erklärte: ›Hier sind die Panzer vorbeigefahren ...‹ Ich rief dann (Don Browne) in unserer Nachrichtenredaktion an und sagte: ›Was zum Teufel ist das denn? Wieso sieht man ABC mit Forrest Sawyer, und sie sagen, dies sei die erste Meldung aus dem Krieg?‹ Ich sagte: ›Das ist doch kein Krieg; er steht bloß neben einem Sandhaufen. Das könnte irgendwo in Saudi-Arabien sein. Nichts deutete darauf hin, daß dort gekämpft wird, und sie sagen, das sei der Krieg.‹ Ich sagte: ›Ist das ein Poolbericht?‹ Browne sagte mir, er gehöre nicht zum Pool. Sie hatten ihn einfach rausgeschickt, weil sie keine eigenen Aufnahmen hatten. Ich sagte: ›Wie lange soll das noch weitergehen?‹ Er sagte, unsere eigenen Aufnahmen müßten jede Minute eintreffen ... Aber erst vierundzwanzig Stunden später ... kamen CBS-Aufnahmen, die aus dem Pool stammten.«

Als Wright am nächsten Tag im Büro aufkreuzte, hoffte er, daß sich nach dem Fiasko vom Sonntag die Dinge bessern würden. Aber es kam schlimmer: »Jetzt war es beinahe vierundzwanzig Stunden später; tatsächlich gab es einiges CBS-Material, aus dem Pool, wie wir annahmen, und wieder war es das gleiche. Ein anderer stand nun neben einem Sandhügel. Panzer fuhren vorbei, aber man hatte den Eindruck, eine Parade zu sehen. Das konnte genausogut fünfhundert Meilen hinter der Front sein ... Ich saß unten in der Nachrichtenzentrale und guckte mir das Band an. Ich sagte: ›Das kann kein Poolbericht sein.‹ Sie sagten: ›Ist es aber‹, doch es war keiner. Ich sagte: ›Wo zum Teufel ist Arthur Kent? Wo ist er?‹ Die Antwort war: ›Wir können ihn nicht finden.‹«

Wright war mit Recht verärgert, aber sein Ärger richtete sich, wie ich finde, gegen die falsche Adresse. Es ist nun einmal so, daß Regierungen und Militärs Geheimnisse haben und gelegentlich auch lügen. So hatte sich das Pentagon in Grenada und Panama verhalten – und jetzt am Persischen Golf. Die Geheimnisse und Lügen der Regierung aufzudecken, das eben ist die Aufgabe des Journalisten. Ich fragte Wright, ob ihn nicht Zweifel an der Fähigkeit seiner Nachrichtenleute beschlichen hätten, denn keiner hatte ihn darauf aufmerksam gemacht, daß so etwas passieren könnte. Er zögerte – immerhin schuldete er seinen Mitarbeitern eine gewisse Loyalität –, doch aus dem, was er dann äußerte, konnte man mehr als bei den anderen Chefs, die ich interviewte, heraushören, daß seine eigenen Journalisten am Erfolg der Militärzensur im Golf zumindest mitschuldig waren: »Sie gaben mir zu verstehen: ›Das kriegen wir schon wieder hin‹ ... Sie hätten mir doch die Hände entgegenstrecken und sagen können: ›Wir brauchen jede erdenkliche Unterstützung, wir haben den Eindruck, daß die Schwierigkeiten nicht zufällig sind, sondern daß Absicht dahintersteckt.‹ Aber das haben sie nicht getan ... Wenn man sich das heute klar macht, ist es schon bedrückend.«

Ich bewunderte Wrights Offenheit und seine eindeutige Beurteilung der Berichterstattung. Während Gartner mir gegenüber behauptete, der Aufwand habe sich gelohnt, gab Wright unumwunden zu, daß er weitgehend für die Katz war. Nicht Gartner, sondern Wright nahm am Ende größtenteils die Verantwortung für den riesigen finanziellen Verlust auf sich, und er wies auf ein Problem der Medien hin, von dem Außenstehende kaum eine Ahnung haben. »Man hat uns (von seiten der Werbekunden während des Krieges) wirklich die kalte Schulter gezeigt«, sagte er, und er fuhr fort: »Was mich betrifft, so habe ich das Gefühl, versagt zu haben ... Wenn wir es geschafft hätten, (für die Kriegsberichterstattung) Werbeeinnahmen hereinzuholen, hätte uns das für die Zukunft sehr entlastet ... Aber die Agenturen sagten nein, absolut unmöglich ... Ich finde, daß die Werbewirtschaft da einen furchtbaren Fehler gemacht hat. Ich finde, das war eine bedauerliche Überreaktion auf das, was vor fünfundzwanzig Jahren in Vietnam passiert ist. Natürlich möchte man das alles nicht noch einmal erleben. Mit Leichensäcken möchte niemand assoziiert werden.«

Die Zuschauerreaktionen waren auch kein Trost. Während die scharf zensierte Berichterstattung von NBC kläglich an der Aufgabe scheiterte, die Amerikaner über das wirkliche Kriegsgeschehen zu informieren, wurde »in den meisten Briefen, die wir bekamen, beanstandet, daß wir nicht patriotisch seien, daß wir die Truppe nicht unterstützten und so weiter«. Gleichwohl ging aus den Umfragen, die Wright durchführen ließ, hervor, daß »die amerikanischen Zuschauer an kommerziellen Sponsoren« für Kriegsnachrichten »keinen Anstoß genommen hätten« und daß die Assoziation mit Nachrichten überhaupt den Werbetreibenden nicht geschadet hätte. Für Werbekunden, die das Risiko eingingen, »waren die Ergebnisse überwiegend positiv«. »Ich hätte Lust, ihnen ins Gesicht zu schleudern: Zehn verdammte Jahre lang sendet CNN schon. Wann begreift ihr Kerle (von der Werbeagentur) endlich, daß es der Werbung nicht schadet, mit den Nachrichten assoziiert zu werden?« Empört war Wright auch über die nach seiner Ansicht überhöhten Preise, die die Saudis und Israelis für spezielle Telefon- und Satellitenverbindungen nahmen. »Alle verdienen am Krieg«, sagte er wehmütig. »Es gehört einfach zum Krieg, daß alle daran verdienen – nur die Fernsehsender nicht.«

Für den Geschäftsmann Wright empfand ich am Ende sehr viel mehr Sympathie als für die blinden Maulwürfe unter den Journalisten, die so taten, als wüßten sie über alles Bescheid. In den letzten beiden Wochen der Operation Wüstensturm hatte CBS News höhere Einschaltquoten als NBC, und Wright fragte sich, ob er nicht einige seiner Journalisten hätte auffordern sollen, aus dem Poolsystem auszuscheren. Ein anderer Geschäftsmann an der Spitze von NBC hätte vielleicht jemanden gefeuert, weil er die Berichterstattung verpatzt und soviel Geld in den Sand gesetzt hatte, doch so funktioniert das nicht in einem modernen Großunternehmen.

Während ich dieses Buch schrieb, hatte ich manchmal das Gefühl, daß die Welt auf dem Kopf stehe: Der unbestechliche Journalist identifizierte sich mit der etablierten Institution; mit Ausnahme von Ted Turner wollte keiner der Eigentümer und Unternehmensführer für die eigene Firma und für das Versagen der Angestellten die Verantwortung übernehmen; Journalisten waren nicht bereit, für ihren Lebensnerv, die Pressefreiheit, zu kämpfen; die amerikanischen Reporter wurden aus Bagdad abgezogen; an der Story von dem unsichtbaren Feind zeigte man keinerlei Interesse, und schließlich waren alle unfähig, Pete Williams einen Lügner zu nennen. Was war aus dem Vermächtnis von Thomas Jefferson und Thomas Paine geworden?

Als Dan Rather sagte, er mache sich Sorgen darum, wie der »arschkriecherische« Journalismus sich auf die jungen Leute auswirke, die gerade am Anfang ihrer Reporterlaufbahn stehen, hatte ich den Verdacht, er posiere in der Rolle eines angegrauten Veteranen, der den jungen Hasen Mahnungen erteilt. Aber ich habe es mir noch einmal durch den Kopf gehen lassen: Rather hat vollkommen recht, sich Sorgen zu machen.

Die Korrespondentenvereinigung des Weißen Hauses (White House Correspondents Association – WHCA) feiert jedes Jahr im Frühling die Scheinmacht des Washingtoner Pressecorps, indem sie im Hilton Hotel ein riesiges Bankett gibt, bei dem Smoking vorgeschrieben ist. Fast zur gleichen Zeit veranstaltet die Vereinigung der Rundfunk- und Fernsehkorrespondenten ihr eigenes Festessen, und wenn ich es recht sehe, dürfte dies in unserem elektronischen Zeitalter das wichtigere von den beiden Ereignissen geworden sein. Doch aus Gründen der Tradition und des Prestiges schien es mir, daß ich nach der Operation Wüstensturm am WHCA-Diner teilnehmen sollte. Ich bildete mir noch immer ein, daß die Presse mehr Anstand besaß als das Fernsehen und daß die WHCA, in der die Printmedien den Ton angeben, nach dem rauschenden Sieg des Pentagon bei der Operation Wüstenmaulkorb ein stolzeres Gesicht zeigen würde als ihre Kollegen von Rundfunk und Fernsehen.

Dem neugierigen Reporter können Festbankette von Journalistenvereinigungen auch deshalb etwas bieten, weil sich auf ihnen gelegentlich in bizarrer Weise die Stimme der Institution vernehmen läßt. So hatte der ehemalige Gannett-Vorsitzende Alan Neuharth 1990 auf dem feierlichen Diner des Overseas Press Club (OPC) vor verständnislosen Zuhörern verkündet, daß »es vom höchsten Berg bis zum tiefsten Tal keine Geheimnisse mehr gibt«. 1991 hielt Ted Turner vor dem OPC eine weitschweifige Rede, in der er auch beschrieb, wie er auf Morddrohungen reagierte, die ihn erreichten, weil er Peter Arnett in Bagdad gelassen hatte: »Früher oder später muß jeder sterben; wir kamen zu dem Schluß: Wenn man uns umlegen wollte, würde man uns eben umlegen.«

Das 1991er WHCA-Diner zeigte ein entschieden militärisches Gepränge, ganz im Sinne der festlichen Denenhaben-wir's-gezeigt-Stimmung, die nach der Operation Wüstensturm in der Hauptstadt herrschte. Die rund zweitausendvierhundert Gäste, die sich im riesigen Ballsaal des International Hotel drängten, genossen eine glanzvolle Schau einherschreitenden Heldenmuts, dargeboten von einer gemeinsamen Fahnenwache, zu der eine Kapelle der Marines die Hymnen der fünf Truppengattungen schmetterte. Die Unterhaltung nach dem Essen bestritten Präsident Bush und »Sinbad«, ein hoffähiger Abklatsch von Eddie Murphy. Bush gab sich Mühe, witzig zu sein: »Ich frage mich, ob nicht Saddam Hussein in dieser Minute vor dem Pressecorps des Bagdader Revolutionspalastes vorfährt, im Wagen sitzt seine Frau und sagt zu ihm: ›Schatz, gib dir Mühe und sei lustig.‹« Die Versammlung brach in Gelächter aus.

Wenn man mitbekommen will, was auf dem WHCA-Diner hinter den Kulissen abläuft, muß man früh kommen und lange bleiben, denn die wirklich interessanten Gespräche ergeben sich in den zahlreichen »Empfangssuiten«, wo die größeren Zeitungs- und Magazingesellschaften sich die Ehre geben. Hier können die Pressegranden der Hauptstadt ihre Herrlichkeit zur Schau stellen; der Einfluß, den man einer Publikation zumißt, steigt und fällt damit, welche aktuellen Berühmtheiten bei ihren Verlegern hereinschauen und wie lange sie bleiben. Frisches Verlegerblut kann Aufmerksamkeit erregen; 1991 spielte zum Beispiel der inzwischen verstorbene britische Pressebaron Robert Maxwell als neuer Besitzer der New Yorker ›Daily News‹ die Rolle der Debütantin, und er hatte dafür im achten Stock eine Präsidentensuite gemietet.

Auf der Suche nach dem Zentrum der Macht kämpfte ich mich vor Beginn des Essens durch das dichte Gedränge in dem Korridor, wo die einzelnen Zeitungen ihre Empfänge gaben. Später sollte Präsident Bush eine Ansprache halten, doch da ein Präsident sich mit Journalisten nicht gemein zu machen pflegt – es sei denn, er wäre dringend auf einen angewiesen – und Bush nach dem Wüstensturm auf dem Höhepunkt seiner Popularität stand, würde er sich in diesem Massenbetrieb bestimmt nicht zeigen. Rechter Hand schien die ›Baltimore Sun‹ eine respektable Selbstdarstellung zu bieten, doch man kam ein bißchen zu einfach bei ihnen hinein, also konnte ihre Suite nicht wirklich bedeutend sein. Jenseits der Halle, in der Suite der rechtsorientierten ›Washington Times‹, verspürte ich den ersten Gluthauch wahren Ruhmes. ›Times‹-Redakteur Arnaud de Borchgrave begrüßte mich an der Tür – ich hatte ihn wegen seiner unabhängigen Berichte über die ägyptische Armee interviewt –, und er erklärte mir aufgeregt, ich hätte gerade die beiden größten Stars des Abends verpaßt. (Die von Sun Myung Moon kontrollierte ›Washington Times‹ besitzt einen Einfluß, der in keinem Verhältnis zu ihrer niedrigen Auflage steht, weil sie treu zu Ronald Reagan hielt und ihren Sitz in der Hauptstadt hat.) Ich eilte aus der Suite und heftete mich wieder auf die Spuren des Ruhmes. Es schien, als zöge mich ein Energiestrahl ans Ende des Korridors, und ich wußte sofort, daß dort die eigentliche Sache steigen mußte. Am Ende des Korridors angekommen, stieß ich auf eine Suite, vor der ein Schild verkündete: »Empfang von ›U. S. News‹ – nur für geladene Gäste«.

In meiner Zeit als Reporter hatte ich mir oft ohne Einladung Zutritt verschafft, und ich wußte, daß ich mir auch hier Zutritt verschaffen mußte, denn hier und nirgendwo anders war an diesem glanzvollen Abend der Mittelpunkt der Medienmacht. Während ich auf die Tür zusteuerte, stieß ich auf keinen Widerstand, und plötzlich trat mir in weißer Galauniform Colin Powell entgegen, so daß ich überrascht stehenblieb und ihn anstarrte. Die Aufmerksamkeit, die man ihm entgegenbrachte, schien ihn in Verlegenheit zu bringen, und ich spürte, daß er erleichtert war, den Klauen seiner Bewunderer zu entrinnen, als er mit leicht gesenktem Kopf an mir vorübereilte.

Nachdem ich es geschafft hatte, in die Suite zu gelangen, wußte ich sofort, daß ich hier an der richtigen Adresse war. Inmitten eines Blitzlichtgewitters stand der wuchtige, strahlende, überlebensgroße General H. Norman Schwarzkopf, Held des Wüstensturms, Berühmtheit des Tages, Anwärter auf den Preis für den sexysten Mann der Welt des Magazins

›People‹ – und einer der Architekten der Operation Wüstenmaulkorb. Es schien, als schwebe Schwarzkopf auf der Woge von Schmeicheleien, mit denen man ihn umgab, während er für die Kameras lächelte und Autogramme gab.

Neben dem General – oder vielleicht besser: unter ihm – stand der glückliche Gastgeber, Mortimer Zuckerman, der Immobilienmann, der nunmehr Eigentümer und Herausgeber von ›U. S. News & World Report‹ war. Für Zuckerman war es ein riesiger Reklamecoup, daß er sich Schwarzkopf für seinen Empfang und als Gast am Tisch von ›U. S. News‹ geangelt hatte. Welchen Preis – finanziell oder immateriell – Zuckerman für diese Ehre gezahlt haben mochte, wußte man nicht. Was man wußte, war, daß Zuckerman um das Problem der Zensur nicht herumgeredet, sondern sie *unterstützt* hatte. (Am 8. März erklärte Zuckerman vor Mitarbeitern von Ogilvy & Mather, er sei »erstaunt darüber, wie leicht der Zugang zum Pentagon und zu den Informationen war, die wir nach unserer Meinung benötigten, um über den Krieg zu berichten. Die Presse... ist verdrießlich, egozentrisch nur auf sich bezogen, ja, sie ist regelrecht dumm, besonders wenn man das kluge und durchdachte Auftreten mancher Presseoffiziere mit der Blödheit mancher Fragesteller vergleicht... Wir wurden mit Informationen regelrecht überschüttet. Ich verstehe nicht, worüber sie sich überhaupt beklagt haben.«) In der französischen Umgangssprache seiner Heimatstadt Montreal hätte man Zuckerman als »un vendu« bezeichnet.

Das Gefühl hemmungsloser Bewunderung, das Schwarzkopf umgab, rief mir die Schlußszene von Nathanael Wests ›Tag der Heuschrecke‹ in Erinnerung; Journalisten, PR-Leute und Fotografen versuchten, sich energisch an ihren Helden heranzudrängeln. Nach und nach erschienen die kleineren Stars des Abends, um ihre Aufwartung zu machen, unter ihnen der beleibte Robert Maxwell, der im Glanz von Schwarzkopfs ordensbedeckter Herrlichkeit wie ein Zwerg wirkte. Roger Ailes, der König der republikanischen Medienmanipulation, betrat den Raum. Nachdem er mit Andrew Rosenthal von der ›New York Times‹ ein paar Worte gewechselt hatte, über die man schicklicherweise schweigt, gratulierte der spitzbärtige Ailes dem heißesten neuen Medienobjekt der Stadt; durchaus denkbar, daß Ailes seine Flanke decken wollte. Ron Brown, Vorsitzender des Nationalkomitees der Demokraten, hatte sich bereits vorgestellt, um Schwarzkopf auf politische Ambitionen abzuklopfen.

»Dieser Bursche hat ein ungeheures Charisma«, vertraute ein erregter Gast einem anderen an. Eine junge Frau rief aus: »Hast du ihn gesehen? Er ist so ein Schatz.« Eine Mitarbeiterin von ›U. S. News‹ begnügte sich mit einem Blick aus der Ferne: »Ich stehe hier und bewundere ihn nur«, sagte sie mir.

Eine Reporterin von ›U. S. News‹, Gloria Borger, konnte ihre Bewunderung nicht zügeln. Sie stürzte sich auf den General und bat ihn um ein Autogramm. »Ich möchte eins für meinen Sohn«, kreischte sie, und Schwarzkopf entsprach der Bitte gern. Wie Borger hinterher Freunden anvertraute, hatte der General es abgelehnt, ihre Erinnerungskarte mit der Abbildung eines M1A1-Panzers zu signieren, »weil die Anwälte ihm davon abgeraten hatten; dadurch würde ein Markt entstehen«.

Es war ein verwirrender Anblick. Reporter und Verleger huldigten einem General, der die Presse eindeutig verachtete, dem Repräsentanten einer Regierung, der es gelungen war, sie zu willfährigen Werkzeugen ihrer Propagandaziele zu machen. Die vierte Gewalt verbeugte sich vor einem Mann, der sie mit der Verachtung behandelt hatte, die normalerweise feindlichen Soldaten vorbehalten bleibt.[3]

Kurz darauf sollte etwas noch Betrüblicheres passieren. Den Raum betrat der einzige bekannte Reporter, der während des Krieges einen Anschein von Unabhängigkeit gegenüber der Bush-Administration aufrechterhalten hatte: Peter Arnett, der aus Bagdad berichtet hatte. Arnett schritt auf Schwarzkopf zu, in das Rampenlicht, und schüttelte energisch die Pranke des Generals: »Mein Glückwunsch, Herr General, zu einer wirklich feinen Leistung«, sagte er. »Ich weiß, daß all die Dinge, die Sie über mich gesagt haben, nicht so gemeint waren.« Daraufhin warf Arnett wie eine medienerfahrene Berühmtheit den versammelten Gästen eine witzige Bemerkung hin: »Er wollte mich töten«, scherzte er und deutete dabei auf Schwarzkopf. Der General sagte dazu nichts, sondern lächelte nur.

Ich verweilte noch ein paar Minuten länger, gefesselt von den Gesprächen, die rings um mich geführt wurden. Endlich zogen Schwarzkopf, Zuckerman und ihr Gefolge in einem Geleitzug von königlichem Prunk hinaus. Übrig blieben kleine Grüppchen, die sich weiter unterhielten. »Maureen Dowd (von der ›New York Times‹) war hier«, sagte entzückt eine Mitarbeiterin von ›U. S. News‹, als würde das dem Erfolg des Abends die Krone aufsetzen.

Kurz bevor ich ging, wurde ich Zeuge eines Gesprächs zwischen vier Leuten, die ich für Journalisten hielt. Einer berichtete den anderen voller Eifer, was vorgefallen war. »Es war ein unbeschreiblicher Augenblick, als Ron Brown, Roger Ailes, Schwarzkopf und Zuckerman für Aufnahmen posierten«, sagte er. Plötzlich bemerkte der Erzähler, daß ich mir Notizen machte, und fragte mich barsch: »He, arbeiten Sie für die Regierung?« Murmelnd verneinte ich dies und ging aus dem Raum. Ich hätte ihm dieselbe Frage stellen sollen.

Anmerkungen

Erstes Kapitel: Wie die Geschichte eingefädelt wurde (S. 11–S. 45)

1 Bei Time Warner hat man die Verwirrung hinsichtlich der Weisungsverhältnisse innerhalb des Unternehmens mit Absicht institutionalisiert, theoretisch um die redaktionelle Seite vor Eingriffen der kaufmännischen Seite zu schützen. Herausgeber Jason McManus von Time Inc. Magazines untersteht nicht dem Time Warner-Vorsitzenden und Hauptgeschäftsführer Steven Ross, der, wie McManus betont, nicht sein Chef, sondern ein »Kollege« ist; McManus untersteht direkt dem Time Warner-Verwaltungsrat, dem er selbst angehört, und es ist technisch nicht möglich, daß McManus von Ross entlassen wird. Ross fungiert also genaugenommen nicht als Verleger, aber auch McManus nicht, der außerdem mit dem Präsidenten von Time Inc. Magazines Reginald Brack zusammenarbeiten muß.

2 Der Kongreß sträubte sich auch, die Zensurpolitik des Pentagon zu diskutieren. Als es dann am 16. Januar doch dazu kam, lag der Aussprache ein lahmer Resolutionsentwurf zugrunde, den der demokratische Abgeordnete Louis Stokes aus Ohio einbrachte. Darin wurde der Verteidigungsminister aufgefordert, »die Beschränkungen (für die Medien) auf das Maß zu begrenzen, das für die Sicherheit der Operationen und den Schutz für geheim erklärter Informationen erforderlich ist«. Zwei Tage später legte die demokratische Abgeordnete Barbara Boxer aus Kalifornien eine schärfere Resolution vor, die das Pentagon beauftragte, »die Schaffung von Ausschüssen für die militärische Sicherheitsüberprüfung, die zu einer ungerechtfertigten Zensur der Nachrichtenmedien führen könnte, einzustellen«. Boxer forderte jedoch nicht eine sofortige Beendigung der Gefechtspools, sondern lediglich ihre Suspendierung, »sobald sie nicht mehr absolut notwendig sind«. Beide Resolutionen gingen im Streitkräfte-Ausschuß des Repräsentantenhauses unter.

Einen sehr viel leidenschaftlicheren Einsatz für die verfassungsmäßigen Rechte, wie ihn keiner der Verantwortlichen der großen Medien während der gesamten Golfkrise erbrachte, zeigte der demokratische Abgeordnete Bruce Vento aus Minnesota, der in der Debatte über die Zensurpolitik des Pentagon sagte: »In einer freien Gesellschaft ist kein Platz für diese ›Ich sehe nichts, ich höre nichts, ich sage nichts‹-Politik des Pentagon. Wir dürfen nicht dulden, daß das Pentagon diktiert, welche Worte und Bilder die Öffentlichkeit erhalten darf ... Die Regierung ist nicht befugt, Nachrichten von vornherein zu beschränken, zu zensieren, zu beschönigen oder in der Tendenz zu verfälschen ... Die zerstörerische Waffe der Zensur, die das Pentagon benutzt, um die Presse zu kontrollieren, untergräbt zusehends unsere demokratischen Rechte.«

3 Bundesrichter Leonard B. Sand wies die Klage im April 1991 ab mit der Begründung, das Ende des Krieges und die Aufhebung der amtlichen Beschränkungen für die Medien hätten ihr die Dringlichkeit entzogen. Die Ausführungen seiner Urteilsbegründung kamen aber dem vorgebrachten Anliegen der Kläger weit entgegen; sie bilden eine solide Grundlage für eine gerichtliche Anfechtung künftiger staatlicher Zensurmaßnahmen in Kriegszeiten. Richter Sand wies die Behauptung der Regierung ab, die Kriegsvollmacht des Präsidenten nach Artikel II der Verfassung sei höher zu bewerten als die Freiheit der Presse gemäß dem 1. Zusatzartikel. Er wies zugleich das Argument der Regierung zurück, ein Gericht könne während eines Krieges nicht eine Auseinandersetzung zwischen den Militärs und der Presse über verfassungsmäßige Rechte entscheiden.

Zweites Kapitel: Wie die Babys verkauft wurden (S. 46–S. 90)

1 Es gibt in der jüngeren Geschichte der USA keine zynischere Darbietung von Realpolitik als das militärische sowie diplomatische Umschwenken der Reagan-Administration zum Irak. Es begann im März 1982 damit, daß die USA den Irak aus der vom State Department geführten Liste der Länder strichen, die den internationalen Terrorismus unterstützen; zweiundzwanzig Monate später wurde der Iran auf die schwarze Liste der Terroristen gesetzt. Das erlaubte es der Regierung, Garantien für Kredite amerikanischer Banken zu geben, mit denen der Irak amerikanisches Getreide kaufte, und es öffnete die Tür für künftige Rüstungsverkäufe, während die Regierung auf der anderen Seite (ungeachtet der künftigen Bemühungen von Oliver North) mit ihrer Operation Standhaftigkeit versuchte, die weltweiten Waffenverkäufe an den Iran zu drosseln.

Nach der Darstellung von Dilip Hiro ›The Longest War‹ schufen die USA nach einer Besprechung zwischen Reagan und dem irakischen Außenminister Tarik Aziz im November 1984 direkte Verbindungen zwischen der CIA und der amerikanischen Botschaft in Bagdad, um den Irak in seinem Krieg zu unterstützen; die geheimdienstlichen Erkenntnisse, die der Regierung in Bagdad übermittelt wurden, trugen demnach dazu bei, die iranische Offensive vom März 1985 zurückzuschlagen. Die Zusammenarbeit ging so weit, daß nach Angaben von BBC-Korrespondent John Simpson Schiffe der US-Marine Anfang 1987 irakische Raketen in iranische Ziele lenkten. Wie Simpson in seinem Buch ›From the House of War‹ erstmals berichtete, wurde das US-Kriegsschiff »Stark« am 17. Mai 1987 von zwei irakischen Exocet-Raketen getroffen, weil der irakische Pilot »irrtümlich dem Leitstrahl der Stark folgte, der ihn zu seinem iranischen Ziel führen sollte«. Siebenundzwanzig amerikanische Besatzungsmitglieder kamen bei dem Zwischenfall ums Leben, und das Weiße Haus, so Simpson, »forderte nicht einmal Entschädigung vom Irak«. Am 29. Mai erklärte Hiro zufolge der stellvertretende Verteidigungsminister Richard Armitage öffentlich: »Wir können nicht zulassen, daß der Irak geschlagen wird.«

2 Am 3. Mai 1990 berichtete Patrick Tyler in der ›Washington Post‹, Analytiker des Pentagon hätten »schlüssiges Nachrichtenmaterial zusammengestellt, demzufolge das Massaker von Halabdscha durch wiederholte chemische Angriffe von beiden kriegführenden Armeen verursacht wurde«. Tyler zitierte eine Pentagon-»Studie« auf der Grundlage »ganz geheimer Quellen«. Ähnliche Informationen wie Tyler fand eine Forschungsgruppe am U. S. Army War College, aber wohl aufgrund einer anderen Quelle. Der Bericht des War College-Teams, den Knut Royce am 19. Januar 1991 in ›Newsday‹ enthüllte, war nicht so eindeutig wie die Schlußfolgerungen, die Tylers Quellen gezogen hatten; es hieß lediglich, man habe nicht beweisen können, daß die Kurden durch irakisches Gas getötet wurden.

3 Die Golfkriegspropaganda kommt, soweit es um die amerikanische Geschichte geht, in Ton und Inhalt der Propaganda über spanische Greueltaten am nächsten, mit der die Intervention in Kuba im Jahre 1898 angeheizt wurde. In den zwei Jahren, die dem spanisch-amerikanischen Krieg voraufgingen, waren es jedoch William Randolph Hearsts ›New York Journal‹ und Joseph Pulitzers ›New York World‹, die die grauenerregendsten Horrormeldungen verbreiteten. Es war nicht das Weiße Haus unter McKinley; dieses widerstand eine Zeitlang dem Drängen von Presse und Kongreß, Krieg gegen Spanien zu führen.
»Die Greuel eines barbarischen Kampfes zur Ausrottung der einheimischen Bevölkerung werden aus allen Teilen des Landes gemeldet«, kreischte die ›World‹ am 17. Mai 1896. »Blut auf den Straßen, Blut in den Feldern, Blut vor den Haustüren, Blut, Blut, Blut! ... Gibt es kein Volk, das so weise, so tapfer ist, diesem von Blutrausch befallenen Land zu helfen?« Stories von ermordeten Babys waren auch im ausgehenden 19. Jahrhundert beliebt. Am 3. Juni 1896 berichtete die ›World‹ von der angeblichen Tötung eines kubanischen Kleinkinds durch die Hände spanischer Ungeheuer: »Die Frau wollte ihr Kind mit dem eigenen Leib abschirmen, doch die gnadenlosen Kugeln waren nicht aufzuhalten ... Das Baby war nicht sofort tot, und einer der Soldaten, von einer Art barbarischem Mitleid getrieben, zertrümmerte den Schädel des Kleinen mit dem Kolben seines Gewehrs.« Die »Befreit Kuba«-Propaganda der neunziger Jahre des vorigen Jahrhunderts ähnelt auffällig der Tätigkeit von Hill and Knowlton für die Bürger für ein Freies Kuwait, nur war der finanzielle Rahmen bescheidener. Die entsprechende Funktion erfüllte damals ein gewisser Tomas Estrada Palma, der die Kuba-Propaganda aus einem kostenlos überlassenen Büro im südlichen Teil Manhattans betrieb und eifrige Reporter mit erfundenen Stories über Greuel und Kämpfe belieferte. Die Spanier waren die Iraker von damals, und die Rolle Saddam Husseins fiel dem spanischen Militärgouverneur von Kuba, General Valeriano Weyler, zu. Das ›New York Journal‹ stempelte

den General zum »Schlächter« Weyler, so daß er – wie der »Schlächter von Bagdad« – als nicht mehr zu den Menschen gehörig galt. Wer auch immer 1896 die folgende, W. A. Swanbergs glänzendem Buch ›Citizen Hearst‹ entnommene Passage für das Flaggschiff von Hearsts Zeitungsimperium schrieb, er könnte vierundneunzig Jahre später das Vorbild für A. M. Rosenthal, William Safire und Alfonse D'Amato gewesen sein: »Weyler das Scheusal, der Verwüster von Haciendas, der Zerstörer von Familien und der Schänder von Frauen ... Erbarmungslos, kaltblütig in der Ausrottung von Menschen ... Nichts kann dieses sinnliche, animalische Gehirn davon abhalten, sich im Ersinnen von Foltern und Ruchlosigkeiten blutiger Ausschweifungen zu ergehen ...« Ein Vergleich mit Adolf Hitler war nicht möglich: Er war noch ein kleiner Junge.

Auch Gott wurde für die Sache der kubanischen Revolution in Dienst genommen, so wie es 1990 wieder für Kuwait geschehen sollte. Geistliche in allen Teilen der USA wurden von der Kubanischen Liga aufgefordert, den Gottesdienst am 4. Juli 1897 so zu gestalten, »daß die öffentliche Meinung positiv für den Unabhängigkeitskampf der Kubaner beeinflußt wird«. (Weiteres über die Kampagne für eine Intervention in Kuba in Marcus Wilkersons Buch ›Public Opinion and the Spanish- American War‹.)

Die Public-Relations-Offensive gegen die spanische Verwaltung in Kuba zielte nicht nur auf die Vorstellungen der breiten Masse. Anspruchsvolle Zeitschriften wie ›Harper's Weekly‹ mischten kräftig mit und lieferten etwas ausgefeiltere Rechtfertigungen für eine amerikanische Intervention, die auf gebildetere Leser zielten. Nachdem der Krieg begonnen hatte, wies ›Harper's Weekly‹ in der Ausgabe vom 4. Juni 1898 europäische Vorwürfe, Amerika gebe sich mit der Besetzung Kubas niederen Neigungen hin, hochmütig zurück: »In Frankreich und Deutschland wirft man diesem Land unverhüllt vor, es sei von einem Geist des Landraubs beseelt, es werde getrieben von dem Wunsch, die gegenwärtige Schwäche Spaniens auszunutzen, um ihm mit Gewalt seine letzten kolonialen Besitzungen zu entreißen. Der Vorwurf stammt natürlich aus dem Munde eines spanischen Staatsmannes wie Sagasta oder eines spanischen Schlächters wie Weyler, aber er trifft nicht zu. Er ist von der Wahrheit so weit entfernt, daß niemand – das heißt niemand, den die grausamen Vorurteile des Krieges nicht verblendet haben – ihn erheben kann, ohne sich selbst dem Vorwurf der Verlogenheit oder der groben Unwissenheit auszusetzen, denn von allen Ländern der Neuzeit haben die Vereinigten Staaten die geringste Neigung bewiesen, ihren Besitzungen ferne Territorien einzuverleiben.« (Die Inbesitznahme großer Teile des nördlichen Mexiko und der indianischen Territorien im Westen galt den Redakteuren von ›Harper's Weekly‹ offenbar nicht als Landraub in fernen Gegenden.)

Es gibt noch eine Parallele zwischen dem spanisch-amerikanischen Krieg und dem Golfkrieg: Die Spanier entpuppten sich – wie die Iraker – als Papiertiger. Schlecht bewaffnet und schlecht organisiert, hielten die spanischen Generäle nur zwölf Wochen durch, nicht sehr viel länger als

Hussein. In beiden Konflikten waren die amerikanischen Verluste gering, und der mühelose Sieg wurde beide Male gleichermaßen kriegerisch und chauvinistisch gefeiert.

4 Die lautstarke Debatte über Husseins Atomwaffenprogramm ging auch nach Ende des Krieges weiter. Vor dem Krieg war es nicht einfach, an Fakten heranzukommen, und in den stark voneinander abweichenden Angaben über einen angeblichen Drang des Irak nach einem radioaktiven Armageddon war unschwer das Wirken der politischen Propagandisten zu erkennen. In der Ausgabe vom November/Dezember 1990 brachte ›Proliferation Watch‹, das Mitteilungsblatt des Senatsausschusses für Regierungsangelegenheiten, eine Übersicht über die Bandbreite der »fachmännischen« Urteile. Auf der einen Seite erklärte Paul Leventhal, Direktor des Instituts für Atomare Kontrolle, Hussein könne in ein bis drei Wochen – so das Mitteilungsblatt – »einen primitiven atomaren Apparat haben, dessen Einsatz Schwierigkeiten macht«. William Safire, mehr in der Mitte angesiedelt, sagte voraus, der Diktator werde in etwas mehr als zwei Jahren über einen einsatzfähigen Atomsprengkopf verfügen; James Schlesinger, der ehemalige Verteidigungsminister, veranschlagte über fünf Jahre. Auf der anderen Seite des Spektrums zitierte der ›Australian‹ in Canberra den australischen Geheimdienst mit der Einschätzung, vor dem Ablauf von fünfzehn Jahren werde Hussein kein einsatzfähiges atomares Gerät haben. (Malcolm Browne, Wissenschaftsautor bei der ›New York Times‹, erklärte im April 1991 auf einem Forum der Außenpolitischen Vereinigung, der Irak brauche für den Bau einer einsatzfähigen Atomwaffe noch zehn Jahre.)

Die Vereinten Nationen, die – mit gewissen Schwierigkeiten – das Atomwaffenprogramm des Irak untersuchten, stellten Anfang August 1991 fest, daß irakische Wissenschaftler aus den abgebrannten Brennstäben einer ihrer Kernkraftanlagen Plutonium gewonnen hatten, aber nicht annähernd genug für eine Atomwaffe. Für eine funktionsfähige Atomwaffe, so Atomexperte Paul Leventhal zur ›New York Times‹, würden acht Kilogramm Plutonium benötigt; die Iraker hatten bisher drei Gramm zusammengebracht, also 0,0375 Prozent der benötigten Menge. Zuvor hatte der Irak zugegeben, insgeheim etwa vierhundertfünfzig Gramm leicht angereicherten Urans erzeugt zu haben, die den internationalen Behörden verschwiegen worden waren. Für eine Atombombe sind laut Leventhal fünfundzwanzig Kilogramm hoch angereicherten Urans erforderlich.

Einen Monat später schälte sich heraus, daß die von Saddam ausgehende Atombombengefahr vom Herbst wohl eher Panikmache war, um die Vereinigten Staaten in den Krieg zu treiben. Andrew Rosenthal, Sohn des Apokalyptikers A. M. Rosenthal, schrieb am 26. September in einer Nachrichtenanalyse auf Seite 1 der ›New York Times‹, daß »amerikanische Regierungsvertreter, unter ihnen General Colin L. Powell, zugegeben haben, ... daß die vom Irak ausgehende nukleare Bedrohung keine echte Bedrohung ist – weder kurz- noch mittelfristig«. Am

Ende löste sich die Vermutung, von Saddams Atombombenprogramm in der Zeit vor dem Golfkrieg sei eine unmittelbare Gefahr ausgegangen, in Nichts auf. Am 20. Mai 1992 – also in der Zeit, in der es in Bagdad mehrfach zu stark beachteten Konfrontationen zwischen UN-Inspektoren und Vertretern des Irak kam – berichtete Paul Lewis in der ›New York Times‹ von einem »Geheimtreffen«, das einen Monat zuvor in Wien stattgefunden habe; Fachleute für den Bau von Atomwaffen hätten die Unterlagen über die nuklearen Fähigkeiten des Irak geprüft. Ein nicht namentlich genannter Vertreter der Internationen Atomenergie-Organisation habe, so Lewis, erklärt, daß der Irak vor dem Krieg nach Ansicht der Fachleute von der Herstellung einer Atombombe »mindestens« zwei bis drei Jahre entfernt war – und nicht sechs Monate, wie es Präsident Bush im November 1990 als Möglichkeit hingestellt hatte. Lewis' Enthüllung warf natürlich die Frage auf, wie Hussein angesichts des sehr aggressiven UN-Handelsembargos, das im Herbst und Winter 1990/91 in Kraft war, sein (angeblich) todbringendes Bestreben hätte verwirklichen können. Die Iraker waren bei all ihren Planungsmängeln und technischen Unzulänglichkeiten, von Ersatzteilen sowie von zusätzlichem Uran und Plutonium ganz abgesehen, zweifellos auf fachmännischen Rat von außen angewiesen. Es ist unwahrscheinlich, daß Personen oder Objekte, die von einer solchen Bedeutung waren, die UN-Absperrung hätten durchdringen können.

Mit der unmittelbar drohenden Gefahr eines atomaren Holocaust schien wieder eine der Begründungen, mit denen Bush statt fortgesetzter Sanktionen einen Krieg durchsetzen wollte, in sich zusammenzufallen. Weshalb, so müssen wir fragen, diese Eile?

Zu einer anderen Enthüllung über Atomwaffen-Kapazitäten im Nahen Osten kam es im Oktober 1991. Seymour Hersh berichtete in seinem Buch ›The Samson Option‹, Israel besitze »Hunderte« von Atomwaffen; nach offiziellen Schätzungen des US-Geheimdienstes waren es weniger als hundert. Während des Golfkriegs, so Hersh, habe die israelische Regierung einmal, als Israel mit irakischen Scud-Raketen beschossen wurde, die höchste atomare Alarmstufe verfügt und Atomraketen auf die Abschußvorrichtungen gebracht.

(Nachdem Hussein bereits zum Atomterroristen und zu einem Hitler gestempelt war, fiel es dem Weißen Haus nicht schwer, ihn als »Umweltterroristen« hinzustellen. Was die Behauptung angeht, der Irak habe am 25. Januar »absichtlich« Öl in den Persischen Golf laufen lassen, wich die Realität wieder einmal von der Propaganda ab. Nach ersten Berichten hatten die Iraker elf Millionen Barrel Erdöl in den Persischen Golf »geschüttet«. Umweltschützer in aller Welt waren entsetzt über Bilder von Kormoranen mit ölverklebtem Gefieder. Drei Tage später war die riesige Ölmenge (aus der ›Exxon Valdez‹ waren zweihunderttausend Barrel ausgelaufen) zugegebenermaßen kleiner als zunächst angegeben, und von alliierter Seite hieß es, das Auslaufen könne auch ohne Absicht – zumindest teilweise – durch irakischen Beschuß verursacht worden sein. Nach dem Krieg berichtete Greenpeace, alliierte Bombenangriffe auf irakische Tanker seien ebenfalls für einen Teil der Meeresverschmutzung verantwortlich. Im Mai 1991 erklärte Saudi-Arabien auf einer Sondersitzung der Regionalorganisation für den Schutz der maritimen Umwelt (eine Umweltschutzbehörde der Golfstaaten) offiziell, die irakischen Streitkräfte seien dafür »verantwortlich«, daß sechs Millionen Barrel Erdöl in den Golf »freigesetzt« wurden. »Soweit wir feststellen konnten«, hieß es in dem Regierungsbericht, »kam das Öl überwiegend vom Sea Island Terminal und von einigen irakischen Öltankern in diesen Gewässern... Drei bis vier Millionen Barrel kamen aus den Tankern. Der Rest kam aus Quellen an Land und/oder von den Terminals.« Die Saudis erklärten, daß bis zum April 1991 »zusätzlich dreitausend Barrel Öl täglich aus beschädigten Tanks, gebrochenen Rohrleitungen und Tankern ausliefen«. Im Rückblick scheint es, daß die Alliierten an Husseins Umweltkatastrophe mitgewirkt haben.)

5 Die Bürger für ein Freies Kuwait lösten ihren Vertrag mit Hill and Knowlton am 8. Januar 1991, zum Kummer des H & K-Managements. Eine – ziemlich erstaunliche – Erklärung für den plötzlichen Bruch ging dahin, daß die PR-Agentur den Kuwaitern zu teuer gewesen sei. Nach Angaben von Steve Meeter, vormals Vizepräsident von H & K, hatte die Firma der kuwaitischen Regierung ihre Dienste vor der irakischen Invasion erfolglos angeboten, »weil sie wohl dachten, wir seien zu teuer«. Ein anderer Verantwortlicher von H & K, der nicht namentlich genannt werden wollte, vermutete, der gerade wiedereingesetzte Emir und seine Minister seien über den Erfolg von Dr. Al Ibrahim verärgert gewesen, der wohl allzu eigenwillig gehandelt habe. Derselbe Mann hielt es außerdem für möglich, daß Dr. Al Ibrahim sich den Unwillen des Emirs dadurch zugezogen habe, daß er sich nach der Befreiung des Landes der Demokratiebewegung in Kuwait angeschlossen hatte; es sei anzunehmen, »daß Ibrahim und all die anderen ein bißchen zu energisch auf Demokratie drangen... Al Ibrahim hat vielleicht versucht, seinen Erfolg zu nutzen, um seine Sache irgendwie voranzutreiben, und das hat dem Emir nicht gefallen.« Jedenfalls hätten die Bürger für ein Freies Kuwait H & K fast ausschließlich mit kuwaitischen Staatsgeldern bezahlt, und somit lag die Entscheidung, die Dienste der Firma nicht länger in Anspruch zu nehmen, bei der Regierung.

Falls der Grund in mangelndem Vertrauen bestanden haben sollte, brauchte der Emir nicht lange, um seinen Argwohn gegen H & K abzulegen; die Firma wurde bald erneut engagiert, für ein Einzelprojekt im September 1991, als der Emir sich zur Eröffnung der Generalversammlung der Vereinten Nationen nach New York begab.

Gary Hymel, der als H & K-Vizepräsident für die Bürger für ein Freies Kuwait auf dem Kapitol als Lobbyist wirkte, war enttäuscht und ratlos darüber, daß seine Firma bei der kuwaitischen Regierung in Ungnade gefallen war. »Sie haben ihr Land wiedergekriegt, und wir dachten, wir hätten die amerikanische Öffentlichkeit aufgeklärt«, sagte er. »Wir haben uns mächtig für sie ins Zeug gelegt.« Zu den Folterungen, den

Hinrichtungen und der Einschüchterung angeblicher Kollaborateure durch die Kuwaiter nach der Befreiung erklärte Hymel: »Da hätten sie doch wirklich PR gebraucht.« Doch die Kuwaiter seien notorisch unentschlossen, sagte er: Nach dem Krieg habe die Regierung noch zweimal die PR-Firmen gewechselt, bevor sie für den UN-Besuch des Emirs wieder auf H & K zurückgriffen. »Einer hat mir erzählt, das sei typisch für die Kuwaiter«, bemerkte Hymel. »Sie machen einen Vertrag, sie können sich nicht entschließen, sie wissen nicht, was sie wollen. Verstehen Sie, sie können sich nicht auf etwas festlegen, und dann geht es irgendwie in die Hose.«

6 Bei meinen eigenen Recherchen fand ich, daß die Brutkasten-Story weit öfter auf Skepsis als auf Zustimmung gestoßen war. Andrew Whitley, Geschäftsführer von Middle East Watch, fand es »weithergeholt«, daß es zur Zeit der irakischen Invasion in Kuwait dreihundertzwölf Brutkästen gegeben haben soll. Nach dem 2. August befanden sich Whitley zufolge in der zentralen Entbindungsklinik von Kuwait-Stadt (wo zwei Drittel der Brutkästen des Landes installiert waren) allenfalls »eine Handvoll Babys« in Brutkästen. Nach unbestätigten Berichten, so der Menschenrechtler, wurden von insgesamt hundertdreißig Brutkästen in Kuwait während der Besatzung zwei gestohlen. »Die Iraker haben viele schreckliche Dinge getan«, sagte Whitley, »aber die medizinische Behandlung in den Krankenhäusern wurde nicht gestört ... Irgend jemand ist darauf verfallen, daß man mit der Brutkasten-Story gut hausieren gehen könnte.«

Dr. Nasser Al Busairi, Frauenarzt und Geburtshelfer an der Entbindungsklinik in Kuwait-Stadt, sagte im November 1991 in einem Interview, er sei sicher, daß die Iraker keine Babys aus Brutkästen entfernt hätten. Er stimmte der Feststellung des isländischen Arztes Gisli Sigurdsson zu, daß die Iraker indirekt für den Tod von Kindern verantwortlich seien, weil ihretwegen ausländische Hilfskräfte und Ärzte aus dem Land geflohen seien.

Dennoch behauptete Dr. Al Ibrahim im Spätherbst 1991 weiterhin, daß Babys aus Brutkästen entfernt wurden. Er forderte mich auf, einen Dr. Abdullah Al Hammadi anzurufen und mir das bestätigen zu lassen. Wiederholte Versuche an mehreren Tagen, Dr. Al Hammadi in der Entbindungsklinik von Kuwait- Stadt telefonisch zu erreichen, blieben jedoch ohne Erfolg. Schließlich traf im Januar 1992 eine Sendung des kuwaitischen Verbandes für den Schutz der Kriegsopfer ein; sie enthielt zehn Farbfotos von Leichen nicht identifizierter Erwachsener und einen handschriftlichen Bericht mit dem Titel ›Kuwaits Martyrium: Ein Augenzeugenbericht‹, angeblich aus der Feder von Dr. Al Hammadi. Die Brutkasten-Story kam darin mit keinem Wort vor.

Nachdem ich dann im Februar 1992 in der ›New York Times‹ die wahre Identität von Nayirah Al Sabah enthüllt hatte, unternahm die US-Regierung zusammen mit den Kuwaitern und Hill and Knowlton einen letzten verzweifelten Versuch, die Wahrheit der Brutkasten-Story zu beweisen. Es war ein an Plumpheit nicht zu überbietender Versuch der Schadensbegrenzung. Edward W. Gnehm, der amerikanische Botschafter in Kuwait, schickte dem State Department am 4. Februar ein Telegramm, das offenkundig für die Medien bestimmt war; er versuchte darin, die durchlöcherte Glaubwürdigkeit der Kriegspropagandisten mit Hilfe von drei »Zeugen« zu retten, die die Entfernung von Babys aus Brutkästen beobachtet haben sollten. Außerdem zog er über die »arroganten und zynischen« Menschenrechtsermittler und Journalisten her, die die Brutkasten-Story angezweifelt und widerlegt hatten, und bezeichnete sie als »revisionistische Historiker«. (Die Quelle des Beinamens »revisionistische Historiker« war vermutlich ein Brief des Abgeordneten Tom Lantos an die ›New York Times‹, in dem dieser seine Entscheidung, Nayirahs Identität zu verheimlichen, verteidigte, zugleich aber betonte, ihre Glaubwürdigkeit werde eigentlich »erhöht« durch den Umstand, daß sie die Tochter des kuwaitischen Botschafters in den Vereinigten Staaten ist.) Zum Bedauern der – revisionistischen oder nicht-revisionistischen – Historiker verdeckte Gnehm in seinem Telegramm die Namen seiner »Zeugen«. Ich rief die US-Botschaft in Kuwait an, um Gnehm nach den Auslassungen zu fragen, doch meine Bitte um ein Interview beschied er abschlägig.

Das Gnehm-Telegramm zwang Middle East Watch, ihre Untersuchungsergebnisse vor der Öffentlichkeit zu verteidigen. Am 6. Februar erschien ein Bericht der Organisation, der den diplomatischen Wutanfall Gnehms Absatz für Absatz zerpflückte. Es gab praktisch keine stichhaltigen Beweise für das, was Gnehm behauptet hatte, und der Grund war leicht zu erkennen. Bevor am 6. Januar mein Gastbeitrag in der ›New York Times‹ erschien, hatte sich in der Regierung niemand bemüßigt gefühlt, den Berichten von John Martin und Middle East Watch und der Erklärung, in der Amnesty die Unterstützung für die Brutkasten-Story zurückzog, entgegenzutreten. Im Gegenteil: Den Ermittlern von Middle East Watch, die am 21. März 1991 ein Gespräch mit Gnehm und seinen Mitarbeitern führten, wurde nichts vorgetragen, was ihr ursprüngliches Resultat, daß es keinerlei Brutkasten-Greuel gegeben hatte, erschüttert hätte. Aziz Abu-Hamad: »Unsere vorausgegangene Feststellung, daß wir keinen Anhaltspunkt für die behaupteten Brutkasten-Todesfälle finden konnten, präsentierten wir im Rahmen eines allgemeinen Gesprächs über unsere Dokumentation irakischer Greueltaten während der Besatzung und über aktuelle Menschenrechtsverletzungen in Kuwait. Weder bei diesem Gespräch noch bei späteren Gesprächen mit Middle East Watch im März und Mai 1991 wurde diesen Feststellungen von Botschaftsangehörigen widersprochen.«

Die Kuwaiter sollten noch eine Karte ausspielen, die aber ein Bluff war und letztlich gegen sie zurückschlug. Nach dem Nayirah-Skandal engagierte die Herrscherfamilie das New Yorker Detektivbüro Kroll Associates, doch tatsächlich ein paar Babys zu finden, die man glaubhaft als tot darstellen konnte, um so den angeschlagenen Ruf des Al Sabah-Clans zu retten. Kroll übernahm den Auftrag gegen ein Honorar, über dessen Höhe man nichts erfährt; das Büro unterstreicht allerdings in seinem Abschlußbericht, daß die Kuwaiter garantiert hatten, auf die Ermittlungen keinen Einfluß zu nehmen. Wie auch immer die Vereinbarung lautete – mit den Ergebnissen können die Kuwaiter und Hill and Knowlton nicht zufrieden gewesen sein. Der Kroll-Bericht über die Brutkasten-Affäre wurde im April 1992 abgeschlossen, bisher aber nicht offiziell freigegeben. Ab Juni konnte man jedoch inoffiziell kursierende Exemplare bekommen, und damals bekam auch ich eines.

Das wichtigste Ergebnis der Kroll-Ermittler war, daß Nayirah nicht als Helferin im Al Addan-Hospital gearbeitet hatte (sie war nur einmal zufällig vorbeigekommen) und wirklich nicht beobachtet hatte, daß Babys aus Brutkästen entfernt wurden:

»Das andere Mißverständnis ist, daß ihre Bemerkung sich auf einen längeren Beobachtungszeitraum stützte, während dessen sie als freiwillige Helferin im Al Addan-Hospital arbeitete. Tatsächlich bezog sich ihre Aussage auf einen einzigen Fall, der sich nur wenige Minuten nach ihrem Eintreffen im Hospital ereignete, welches zeitlich zusammenfiel mit einer Konfrontation zwischen bewaffneten irakischen Soldaten und Mitarbeitern des Hospitals, bei der es um die Entfernung von Babys aus Brutkästen ging.

Auf diese Szene wird weiter unten näher eingegangen. Entscheidend ist jedoch, daß das, was Nayirah davon mitbekam, sich auf einen flüchtigen Eindruck, eine ›Momentaufnahme‹ beschränkte, die ein chaotisches Durcheinander und den Anblick eines am Boden liegenden Kindes beinhaltete, woraus gefolgert wurde, daß andere, nicht beobachtete Kinder gleichfalls aus Brutkästen entfernt worden waren.

Nachdem sie nicht länger als einige Sekunden Zeugin dieser Szene war, eilte sie aus dem Hospital, weil ihr klar wurde, daß es für sie gefährlich war, bei einem derart unberechenbaren Geschehen zugegen zu sein.«

Übersetzt bedeutet die vorstehende Passage, daß Nayirah nie etwas gesehen hat, daß man sie aber, nachdem die Brutkasten-Story als Propaganda aufgeflogen war, aus der Schußlinie nehmen wollte.

Im April 1992 verklagte Hill and Knowlton den Westdeutschen Rundfunk, der in der Sendung ›Monitor‹ über Nayirahs Brutkasten-Geschichte berichten wollte, auf Unterlassung, unter anderem wegen der Monitor-Behauptung, Hill and Knowlton habe Lügengeschichten verbreitet; das Landgericht Frankfurt wies die Klage ab.

Die Zerstörung der Glaubwürdigkeit Nayirahs hielt Kroll jedoch nicht von dem Versuch ab, die Kuwaiter insgesamt vor einem Gesichtsverlust zu bewahren. Am Ende konnten die Ermittler feststellen, daß »wegen der Plünderung von Brutkästen und Ventilatoren auf den pädiatrischen Stationen des Al Jahra- und des Al Addan-Hospitals unmittelbar sieben Babys starben«. Das war offenkundiger Unsinn, und wieder einmal mußten Aziz Abu-Hamad und Middle East Watch die kuwaitische Desinformation klarstellen. Die Menschenrechts-Organisation stellte in ihrer Widerlegung vom 16. Juli 1992 fest:

»Kroll fand keine Beweise für diese Angaben (von sieben getöteten Babys)... Um zu dieser Zahl zu gelangen, mußte Kroll den Ermittlungsgegenstand wechseln: Es war behauptet worden, irakische Soldaten hätten Babys aus Brutkästen herausgeholt und dadurch ihren Tod verursacht. Doch von den sieben, die Kroll anführt, fällt nur eines unter diese Kategorie. Die anderen sechs starben, wie es im Bericht selbst heißt, weil es an medizinischem Gerät fehlte beziehungsweise aufgrund der Entscheidung eines irakischen Arztes, die Brutkästen von einer Station zu einer anderen zu bringen, um den Flügel zu verstärken, der für die Zivilbevölkerung vorgesehen war. Ähnliche Fälle waren zuvor von Middle East Watch und anderen Menschenrechts-Organisationen gemeldet worden. Wir haben irakische Stellen für derartige Maßnahmen verantwortlich gemacht, doch kann man vernünftigerweise nicht sagen, sie seien gleichzusetzen damit, daß Babys aus Brutkästen herausgeholt werden, was auf Mord hinausliefe.

Die Behauptung, das eine von Kroll angeführte Baby sei im August 1990 gestorben, weil es aus einem Brutkasten genommen wurde, stützt sich auf die Aussage von Salwa Ali Ahmad, einer Krankenschwester, die den Vorfall nach eigenen Worten beobachtet hatte. Der von Kroll angeführten Aussage dieser Krankenschwester widersprechen jedoch andere, verläßlichere Zeugen aus dem Hospital. Die von Kroll angeführte Aussage weicht außerdem in wesentlichen Punkten von Aussagen ab, die sie selbst im Laufe dieses Jahres gemacht hat, unter anderem in einem veröffentlichten Reuter-Bericht aus Kuwait.

Wir haben kürzlich einige Mitarbeiter des Al Addan-Hospitals nochmals befragt. Erneut verneinten sie, daß der geschilderte Vorfall sich am Al Addan-Hospital ereignet haben könnte. Sie zweifelten die Behauptung der Krankenschwester an, sie habe den Vorfall nicht der Krankenhausverwaltung melden oder in den Akten festhalten können. Sie sagten, die Verwaltung habe trotz irakischer Einmischung weiterhin zum größten Teil in kuwaitischen Händen gelegen, und das Personal habe alle Vorfälle dort gemeldet. Die Tatsache, daß sie so lange gewartet habe, um mit ihrem Bericht hervorzutreten, lasse ernste Zweifel an ihrem Erinnerungsvermögen zu, sagten sie. Was ihre Behauptung betrifft, sie habe derartige Vorgänge nicht in den Krankenhausakten festhalten können, weil sie sich vor irakischer Vergeltung fürchtete, wiesen die Befragten darauf hin, daß die Akten aus der besagten Zeit Informationen enthielten, die für die Iraker weit schädlicher sind als das, was die Krankenschwester beobachtet zu haben angab, darunter Berichte von Hinrichtungen und Folterungen durch irakische Soldaten...«

Es waren vermutlich politische Pressionen, die Frau Ahmads plötzlicher Erinnerung an Brutkasten-Todesfälle auf die Beine halfen. Middle East Watch schreibt:»Mitarbeiter des kuwaitischen Gesundheitswesens gaben gegenüber MEW an, es werde ungeheurer Druck auf sie ausgeübt, im Sinne der Behauptungen von Brutkasten-Todesfällen auszusagen. Etliche gaben an, sie seien streng gerügt worden, weil sie gegenüber Reportern und Menschenrechts-Organisationen verneint hatten, etwas von Brutkasten-Todesfällen zu wissen. Einige wurden gezwungen zu widerrufen.

Mehrere Ärzte, von denen Kroll sagt, sie hätten behauptet, von der Brutkasten-Story zu wissen, hatten die Story entschieden bestritten, als sie unmittelbar nach der Befreiung Kuwaits von Middle East Watch, Physicians for Human Rights und anderen befragt wurden...«

Drittes Kapitel: Wie der Krieg sein Design erhielt (S. 91–S. 126)

1 Aus J. B. Kellys ›Arabia, the Gulf and the West‹ erfährt man, daß Kuwait sich in den dreißiger Jahren, als das ganze Ausmaß seines Ölreichtums noch nicht bekannt war, als arm im Vergleich zum Irak empfand. Ghazi Ibn Faisal, der damalige irakische König, stützte sich auf die wirtschaftliche Ungleichheit und auf jahrhundertelange enge wirtschaftliche Bindungen, als er die Vereinigung des Irak mit Kuwait und den übrigen Golfstaaten forderte. Eine solche Neuordnung war für Großbritannien, das in der Region nach dem Prinzip »Teile und herrsche« vorging, nicht annehmbar, und so wurde laut Kelly der kuwaitische Herrscher Scheich Ahmad Al Sabah »veranlaßt, seine Berater zu entlassen und die Resolutionen (zugunsten der Vereinigung) für ungültig zu erklären«. »Es kam daraufhin zu Unruhen in Kuwait, und Ghazi wollte eingreifen und das Scheichtum besetzen. Man setzte ihn unter Druck, davon Abstand zu nehmen, und die Angelegenheit endete im April 1939 abrupt mit dem Tod Ghazis, der bei einem Autounfall umkam.«

2 Die Vorwürfe, Peter Jennings habe antijüdische beziehungsweise pro-arabische Vorurteile, stützen sich auf dürftige Beweise. Arthur J. Magida versuchte, wie er in der ›Baltimore Jewish Times‹ vom 24. Mai 1991 schrieb, der Sache auf den Grund zu gehen, fand aber nicht viel. Den »verbalen rauchenden Colt«, so Magida, muß man in München suchen, am 6. September 1972 drei Uhr nachts, während des Zwischenfalls, bei dem elf israelische Olympia-Teilnehmer von Mitgliedern der palästinensischen Extremistengruppe »Schwarzer September« ermordet wurden. Jennings berichtete für ABC von der Krise. In einer Diskussion mit Kollegen, während der man noch nichts vom Schicksal der Geiseln und der Geiselnehmer wußte, äußerte Jennings, so Magida, »Zweifel an der Bereitschaft der Palästinenser, für ihre Sache zu sterben«. Dann sagte Jennings: »Viele kann man nur schwer davon überzeugen, daß die Araber keine Kämpfer sind und nicht gern kämpfen.« Am Vortag hatte Jennings geäußert: »Es gibt im palästinensischen Volk eine eigenartige Veranlagung, die es ihm bis heute verwehrt hat, regelrechte Killer zu werden.« Diese Äußerungen sollten Jennings' »Sympathie« für die Palästinenser beweisen, eine zweifelhafte Behauptung. Die jüdischen Kritiker Jennings' unterstellen ihm wohl die Meinung, die Palästinenser seien irgendwie friedfertiger als die Israelis, obwohl paramilitärische palästinensische Gruppen damals Terror gegen israelische Zivilisten übten.

Man könnte Jennings' Worte aber auch so verstehen, daß er am Mut und an der Kampffähigkeit der Palästinenser und anderer Araber zweifelte, wenn er sie nicht geradezu als Feiglinge bezeichnete. Es war wohl töricht von Jennings, während eines laufenden Vorgangs derartige Verallgemeinerungen über die Araber zu äußern, doch ein Beweis für antijüdische Vorurteile ist das nicht gerade. Paradoxerweise hatte Jennings, wie er Magida erläuterte, die erwähnten Bemerkungen gemacht, um Verallgemeinerungen über Araber entgegenzutreten: »Damals neigte man dazu, alle Araber über einen Kamm zu scheren ... Ich wollte wohl verdeutlichen, daß die von gewissen Palästinensern gezeigte Gewalttätigkeit nicht unbedingt typisch war für den Charakter des palästinensischen Volkes.«

Was in den Augen seiner jüdischen Kritiker noch gegen Jennings spricht, ist die Tatsache, daß seine erste Frau, Anouchka Malouf, eine libanesische Christin war. Diese Art, jemanden wegen der Volkszugehörigkeit seines Partners schuldig zu sprechen, erinnert an die Vorwürfe, mit dem Feind zu sympathisieren, die man gegen Peter Arnett erhob, weil er mit einer Vietnamesin verheiratet war. Daß Kati Marton, die heutige Frau Jennings', Jüdin ist, hat ihn offenbar nicht von seiner Ursünde reinwaschen können.

Viertes Kapitel: Das Vietnamsyndrom (S. 127–S. 162)

1 Bill Moyers ging – genau wie sein ehemaliger Untergebener im Weißen Haus, der gegenwärtige CNN-Präsident Tom Johnson, aber anders als viele Militärs – klüger aus dem Horrorerlebnis Vietnam hervor. Er war nach dem Golfkrieg Erzähler und Koautor einer public television-Dokumentation, die am Krieg selbst und an dem patriotischen Rausch, der als Berichterstattung ausgegeben wurde, scharfe Kritik übte.

2 Als unter der Nixon-Administration die auf eine »Vietnamisierung« des Krieges zielenden Verhandlungen in Paris und die massive Bombardierung des Nordens zu den zentralen Strategien wurden, entstand eine Situation, die Knightley so beschreibt: »Der Krieg schien sich zu verflüchtigen ... Bei Redakteuren und Produzenten schwand die Bereitschaft, Zeit und Raum für einen Krieg zu opfern, von dem die Regierung versicherte, er sei so gut wie vorbei ...« Das geschah ungeachtet dessen, daß rund ein Drittel der Amerikaner, die in Vietnam ihr Leben ließen, in den Nixon-Jahren fielen.

Fünftes Kapitel: Operation Wüstenmaulkorb (S. 163–S. 219)

1 Schließlich wurde Clifton als Teilnehmer eines Gefechtspools, der eine leichtgepanzerte Marineinfanterie-Einheit, die sogenannte »Tiger Brigade«, begleitete, doch noch direkter Zeuge von Kampfhandlungen. Sein

Bericht, der am 4. März in ›Newsweek‹ erschien, war ziemlich langweilig; man konnte meinen, er habe die Panzer- und Mörser-Schlacht, die am Freitag, 22. Februar (einen Tag vor der amtlichen Mitteilung, die Bodeninvasion habe begonnen), stattfand, aus großer Ferne beobachtet. Cliftons Erlebnis war insofern ungewöhnlich, als er während der Bodenkämpfe überhaupt etwas sah.

Bezeichnend ist, daß das Poolfoto, das Cliftons Artikel beigefügt war, eine Manöverübung der Marines zeigte, nicht die Schlacht, die Clifton beobachtete.

2 Nach dem Krieg zitierte Knut Royce von ›Newsday‹ einen nicht genannten Regierungsvertreter, der aufgrund dessen, was die Befragung von in alliierte Gefangenschaft geratenen irakischen Offizieren ergeben hatte, den mangelhaften militärischen Bereitschaftszustand der Iraker in aller Offenheit schilderte: »Die (irakischen) Offiziere im Generalsrang wußten, daß sie den Krieg nicht gewinnen konnten, und sie planten nicht, einen Krieg zu führen ... Sie erwarteten nicht, einen Krieg zu führen, weil sie verdammt genau wußten, daß sie haushoch geschlagen werden würden ... (Sie) nahmen an, daß Saddam ein riskantes Spiel spielte und in der letzten Minute abbiegen oder einen politischen Kompromiß suchen würde.« Die irakischen Offiziere hätten die Stärke ihrer Regimenter und Divisionen beim Eintreffen in Kuwait auf achtzig Prozent geschätzt. Theoretisch standen der alliierten Streitmacht von 540 000 Mann vor Beginn der Bombenangriffe am 16. Januar also 432 000 irakische Soldaten gegenüber. Doch 432 000 war eine gewaltige Übertreibung, selbst nach den Maßstäben der Kuwaiter (und von Hill and Knowlton). Am 23. April 1992 gab der Streitkräfte-Ausschuß des Repräsentantenhauses eine Studie frei, nach der die Stärke der irakischen Truppen in Kuwait und im südlichen Irak am ersten Tag der Bombenkampagne 362 000 Mann betrug. Als achtunddreißig Tage später der Bodenfeldzug begann, waren es laut Studie nur noch 183 000. Während des Bombenkriegs desertierten 153 000 Iraker, 17 000 wurden verwundet, und 9000 wurden getötet. Von den 183 000, die schließlich gegen die alliierte Bodenoffensive antraten, wurden der Studie zufolge 63 000 gefangengenommen; der Rest floh oder fiel.

Über die Qualität der irakischen Armee äußerte sich John Simpson von der BBC nur voll Verachtung. In seinem Buch ›From the House of War‹ schrieb er: »Die Republikanische Garde, von Journalisten und Politikern beharrlich als ›Elite‹ bezeichnet, wurde im Verlauf der Krise um mehrere Divisionen erweitert, hauptsächlich dadurch, daß man Männer aus regulären Einheiten nahm und ihnen rote Baskenmützen verpaßte. Jeder, der im Gleichschritt marschieren konnte, galt als tauglich. Die Offiziere der Republikanischen Garde waren in der Regel besser ausgebildet, aber das bedeutete meistens, daß auch sie aus anderen Einheiten geholt werden mußten. Die massenhafte Verwässerung hatte zur Folge, daß die Republikanischen Garden, die sich im Krieg gegen den Iran überdurchschnittlich gut geschlagen hatten, qualitativ kaum von der übrigen irakischen Armee zu unterscheiden war. Als die Boden-offensive begann, zeigte die Republikanische Garde, die ›Elite‹, kaum eine größere Neigung zum Kämpfen als die regulären Armee-Divisionen und die Reservisten.« Simpson zitierte das Urteil des britischen Militär-korrespondenten Robert Fox über den Zustand der irakischen Armee: »Sein Gesamteindruck war, daß die meisten irakischen Soldaten in die Wüste gekommen waren, um von Saddam Hussein loszukommen. Sogar die hinter den Linien aufgestellten Strafkommandos, die Deserteure er-schießen sollten, waren wenig geneigt, den Befehl auszuführen. Viele von ihnen desertierten selbst.«

3   Vier freie Journalisten haben sich außerordentliche Mühe gegeben, das eigentliche Kriegsgeschehen – nämlich Gewalt und Tod – festzuhalten, und sie verdienen, genannt zu werden. Der erste, Paul William Roberts, ein in Toronto tätiger britischer Journalist, entsprach seinem Ruf, ein furchtloser Auslandskorrespondent zu sein, indem er sich, während die alliierten Bombardements ihren Höhepunkt erreichten, von Jordanien aus auf dem Rücken eines Kamels heimlich in den Irak begab und nach Bagdad durchschlug. Sein Reisebericht, im Mai 1991 in dem kanadischen Magazin ›Saturday Night‹ erschienen, ist, soweit ich feststellen konnte, die einzige gedruckte Kriegsreportage, die lobende Erwähnung verdient. Ein kurzer Auszug macht überaus verständlich, warum Regierungen die Kriegskorrespondenten zu zensieren wünschten:
»Sekunden später fegte dieses unheilverkündende, uns inzwischen vertraute Donnern über uns hinweg. Der alte Mann packte mich am Arm und zerrte mich regelrecht aus dem Zimmer; über eine zerfallende Stein-treppe ging es hinunter in einen modrigen Keller, der kälter war als die normale Kühlschranktemperatur... Ein Dutzend Kinder, die man zum ich weiß nicht wievielten Mal in dieser Nacht aus dem Schlaf gerissen hatte, schrien angstvoll und klammerten sich irgendwo an.
Der Lärm der Explosionen war unvorstellbar beängstigend. Es schien, als ginge die ganze Welt zu Bruch, als löste sich alles auf. Doch inmitten dieses Chaos begann der Imam, begleitet von einigen Frauen, die sich ebenfalls in dem dunklen, kalten Gemäuer aufhielten, laut und unmelo-disch Lieder anzustimmen, Kinderlieder, wie ich vermutete. Je lauter die Explosionen, desto lauter sang er, bis alle mitsangen. Ich weiß noch, wie mir die Worte in den Sinn kamen: »Diese Scherben hab ich gestrandet, meine Trümmer zu stützen.«
Es war rasch vorüber. Schlimmer war, was dann kam. Oben zuckten Blitze, Schreie erklangen. Das Durcheinander war perfekt. Im Eingang zum Haus des Imam lag ein kleines Mädchen, dem es unterhalb des Knies das linke Bein weggerissen hatte; daneben stand eine Frau in zerrissenen Kleidern, die unverständliche Schreie ausstieß und gegen die Mauer hämmerte. Ein Mann, der eine Art Nachthemd trug, trat auf sie zu, versetzte ihr zwei scharfe Ohrfeigen und deutete schreiend auf das Mäd-chen, das stumm und mit starrem Blick auf dem kalten Steinboden lag, während aus ihrem Beinstumpf das Blut in Strömen herausschoß.

›Holt verdammt noch mal einen Doktor‹, rief ich.

›Hier gibt's keinen Doktor‹, sagte der Imam ruhig, beinahe streng.«

Was das Fernsehen angeht, brachte nur John Alpert, ein freier Produzent und Kameramann, Aufnahmen mit, die mit der Beschreibung von Robert vergleichbar sind. Doch sein Hauptabnehmer NBC sendete nichts davon. NBC News-Präsident Michael Gartner erklärte mir dazu, der Bericht von Alpert leide unter dem Makel, daß Alpert auf Einladung der irakischen Regierung in Begleitung des Friedensaktivisten Ramsey Clark in den Irak gereist sei. Alpert habe, so Gartner, auch deshalb bei dem Sender an Glaubwürdigkeit eingebüßt, weil er das Einholen der Flagge durch die US-Botschaft in Afghanistan nachstellen ließ, um es zu filmen – was Alpert auf Anfrage einräumte. Die grausigen Bilder von verwundeten und toten Zivilisten auf Alperts Videoband wirkten jedoch nicht gestellt, und Gartners Argument überzeugt nicht angesichts der Unmenge von Videobändern des Pentagon, die von NBC ausgestrahlt wurden. Gartner sagte, er selbst habe das Alpert-Video nicht gesehen, seine Untergebenen hätten ihm aber versichert, daß die Qualität eine Ausstrahlung nicht rechtfertige.

In den Vereinigten Staaten durchbrach ein freier Journalist auf ganz einzigartige Weise die Pentagon-Regeln. Jonathan Franklin verschaffte sich auf dem Air Force-Stützpunkt Dover, wohin die amerikanischen Gefallenen des Golfkriegs zunächst gebracht wurden, eine zeitweilige Anstellung, indem er sich als Leichenbestatter ausgab. Die Regierung hatte Journalisten in Dover ausgesperrt, nachdem das Fernsehen 1990 während einer Rede, in der Bush die Panama-Invasion verherrlichte, die aufgereihten Särge der dabei getöteten Soldaten eingeblendet hatte. Die Art, wie Franklin die entstellten Gesichter und die zerfetzten Leiber der getöteten Soldaten beschrieb, war eine journalistische Glanzleistung, und wenn es auch nicht direkt aus dem Krieg war, so war es doch besser als nichts. »Als Journalist greife ich nicht leichtfertig zur Verstellung«, schrieb Franklin. »Wenn ich mich trotzdem entschlossen habe, geheim zu arbeiten, dann nur, weil das Pentagon sich ungewöhnliche Mühe gab, den Krieg durch die Militärzensur zu beschönigen, weil die Medien nur lahm dagegen protestieren und weil ich zutiefst überzeugt bin, daß die Öffentlichkeit die Realitäten des Krieges kennen muß. Ich glaube, ich bin der einzige Journalist, der die vom Golf heimgebrachten Gefallenen gesehen hat.« Franklins Bericht aus dem Leichenschauhaus von Dover wurde lediglich in alternativen Zeitungen wie dem ›San Francisco Bay Guardian‹ und dem ›Boston Phoenix‹ abgedruckt.

Ein freischaffender britischer Kameramann namens Vaughan Smith schaffte es, während der alliierten Bodenoffensive bessere Aufnahmen als die Konkurrenz zu ergattern, indem er die Hauptmannsuniform seines ehemaligen Regiments anlegte und die Besatzung eines Bradley-Panzerwagens beschwatzte, ihn mitzunehmen. Wie John Simpson von BBC berichtete, filmte Smith die Zerstörung zweier irakischer Panzer und erlebte die Tötung von »drei oder vier« amerikanischen Soldaten, deren Fahrzeug von den Irakern getroffen wurde. Die verwegene Mas-

kerade brachte Smith Erfolg, aber doch nicht rechtzeitig. »Die besten
Fensehbilder von dem ganzen Krieg kamen zu spät in die Wohnzimmer
der Menschen«, schrieb Simpson in ›From the House of War‹.

Sechstes Kapitel: Das Versagen der Presse (S. 220–S. 252)

1 Einer der finstersten Aspekte der Golfkriegs-Zensur war die absichtli-
che Verdunkelung der irakischen Verlustzahlen durch die Regierung.
Die Angaben über irakische Kriegstote reichten von Pete Williams' 457
(»So viele haben wir begraben«, sagte Williams mir) zu der vielfach,
allerdings inoffiziell und ohne Quellenangabe zitierten Schätzung des
militärischen Nachrichtendienstes DIA von 100 000 Toten (300 000 Verwundete), mit einem Fehlerspielraum von plus/minus 50 000. In unserem Interview machte Williams sich über den DIA-Analytiker, der auf
100 000 gekommen war, lustig und nannte die Zahl »wahnsinnig«. Der
Analytiker habe »die Treffergenauigkeit unserer Waffen aufgrund seiner
Erfahrungen in Vietnam« zugrundegelegt, wo »wir ganz andere Waffen
hatten«, so Williams. So anders waren sie selbstverständlich nicht, denn
in beiden Kriegen spielten B 52-Bomber eine wesentliche Rolle.
    »Er weiß es ganz einfach nicht«, sagte Williams über den DIA-Analy-
tiker, »er kann es auch gar nicht wissen.« Ein Gespräch mit dem Analytiker wollte Williams nicht arrangieren, und seinen Namen wollte er
auch nicht preisgeben.
    General Schwarzkopf half ebenfalls nicht weiter. Es hieß, er habe eine
regelrechte Phobie gegen das Leichenzählen, nach bitteren Erfahrungen
in Vietnam, wo er und andere Offiziere auf Drängen ihrer Vorgesetzten
falsche und möglicherweise übertriebene feindliche Verluste gemeldet
hatten.
    Der vorsichtige und im allgemeinen verläßliche John Simpson von
der BBC hielt die DIA-Schätzung für zu hoch; er sagte, die wirkliche
Zahl sei vermutlich »viel niedriger: vielleicht 30 000 Gefallene und
50 000 Verwundete, obwohl das nur eine Vermutung sein kann«. Die
irakische Botschaft in Washington wollte nach dem Krieg nicht einmal
eine Vermutung wagen. (Der sichtbarste und deshalb einprägsamste
Schauplatz »militärischer« Zerstörung – die »Hasenjagd« auf der Land-
straße von Kuwait-Stadt zur irakischen Grenze – kostete, so Simpson,
paradoxerweise nur rund vierhundert irakische Soldaten das Leben.) In
›From the House of War‹ schrieb Simpson: »Westliche Schätzungen
(der irakischen Todesopfer) gehen vermutlich über die wirkliche Zahl
hinaus. Die Zahl der zerstörten Panzer wurde von den Alliierten hoff-
nungslos übertrieben. Die irakische Armee wurde nicht in Gefechte verwickelt und vernichtet – sie löste sich auf. Auf dem Höhepunkt des
alliierten Bombenkrieges desertierten die Männer scharenweise. Viele
fuhren einfach nach Hause.«
    Auch die Zahl der zivilen Todesfälle im Irak war nur schwer zu ermit-
teln. Greenpeace schätzte, daß 2500 bis 3500 unmittelbar durch die

Bombardierung getötet wurden. Weiter ging Alexander Cockburn von ›The Nation‹, der aufgrund von Angaben seines Bruders, Patrick Cockburn vom Londoner ›Independent‹, 4500 zivile Opfer annahm. Caryle Murphy von der ›Washington Post‹ zitierte am 23. Juni eine »erste Schätzung irakischer Stellen« von 7000 zivilen Toten durch die Bombardierung. Simpson nannte »inoffizielle Schätzungen« in Bagdad von 2000, und Middle East Watch setzte die »Obergrenze« der zivilen Todesopfer mit 2500 bis 3000 an. Der Schauplatz ziviler Todesfälle, der sich den Fernsehzuschauern am stärksten einprägte (wiederum, weil er am sichtbarsten war), war der Amiriya-Schutzbunker in Bagdad, dessen Bombardierung durch amerikanische Flugzeuge am 13. Februar 200 bis 500 Menschen das Leben kostete – ein Bruchteil der insgesamt getöteten Zivilisten.

Erschreckender war, was eine Gruppe von Harvard-Forschern, die sich selbst als International Study Team bezeichnete, in einer Untersuchung über die »indirekten Folgen« der alliierten Bombardements herausfand. In ihrem Bericht, der im Oktober 1991 veröffentlicht wurde, war die Rede von rund 40 000 Kindern unter fünf Jahren, die von Januar bis August 1991 an einer Kombination von Krankheiten und Unterernährung gestorben waren, bedingt durch das Wirtschaftsembargo der Vereinten Nationen und die Zerstörung von Kraftwerken durch die Alliierten, mit der Folge, daß die Wasseraufbereitung und die Abwasserklärung unmöglich wurde. Nach Kriegsende erklärte Greenpeace, täglich flössen zwanzig- bis dreißigtausend Kubikmeter ungeklärter Abwässer in den Tigris.

2 Ich fragte den Herausgeber von Times Inc. Magazines, Jason McManus, was Henry Luce nach seiner Meinung getan hätte, vorausgesetzt, er wäre gegen die Zensurpolitik der Regierung gewesen. McManus meinte, Luce hätte sich die Umstände mit Handlangern wie Williams und Cheney geschenkt und Bush persönlich angerufen, um sich zu beschweren.

»Er wäre mit dem Anruf bestimmt durchgekommen«, sagte McManus. »Und er hätte dem Präsidenten erklärt: ›Auf diese Art kann man keinen Krieg und keine Eisenbahn führen.‹ Er hätte sich bereit erklärt, vorbeizukommen und die Sache zu besprechen. Wahrscheinlich hätte es eine lebhafte Diskussion gegeben – das war seine Stärke. Er hat mit Kennedy, Eisenhower und früheren Präsidenten durchaus gestritten... Luce hätte es als ein Problem der Bürgerfreiheit und der öffentlichen Debatte aufgefaßt... Er hätte gesagt: ›Herr Präsident, wir sind beide bedeutende Amerikaner, die sich wegen dieses Krieges Sorgen machen. Ich glaube an diesen Krieg. Das wissen Sie, Herr Präsident... Haben Sie sich gut überlegt, wohin diese Politik führt?‹«

Hätte Bush sich den dringenden Bitten von Luce verschlossen, hätte Luce vor der Wahl gestanden, vor der Time Warner im Golfkrieg stand: Boykott oder Kooperation, meinte McManus. Zu der Möglichkeit eines Boykotts sagte er: »Die Journalisten hätten ihm wohl erzählt: ›Eine schöne Geste, gewiß, aber es könnte uns wirklich unseren Job kosten.‹«

3 Schwarzkopfs Buch ›It Doesn't Take a Hero‹ (deutsch: ›Man muß kein Held sein‹) erschien im Oktober 1992 in den USA und eroberte in kürzester Zeit den zweiten Platz auf der Bestsellerliste der ›New York Times‹. Für diesen Erfolg spielte es offenbar keine Rolle, daß vier Monate zuvor eben in der ›New York Times‹ eine Nachricht erschienen war, die geeignet war, Zweifel an dem nahezu unangefochtenen Ruf des Generals zu nähren, aufrichtig und ehrlich zu sein. Professor Mark Crispin Miller von der Johns-Hopkins-Universität hatte am 24. Juni enthüllt, daß Schwarzkopfs mehrfach geäußerte Behauptung, amerikanische Flugzeuge hätten sämtliche mobilen und stationären Scud-Raketenbasen des Irak zerstört, falsch war. Miller schrieb unter Berufung auf Scott Ritter, der Geheimdienstauswerter beim US-Marine Corps war (und jetzt für die Vereinten Nationen arbeitete), daß »während des Krieges keine der mobilen Scud-Basen zerstört wurde« und von den achtundzwanzig stationären Basen lediglich zwölf ausgeschaltet wurden. In einem Fall, so Miller, habe Schwarzkopf die verlogene Behautung aufgestellt, nachdem ihn zwei erfahrene Auswerter in einer Besprechung darüber aufgeklärt hatten, daß es sich bei den zerstörten Zielen, die auf Videoaufnahmen der Air Force zu sehen waren, nicht um Scud-Basen, sondern um Lastwagen handelte. Schwarzkopfs Mitarbeiter, offenbar geblendet von ihrer Begeisterung für die Video-Realität, hatten gegen Ende des Krieges behauptet, es seien einundachtzig Scud-Basen zerstört worden – eine verblüffende Leistung, nachdem sie zunächst behauptet hatten, der Irak besitze insgesamt nur fünfzig Scud-Basen.

Diese widersprüchlichen Angaben enthielten eine historische Ironie, die Schwarzkopf anscheinend entgangen war, hatte der Kommandeur der Operation Wüstensturm doch öffentlich erklärt, wie sehr ihn die gewaltige Aufblähung feindlicher Verluste in den Angaben der US-Streitkräfte während des Vietnamkriegs angewidert habe.

Anhang

Auszüge aus einem Memorandum, das Robert K. Gray von Hill and Knowlton am 11. Dezember 1990 an Dr. Hassan Al Ibrahim richtete, offenbaren gewisse Bedenken und Informationen, die unsere Aufmerksamkeit verdienen: »Nachdem die Amerikaner zunächst eine gewisse Kampfbereitschaft an den Tag gelegt haben, hat eine natürliche Abnutzung eingesetzt … Die mit den näherrückenden Ultimaten in den Augen der Amerikaner wachsende Möglichkeit eines langwierigen Krieges, die bevorstehenden Festtage, die Isolation der Streitkräfte von ihrer Umgebung und von der einheimischen Bevölkerung – das alles trägt dazu bei, die Begeisterung der amerikanischen Öffentlichkeit für eine militärische Option zu dämpfen, bevor nicht andere Mittel ausgeschöpft sind... Die begrenzte Kenntnis der amerikanischen Öffentlichkeit von den Ländern der Golfregion ist auch ein Problem für Kuwait, das nicht gerade dem entspricht, was die Mehrheit der Amerikaner unter Demokratie versteht... Die Zustimmung für Präsident Bush ist gestiegen... dank einer – so wird sie wahrgenommen – energischen Politik, die zur Freilassung der Geiseln führte; damit ist aber andererseits der entscheidende Grund, der für viele Amerikaner einen militärischen Einsatz rechtfertigte, entfallen... Die Amerikaner möchten abwarten und die Sanktionen wirken lassen (da die gegenwärtige Politik der Sanktionen und der gleichzeitigen Androhung eines militärischen Eingreifens den gewünschten Erfolg zu bringen scheint, ohne daß Amerikaner sterben müssen).« Was kann man dagegen tun? Man muß »das ›menschliche Antlitz‹ Kuwaits« stärker in den Vordergrund rücken. »Die Bürger für ein Freies Kuwait müssen weiterhin die Brutalität Saddam Husseins anprangern... Die Sache mit den Menschen beziehungsweise den Menschenrechten muß wieder und wieder unter die Leute gebracht werden. Kuwaiter, das sind ›Menschen‹, die noch immer unter dem Stiefel eines Unterdrückers leiden. Wenn die US-Diplomaten und Geiseln aus Kuwait heimkehren, sollte dies durch ›Augenzeugen‹ noch stärker unterstrichen werden... im erträglichen Umfang das *neue* Kuwait zur Sprache bringen: Wiederaufbau, weitere Demokratisierung, mehr Hilfe für bedürftige Nachbarn, usw.«

Danksagung

Ich hätte dieses Buch nicht in der vorgesehenen Zeit schreiben können, wenn mir nicht mein ungemein begabter Rechercheur Scott Anderson geholfen hätte. Er hat nicht nur Informationen zusammengetragen, Interviews geführt und Fakten überprüft, sondern durch wesentliche Anregungen zur Verbesserung des Manuskripts beigetragen. Großen Dank schulde ich auch Diane Kraft, meiner Assistentin bei ›Harper's Magazine‹. Sie hat die schwierige Aufgabe bewältigt, meine Termine in die Reihe zu bringen und selbst unter stärkstem Termindruck nicht den Humor zu verlieren. (Sie ist außerdem, wie sich gezeigt hat, eine ziemlich gute Reporterin.)

Sara Blackburn hat das Manuskript sorgfältig und gescheit redigiert, und die Lektorin Angela Palmisono hat wirklich wichtige Arbeit geleistet, für die ich sehr dankbar bin. Erika Goldman verdanke ich überhaupt die Idee zu diesem Buch, und meine engen Freunde Vince Passaro und Dan Janison haben mich moralisch unterstützt und zur überarbeiteten Fassung hilfreiche Anmerkungen gemacht. Beth Passaro hat Recherchen beigesteuert, und Sally Singer bei Hill and Wang sowie Helene Atwan bei Farrar, Straus and Giroux haben mich kundig durch das unvertraute Gebiet der Buchverlage geführt. Meine Agentin Denise Shannon hat dieses Projekt von Anfang an begeistert unterstützt.

Jeder Autor kann einen Mentor brauchen; ich hatte davon glücklicherweise gleich drei: Lewis Lapham, Earl Shorris und den verstorbenen Walter Karp. Sie gaben mir die Inspiration, dank derer ich dieses Vorhaben vollenden konnte. Doch was nutzt Inspiration ohne entsprechende Hilfsmittel? Daß ich zumindest halbwegs gerüstet an diese Aufgabe gehen konnte, verdanke ich einer Reihe von Zeitungsleuten, die mir das Handwerk des Reporters beigebracht und die Chance gegeben haben, es auszuüben. Dazu gehören Jonathan Laing, Frederick C. Klein, der verstorbene John McWethy, Dennis Stern, Stuart Loory, Terry Shaffer, der verstorbene Charles (Chip) Magnus, Leon Pitt, Anne Henderson, Gerald Loughren und nicht zuletzt meine Freunde beim ›Columbia Daily Spectator‹. Spezieller Dank geht an Tom Moffett, Paul Varian und Bobby Ray Miller, die mich, als ich meinte, schon ziemlich schnell zu sein, dazu zwangen, ein noch schnellerer Schreiber zu werden.

Journalisten träumen davon, für einen Verleger zu arbeiten, der ihnen den Rücken stärkt und sie dann, wenn es nötig ist, ermutigt. Doch dieses Glück haben nur wenige. Bei diesem Buch war es mir beschieden, den besten zu haben: Arthur J. Rosenthal.

Selbst als Verleger tätig, genieße ich den Vorzug, bei ›Harper's Magazine‹ zu arbeiten, dessen hilfsbereite und äußerst tüchtige Mitarbeiter es mir erlaubten, die Zeit fürs Schreiben abzuzweigen. Ellen Ryder und Ellen Rosenbush halfen speziell, indem sie das Manuskript und die Fahnen lasen.

Schließlich möchte ich meinen Eltern danken. Von ihnen habe ich die Gewohnheit übernommen, unabhängig zu denken – die beste Freundin eines Reporters, ohne Frage.

Personenregister

Auslands-
berichte

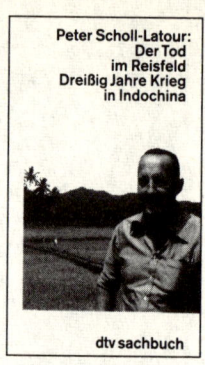

Jewgenia Albaz:
Das Geheimimperium
KGB
Totengräber der
Sowjetunion
dtv 30326

Milovan Djilas:
Jahre der Macht
Im jugoslawischen
Kräftespiel
Memoiren 1945 – 1966
Vorwort von
Wolfgang Leonhard
dtv 30304

Marion Gräfin Dönhoff:
Der südafrikanische
Teufelskreis
Reportagen und
Analysen aus drei
Jahrzehnten
dtv 11110

Georg Markus (Hrsg.):
Mein Elternhaus
Ein österreichisches
Familienalbum
Mit zahlreichen Fotos
dtv 30330

Mark Mathabane:
Kaffern Boy
Ein Leben in der
Apartheid
dtv 10913

Conor Cruise O'Brien:
Belagerungszustand
Die Geschichte des
Zionismus und
des Staates Israel
dtv 11424

Peter Scholl-Latour:
Mord am großen Fluß
Ein Vierteljahrhundert
afrikanische
Unabhängigkeit
dtv 11058
Leben mit Frankreich
Stationen eines halben
Jahrhunderts
dtv 11399

Der Tod im Reisfeld
Dreißig Jahre Krieg
in Indochina
dtv 30336

John R. MacArthur:
Die Schlacht der Lügen
Wie die USA den
Golfkrieg verkauften
Vorwort von
Dagobert Lindlau
dtv 30352

Dorothee Sölle:
Gott im Müll
Eine andere Ent-
deckung Lateinamerikas
dtv 30040

Jonathan D. Spence:
Das Tor des
Himmlischen Friedens
Die Chinesen
und ihre Revolution
1895 – 1980
dtv 30307

Yue Daiyun:
Als hundert Blumen
blühen sollten
Die Odyssee einer
modernen Chinesin
vom Langen Marsch
bis heute
dtv 11040

Carl Friedrich von Weizsäcker im dtv

Foto: Isolde Ohlbaum

Wege in der Gefahr
Eine Studie über Wirtschaft, Gesellschaft und Kriegsverhütung

Dieses Buch »ist geeignet, den Blick für die politischen Realitäten im Atomzeitalter zu schärfen, die sonst gelegentlich an Konturen verlieren... Für Weizsäcker, wie für viele Kulturkritiker der Gegenwart, ist das bloße wissenschaftliche Denken ohnmächtig. Das Ziel eines Bewußtseinswandels ist eine ›von Liebe ermöglichte Vernunft‹.« (Wehrwissenschaftliche Rundschau) dtv 1452

Deutlichkeit
Beiträge zu politischen und religiösen Gegenwartsfragen

Was heißt Verteidigung der Freiheit gegen Terrorismus und Repression? Hat das parlamentarische System eine Zukunft? Welche Chancen und Risiken birgt die friedliche Nutzung der Kernenergie? Gehen wir einer asketischen Weltkultur entgegen? Wie läßt sich die Frage nach Gott mit dem naturwissenschaftlichen Denken vereinen? – Vielfältige Fragen, die Weizsäcker klar zu beantworten versucht. dtv 1687

Wahrnehmung der Neuzeit

Die Wahrnehmung der Neuzeit und ihrer Krise ist Weizsäckers Hauptanliegen in diesem Band mit Aufsätzen und Vorträgen von 1945 bis heute: »Das Ziel ist, die Neuzeit sehen zu lernen, um womöglich besser in ihr handeln zu können.« dtv 10498

Bewußtseinswandel

Carl Friedrich von Weizsäcker beschäftigt sich in diesen tief durchdachten Aufsätzen mit der zentralen Krise der Menschheit. »Von Weizsäcker tritt auf als ein Prediger, ein Warner vor dem Untergang der Menschheit, einer, der den Quellen der Weisheit ganz nahe sitzt.« (Kurt Kister in der Süddeutschen Zeitung) dtv 11388

Das Carl Friedrich von Weizsäcker Lesebuch

Ein Querschnitt aus dem Gesamtwerk Carl Friedrich von Weizsäckers, einer der herausragendsten Persönlichkeiten der geistigen Kultur Deutschlands. dtv 30305

Marion Gräfin Dönhoff im dtv

Namen die keiner mehr nennt
Ostpreußen –
Menschen und Geschichte

»Dieses Buch unterscheidet sich
höchst wohltuend von vielen senti-
mentalen Traktaten über die verlorenen Ostgebiete... Natürlich
spürt man, daß die Gräfin Dönhoff
mit allen Fasern ihres Herzens an
dem Land hängt, in das ihre Vorfahren vor 700 Jahren gekommen
waren... Aber sie weiß auch, daß
diese 700 Jahre deutscher Kultur in
Ostpreußen unwiederbringlich verloren sind – verloren durch deutsche
Schuld.« (Nordd. Rundfunk)
dtv 247 (auch dtv großdruck 25045)

Weit ist der Weg nach Osten
Berichte und Betrachtungen aus
fünf Jahrzehnten

Von der Ära Stalins bis zu der
Gorbatschows, von der starren
Unbeweglichkeit des sowjetischen
Systems bis zu »Glasnost« und
»Perestrojka« hat Gräfin Dönhoff
die Beziehungen der Bundesrepublik zur UdSSR und ihren Satelliten-
staaten mit ihren Kommentaren
begleitet. Sie hat, aus der Beobach-
ter-Position heraus, Veränderungen
wahrgenommen, die eine Reaktion
des Westens, eine Neueinstellung
seiner Politik möglich gemacht
hätten: Stalins Tod etwa oder die
Ereignisse in Ungarn, Jugoslawien,
Polen, der Führungswechsel in
Ost-Berlin und nicht zuletzt der
in Moskau selbst. dtv 30044

Der südafrikanische Teufelskreis
Reportagen und Analysen
aus drei Jahrzehnten

Gibt es einen Ausweg aus dem Teufelskreis, in den Südafrika geraten
ist? Oder kommt es am Kap der einst
guten Hoffnung unvermeidlich zu
einer Katastrophe? Marion Gräfin
Dönhoff versucht in Reportagen
und Analysen von 1960 bis heute
eine Antwort auf diese Fragen zu
geben. Sie charakterisiert die gegenwärtige Situation in Südafrika, setzt
jedoch auch heute noch auf vernünftige Einsicht auf beiden Seiten.
dtv 11110

Christian
Graf von Krockow
im dtv

Die Reise nach Pommern
Bericht aus einem
verschwiegenen Land

Die Reise des Autors, im Sommer
1984 unternommen, läßt noch
einmal Geschichte und Leben
seiner Heimat Pommern erstehen,
die als Pomorze nun seit vierzig
Jahren schon Heimat für polni-
sche Menschen geworden ist.
Neben den vielfältigen und liebe-
vollen Erinnerungen an Vergange-
nes ist dies auch ein Beitrag zu
Vernunft und Ausgleich für die
Zukunft von Deutschen und
Polen. dtv 30046

Die Stunde der Frauen
Bericht aus Pommern
1944 bis 1947

Christian Graf von Krockow
erzählt die dramatischen Erleb-
nisse seiner Schwester Libussa
Fritz-Krockow in der Zeit des
Kriegsendes und der Besetzung
Pommerns durch Russen und
Polen. Exemplarisch und sehr
bewegend wird sichtbar, wie im
Kampf ums Überleben die
»Stunde der Frauen« schlägt.
dtv 30014
(auch dtv großdruck 25070)

Heimat
Erfahrungen mit einem
deutschen Thema

Mit Beispielen aus der Literatur
zeigt der Autor, wie tiefempfun-
dene Liebe zur Heimat, vermengt
mit den Begriffen Volk und Vater-
land, mißbraucht wird.
dtv 30321

Politik und menschliche Natur
Dämme gegen
die Selbstzerstörung

Christian Graf von Krockow hat
hier Bilanz unserer politischen
Existenz gezogen. Es gilt Ab-
schied zu nehmen von unseren
Illusionen, sich mit Skepsis und
Nüchternheit gegen Heils-Ent-
würfe jeden Inhalts und Vorzei-
chens zu wenden und Dämme
gegen die Selbstzerstörung aufzu-
richten in der Verantwortung für
das Leben auf unserem bedrohten
Planeten. dtv 11151

Friedrich der Große
Ein Lebensbild

Ein bewegendes Bild des Menschen Friedrich, das Generationen
hindurch vom Glanz und vom
Nachruhm des Königs nahezu
verdeckt war. Zugleich weist der
Autor auf die Bedeutung des fride-
rizianisch-preußischen Erbes für
unsere politische Kultur hin.
dtv 30342

Taschen-
bücher
zum
Dritte Reich

SACHBUCH

WISSENSCHAFT

Gerhard Konzelmann
im dtv

Der Nil
Heiliger Strom unter Sonnenbarke, Kreuz und Halbmond

Die bewegte Geschichte der Länder am Nil von den Pharaonen bis zu Mubarak und den westpolitischen Machtblöcken der Gegenwart. dtv 10432

Jerusalem
4000 Jahre Kampf um eine heilige Stadt

Konzelmann erzählt detailliert und kenntnisreich die viertausendjährige Geschichte dieser Stadt, die sowohl für Juden wie für Mohammedaner und Christen die »heilige Stadt« ist. dtv 10738

Der unheilige Krieg
Krisenherde im Nahen Osten

Ein Versuch, das für den westlichen Beobachter schier unentwirrbare Knäuel verschiedener Einflüsse und Strömungen im libanesischen Bürgerkrieg zu entwirren und durch geschichtliche Rückblicke die Ursachen des Konflikts aufzudecken. dtv 10846

Die islamische Herausforderung

Der allumfassende Anspruch und die Kompromißlosigkeit ihrer Religion geben der neuen islamischen Bewegung ihre Kraft. Konzelmann vermittelt das Wissen, das zum Verständnis der islamischen Revolution nötig ist, mit der das Abendland sich die nächsten Jahrzehnte wird auseinandersetzen müssen. dtv 10873

Allahs Schwert
Der Aufbruch der Schiiten

Die faszinierende Geschichte der radikalen islamischen Minderheit, die seit Jahren für Schlagzeilen sorgt. dtv 11351

Der Jordan
Ur-Strom zwischen Heil und Haß

Wer die heutigen Konflikte um den Besitz des Westjordanlandes wirklich verstehen will, muß ihren historischen Wurzeln nachspüren. Konzelmann führt fachkundig durch die Wirren der Geschichte dieses umkämpften Gebietes. dtv 30317

Die Hebräer
Ursprung und Aufbruch des biblischen Volkes

Die packende Geschichte des jüdischen Volkes von der Zeit König Salomons bis zur Zerstörung der Stadt Masada im Jahr 73 n. Chr. durch die Römer. dtv 30332

Der Golf
Vom Garten Eden zur Weltkrisenregion

Wie die Ereignisse des Gofkrieges im Zusammenhang mit der 5000 Jahre alten Geschichte und Kultur des Zweistromlandes stehen.
dtv 30363 (Juli '93)